U0024258

爆笑
Q版通鑑
之
秦始皇前後
韓冬◎著

Q版資治通鑑 卷上

目錄
CONTENTS

Q版資治通鑑

目錄

CONTENTS

【序文】

少數値得一讀的史書

韓冬

從古到今，中國出現了很多很多的史學家，就像牛毛那麼多，於是就出現了更多更多的史書，就像天上的星星那麼多，要把他們全都看完是不可能的，畢竟我們不是超人，吃飯和睡覺會佔用我們的很多時間；我們也不是和尙，談戀愛結婚生娃這些事佔用的時間更多；我們更不是一株仙人掌，有點陽光就能茁壯成長，工作賺錢又要分去很多的時間……幸運的是，不是所有的史學家都很有內涵，同樣不是所有的歷史書都値得一看。對於普通的我們來說，挑出好的歷史書來吸取一下其中的乳汁是最爲恰當的做法。

衆所周知、衆望所歸、衆星捧月的中國最有價値的歷史著作只有兩本，一是厚道人司馬遷所著的《史記》，另一本便是我心目中浩氣長存的活在宋朝的已故的政治家、史學家司馬光寫的《資治通鑑》了。司馬光在從政期間，曾作爲保守黨的領袖，同王安石及其一干小弟抗衡過，在今天大多數人看來，司馬光未免有點墨守陳規、抱殘守缺，如果我們乘坐時光機回到宋朝的話，你可能會舉雙手雙腳擁護司馬光了，所以，我們不能因此不喜歡他，覺得他沒內涵，甚至連他寫的書也懶得去看。事實證明，司馬光不但會砸缸，還很會寫歷史。

《資治通鑑》是一本編年史，記述了長達一千三百六十二年的中國歷史。司馬光在寫歷史的時候極少參雜議論和個人感情，實在忍不住要議論的時候他都會說上一句「我要開始議論了啊」以提醒大家接下來的部分是他的主觀意見，可能會有失偏頗，從這一點上來看，司馬光做事是非常有條理的，也讓我們堅信，他寫的歷史是值得去相信的。

這本《Q版資治通鑑》寫在《Q版史記》之後。《資治通鑑》是一本非常浩瀚的巨著，當初通讀整部書用了我近一年的時間，我覺得以我的智商，要想將整部著作吃透，並用自己的語言完美的寫出來，至少要花個三五十年的時間。有很多讀者看完小可的《Q版史記》之後，便開始翹首期盼《Q版資治通鑑》的上市了，當他們得知我要花三五十年寫這本書的時候，紛紛對我提出抗議，特別是中年讀者，他們怕看不到這本書，激動的要找我單挑。無奈之下我廢寢忘食，嘔心瀝血的看和寫，終於用一年多的時間寫完了這本書。

單從字數上來說，《資治通鑑》的字數非常多，而且原版都是用非常精煉的古文寫的，要用白話文寫出來那需要更多的字數，一兩本書是絕計裝不下那麼多字的，因此我從原文中挑了一部分故事來寫，挑選故事有兩個原則，一是大事件，二是捨棄的故事不影響歷史的傳承。在風格上依舊秉承了《Q版史記》的有趣和搞笑，適合小到八歲大到八十歲的人閱讀。除了在文字、創意、史實的核實等方面優於《Q版史記》之外，寫這本書的時候，我在每個故事後面寫了幾點由故事而衍生出來的道理，以期能讓讀者諸君有更多所得，是畫蛇添足抑或是錦上添花，就由讀者諸君來評判了。

Q版資治通鑑
戰國

今年流行PK

春秋時期，晉國曾是非常重要的一個諸侯國，甚至曾一度成爲盤踞在中原的霸主。後來晉國王室的力量逐漸消弱，而國內的大夫們勢力逐漸增強。晉國國君只相當於一個龍椅上的擺設和通知會議的大爺存在。

晉國國君：「又快到年末了，今天我們召集這個會議是關於年底獎勵的，照我看來……」

大夫甲：「看什麼看啊死老頭，什麼時候輪到你看了？」

晉國國君：「……你有意見啊？那就你來看咯！」

大夫甲：「你讓我看我就看，那我不是很沒面子，我不看。」

大夫乙：「小甲，你太過分了吧？怎麼可以這樣和大王說話。既然大家都不想看，那就我來看，今年一年我帶著兵馬征討了好幾家造反的大夫，別人基本上都是看看報紙喝喝茶，所以今年的年底獎勵至少要給我八成。」

大夫甲：「八成？還不如你都拿去算了。」

大夫乙：「我沒意見啊，就是不知道大家有沒有意見？」

眾大夫：「……」

大夫甲走上來又要說話。

大夫乙：「你幹嘛？你走上來幹嘛？剛剛是你說的要我全都拿走的。」

大夫甲一句話也沒有說就走出了大殿，須臾之後衝了進來，手中拎著一個勺子，照著大夫乙的頭上就砸下去。一個廚師追了進來，邊跑邊喊：「我的勺子，我的勺子。」大夫乙手中沒有武器，抵擋不住朝門外狂奔而去，大夫甲舉著勺子去追他，廚師去追勺子。

晉國國君：「我們繼續開會。」

智宣子：「大王，兩位大夫脾氣都很暴躁，如果讓他們就這樣去PK，恐怕會鬧出人命來。不如我去勸導一下他們吧。」

晉國國君：「今年流行PK你不知道麼？沒有PK誰願意看他們表演。再說了，你不是說他們脾氣暴躁麼，以你這樣高的年紀去勸導他們，就不怕他們誤傷？」

智宣子：「爲了國家的安寧，爲了讓眾大夫們相親相愛，我受點傷算不了什麼的……」

晉國國君：「智大夫真是高風亮節，品格高尚，如果人人都像你這樣，這世界將是多麼美好的人間啊！不過你勸架歸勸架，回來之後福利可能就被人分完了。」

智宣子：「哎喲！」

晉國國君：「怎麼了，智大夫？」

智宣子：「忽然之間嗓子疼得厲害，我走不了路了。看來只能由他們去了……」

當夜，宮中，晉國國君秉燭夜讀中，不時地扭頭看看他身邊的侍衛，侍衛未敢有絲毫懈怠的守在晉國國君旁邊。他手上拿的是一本《論語》（未修訂本），書裡面的內容讓他忍不住哈欠連天，可是身邊有人看著，他又不得不假裝很深沈的投入閱讀和理解。

侍衛：「大王，夜色已深，你該去歇息了。」

晉國國君：「對於文化人來說，現在這個時間並不算晚。好了，你去休息先吧，不用在這裡陪我了，讓我安靜一會，沈思一會，今天看的這些內容非常需要一個安靜的環境來思考一番。」

侍衛剛一出門，晉國國君立刻將手上的書扔到一邊去，從懷裡拿出一本笑話來看。「其實大王你何必如此呢？愛看有趣的書並不就代表沒有品味啊……」

晉國國君擡頭一看，是他的心腹回來了。

晉國國君：「回來啦，有好消息給我麼？」

心腹：「一切果然都在大王你的掌握之內，大夫甲用勺子將大夫乙的頭上敲了好幾個大

包，大夫乙在大夫甲的臉上抓了很多條傷痕。他們各自回家後就帶著部隊火拚起來，雙方死傷慘重。最後他們兩個傷痕累累的互罵，結果雙雙累死了。」

晉國國君：「哈哈哈，眼中釘又少了兩個。」

晉國國君的如意算盤是讓眾大夫之間互相慘殺，到最後他坐收漁翁之利，找回他做老大的尊嚴。可讓他始料未及的是，跟他分享權力的大夫們的數量倒是減少了，從十九個減到了四個，可是剩下的這四個家族勢力卻大到了前所未有的地步，他們分別是趙、魏、韓、智四大家族，他們把持著朝政，決定著一切晉國的事情，令晉國國君還是未能找回做老大的感覺。

在這四大家族之中又以智家的勢力最大。智宣子在決定繼承人的時候選定了他的兒子智瑤，智家的園丁站出來說：「應該選擇你的另一個兒子智宵繼承你的位子，而不是你說的智瑤。」

智宣子：「爲什麼呢？」

園丁：「我不知道。我只是個園丁，你問我爲什麼選擇智霄而不是智瑤這麼複雜的事情，有點過分了吧！」

智宣子：「……那你又站出來反對？」

園丁：「是站在我背後的人，拿刀抵在我的腰上，讓我這樣說的。」

智宣子站起來一看，原來是智果。

智宣子：「智果，你又搗亂，你說說爲什麼選擇智霄而不是智瑤呢？」

智果：「很顯然，智瑤雖然長得帥，擅長騎馬射箭，文章寫得好，數理化也學得很好，並且雷厲風行，堅決果敢，但是他自恃甚高，貪得無厭，後面的這兩樣足以讓智家滅亡。」

而智宣子覺得智瑤的優點有那麼多，而缺點只有那麼一點點，讓他繼承智家是再好不過的了，於是沒有理睬智果說的話，還對他翻了一個白眼。

後來的事實證明，智瑤雖然有那麼多本領，可是他的缺點卻是要命的。有一次他和另外兩位晉國的大夫韓康子、魏桓子吃飯，吃飯的過程中，他執意要韓康子穿上裙子跳一曲芭蕾舞，還說韓康子身邊的家臣眼睛大，臉又長就像個騾子。韓康子和他的家臣都非常生氣。事後，智果對他說：「你應該立刻向韓康子和他的家臣賠禮道歉，就說你喝醉了，不然的話，災禍就會降臨智家。」

智瑤卻說：「我擅長騎馬射箭，還精通數理化，我讓他們死他們就不能活，這點小事情算得了什麼？」

趙姓家族的族長趙簡子有兩個兒子：趙伯魯、趙無恤。這兩個孩子平日裡的表現都差不多，選擇誰來做繼承人，這讓趙簡子也非常爲難。最後他想了一個辦法：找來兩塊竹板，在竹

板上面刻了一段名人訓誡，然後將竹板交給他們，讓他們細細研讀。

裝一塊竹板子在身上的確非常麻煩，不但經常會掉出去或者擱的胳膊青一塊紫一塊，而且經常會招來熊貓。日子一天天過去了，趙伯魯就將他父親的話忘到九霄雲外去了，他經常拿那塊竹板切西瓜，拍青蛙，煎雞蛋，後來有次上廁所，因爲走得急忘了帶擦拭用具，就將那塊竹板給用了。三年之後的一天，趙簡子將兩個兒子叫到了跟前。

趙簡子：「伯魯，你說一下我給你的那塊竹板上的內容。」

趙伯魯想了一會兒說：「是不是一切反動派都是紙老虎？」

趙簡子：「……我給你的竹板呢？」

趙伯魯：「用了！」

而趙無恤不但能將竹板上的內容倒背如流，而且將那塊竹板貼身珍藏。這件事情讓趙簡子徹底喜歡上了趙無恤。

趙簡子又對趙伯魯和趙無恤說，他藏了寶物在常山上，讓他們上去找，誰先找到就會重重有賞。幾天之後，他們兩個回來彙報尋找的結果。

趙伯魯從口袋裡面拿出一隻麻雀說：「那個地方貧瘠無比，哪有什麼寶物，找了幾天，我找到了這隻懷孕的麻雀，雀生蛋，蛋再生雀，生呀生呀，我們趙家就會有很多雀了。這個應該是你藏的寶物吧！」

趙簡子：「……無恤你呢？你找到了什麼？」

趙無恤：「站在常山上代國盡收眼底。代國就是個寶，我們可以吞併之。」

趙無恤的答案正是趙簡子想要的。又經過一段時間的考察之後，趙簡子終於決定將他的位子傳給趙無恤。

趙簡子死後不久，趙無恤請他的姐夫代國國君吃飯，代王毫不懷疑的前來赴宴。

趙無恤：「姐夫你看，爬在酒罈子上往裡看，酒中就會有自己的影子耶！」

代王：「這麼神奇？我來看看。」

待代王將腦袋一伸到酒罈子上，趙無恤就用打酒的銅勺子猛擊代王的腦袋，先將代王打暈，接著做掉了他。之後不費吹灰之力的霸佔了代國。

正如前面所說的，智瑤是個非常貪得無厭的人，他不滿足現有的勢力，妄圖將韓、趙、魏三家的土地盡數侵佔，於是他以晉國國君的名義，派人去給三家送去了通知：「晉國曾經是諸侯國中的霸主，現在卻霸不了了，為了讓晉國能重新成為霸主，你們每家交出一萬戶的土地給

公家我。」所有人都知道，晉國國君只知道尋歡作樂——頂多看看笑話書，怎麼可能忽然這麼壯志淩雲的要做霸主，這肯定是智瑤的主意。韓、魏、趙三家的反應分別是這樣的。

消息傳到韓家，韓虎（韓康子）抽出劍來，將面前的桌子砍爲兩段。

桌子：「天哪，爲什麼受傷的總是我們桌子椅子啊？」

韓虎：「擺明了是智家想要削弱我們的勢力，這地打死我也不會給的。」

段規（韓虎的謀士）：「公子，你每次總是把話說得這麼絕，搞得我都不好勸你改主意了。這地應該交出來，以智瑤的性格，如果我們給了地，他一定也會向趙家和魏家去要地，他們要不給的話，智瑤一定會帶兵去打他們，我們正好坐山觀虎鬥，指不定不但能要回地，還能趁機撈點好處。」

韓虎：「打死我都不會給……他不來打我，我還是應該給他的嘛！」

於是韓虎給了智瑤擁有一萬戶居民的城市。

消息傳到魏家，正在觀看小馬駒出生的魏駒（魏桓子）沒有說話，丟下智瑤派來的人扭頭去了臥室。一到臥室，立刻拿出無線電召來了他的謀士任章。

任章：「這地應該給他。智瑤剛愎自用，不可一世，我們給了地，他一定會加緊迫害韓家和趙家的，到時候我們三家才能同仇敵愾的對付他。這就是兵書上所說的要想泡她，先給她買些禮物；要想騙他的錢，先給他點好處。」

魏駒：「我們一給，會不會另兩家也跟著給了，那不是讓智瑤得償所願了？」

任章：「那也總比智瑤帶著另兩家人來瓜分了我們的地要好吧？」

魏駒於是也將擁有一萬戶居民的城市送給了智瑤。

見韓魏兩家都乖乖的送地給自己，智瑤心道趙無恤（趙襄子）也會毫無怨言的將土地交給他，卻不料在趙無恤這裡，他碰到了大釘子。

趙無恤：「土地是先人留下來的，不能隨便送給別人。」

智瑤：「韓、魏兩家可都已經將土地交到我手上了，你現在已經是一個人了，趕快乖乖的交出土地。」

趙無恤：「他們是他們，我是我，不交不交呀就不交……」

智瑤一怒之下，命令韓、魏兩家一起出兵攻打趙無恤，趙無恤頂不住三家的攻擊退到了晉陽城內。晉陽城是趙無恤的老爸趙簡子派了得力幹將治理起來的，當初治理的方向就是做爲可靠的退路努力的。這裡的人民都願意爲趙家出生入死，因爲很多年來趙家沒有收他們的個人所得稅；這裡的人民都是武林高手，包括婦女兒童在內；這裡的綿羊都是大尾巴，便於傳送機密

信件；這裡建築宮牆用的材料就是箭杆，宮內的裝飾物就是箭頭，直接摳下來接在一起就是強壯的箭了。趙無恤和全城人民一起嚴陣以待三家聯軍的到來。

三家聯軍打了很多次衝鋒，都被城牆上射下來的箭射了回來。就這樣，一邊的人打衝鋒，一邊的人射箭，一搞就是兩年多。最後智瑤掘開了汾水，水淹晉陽城。城內一片汪洋，這可害苦了城內的居民，大家來去只能靠游泳，煮飯要將鍋吊得老高；晚上睡覺也得倒掛在樹上。雖然這樣一來，會有很多魚和青蛙可吃，不過吃多了還是有很多人吐。漸漸地，竟然有人的手腳上進化出了蹼，臉上進化出了腮。冬天到了，青蛙們冬眠去了，魚們遷徙而去了，晉陽城內的群眾餓得開始人吃人。

智瑤站在山頭上，將手捲成望遠鏡的形狀觀察城內的情況，開懷大笑道：「到現在我才知道原來用水也可以滅亡國家啊，這一招真是夠狠、夠絕、夠爽……」

聽得一邊的韓虎和魏駒直發抖，因爲他們的根據地旁邊也各自有一條河經過。

智瑤的謀臣：「韓虎和魏駒兩家可能會叛變。」

智瑤：「他們敢?!你怎麼會有這樣荒誕的感覺?」

謀臣：「今天在山頂的時候，我發現韓虎給魏駒擠眼睛，魏駒也給韓虎擠眼睛來著。」

智瑤：「擠眼睛可能是他們得了雞眼嘛。」

謀臣：「按說你找到了消滅趙家的方法，他們應該開心才對，可是今天他們不但沒有開心而且還看上去憂心忡忡的。」

智瑤：「誰得了雞眼都開心不起來啊……你想太多啦！」

第二天。

智瑤：「韓虎、魏駒，我的謀臣說你們想叛變。」

韓虎、魏駒：「怎麼可能？你那麼驃悍，我們叛變你不是找死麼，況且趙家眼見就撐不住了，我們還等著和你瓜分他們家土地和女人呢，怎麼可能在這個時候叛變。這一定是趙家撐不住了，所以用反間計挑撥我們之間純潔的感情！」

兩人申辯完之後就出去了，須臾之後，那謀臣走了進來。

謀臣：「你爲什麼出賣我？」

智瑤：「啊，你個死人，竟然偷聽我講話！」

謀臣：「我沒有偷聽，我剛剛在釣魚回來的路上看到他們兩個了，他們沒有說話就匆匆離開了，以往他們至少都會問我『吃了嗎』的。」

智瑤：「如果你是得了雞眼，你也會顧不得那麼多繁文縟節的啊……」

這位謀臣對於智瑤堅持韓虎和魏駒得了雞眼一說深不以爲然，他知道大禍即將降臨智家，

於是辭別智瑤說他要去齊國看超級女聲而逃離了險地。

趙無恤坐在城牆上釣魚的時候，遠遠的便看到了韓虎和魏駒猥瑣的樣子，心下對他們的所思所想也揣摩出了幾分。當夜他便派了集游泳和遊說本領於一身的手下張孟談，悄悄出城前去拜會韓虎和魏駒。韓虎和魏駒正在相對歎息的時候，忽然走進來一個只穿著泳褲的強壯男人。兩人都吃了一驚，以手護胸推到牆邊道：「你……你想幹什麼？」

張孟談：「兩位大夫不必驚惶，我是趙無恤派來的使者。」

兩人這才起身跑到門外去左右打探了一下，然後關上門回來坐定。

韓虎：「趙襄子派你來，有什麼好介紹的麼？」

張孟談：「……兩位大夫，可否給我一身衣服讓我穿上，穿成這樣談話，總讓我感覺有點尷尬。」

魏駒於是取來自己的一身乾淨衣服給張孟談穿上。張孟談道：「嘴唇沒有了牙齒，就會感覺到寒冷，智瑤的貪得無厭想必你們兩位都知道，如果趙家被滅亡的話，你們兩家也就離死不遠了。」

魏駒：「這個道理我們也懂。我們也早想做掉智瑤這個傢伙了，可是總怕消息走露，壞了大事。」

張孟談：「這個兩位放心，趙襄子派我來就是與兩位商定起事日期的，這件事情只會我們四人知道——不算天、地、神、鬼等等的話。」

韓虎和魏駒於是和張孟談約定了起事日期和方式，然後送張孟談回城。

大反攻的那一天終於到來了，趙無恤暗中派出精兵挖開了擋在智家營前的大堤，洶湧的河水倒灌智家軍營。睡夢中的智瑤以為自己尿床了，準備起來換床單的時候，就發現到處都是水，此時此刻的軍營已經亂成了一團麻。韓魏兩家從兩側夾擊，趙無恤生擒了智瑤，並當即將之砍頭，接著所有智姓家族的人全都被殺了個精光。韓、趙、魏三家瓜分了智家的土地，各自建立了獨立的政權。

西元前四三八年，晉哀公去世，晉幽公繼位，這個時候的晉國國君連擺設和通知會議的老大爺都算不上了，反而要倒過來向韓、趙、魏三家朝拜，過年過節還要來給他們送禮看望他們。三家於是乾脆瓜分了晉國的土地，只給晉幽公留下了兩個小地方給他頤養天年。

西元前四〇三年，周王冊命韓、趙、魏為諸侯。西元前三七六年，三家聯合起來滅了晉國，將那兩塊小地方也給瓜分了，晉國國君被貶為百姓。戰國七雄正式形成，三家分晉成為戰國時代開始的標誌。

韓冬·Say

·雖然魯迅說過「不滿足是向上的車輪」，但做人切不可太過貪得無厭，否則可能非但貪不到眼饞的，而且會失去已有的。

·不要覺得丟面子，有的時候我們的確需要暫時屈服一下或者出讓一些自己的東西。「知道以退為進的，都是聰明人」當遇到上述情況的時候，請用這句話安慰自己。

·玩火和玩水都是非常危險的事情，自己牢記這一點，並記得教育好下一代。

樹大招風吹，豬胖招人吃

西元前四四五年繼位的魏國國君魏文侯，是個知人善用的人。在位期間，他任用了李悝、吳起、西門豹、段木干等人，進行了多項的改革，使得魏國迅速崛起，成爲戰國初期最強盛的國家。魏惠王即位之後，繼續文侯和武侯的霸業，拚命建設經濟，積極向外擴張。俗話說「樹大招風吹，豬胖招人吃」，又說「槍打出頭鳥」。魏國的強大讓其餘國家非常不爽，尤其是楚、齊、秦等本來就很強的國家。這其中又以齊國和魏國之間的仇恨最大條，原因有很多：

西元前四四三年，齊國的一頭豬迷路跑到魏國境內，被魏國人抓住紅燒了。

西元前四四一年，齊國的獵戶射中了路過的聖誕老人，可是卻落到了魏國那邊，魏國人搶了聖誕老人駕駛的車中拉的所有禮物，還清燉了拉車的鹿。

西元前三九八年，魏國的一群人圍追堵截一個美女，美女大喊著「不要過來，不要過來！」，喊聲驚動了齊國那邊的人，他們跑到門外對美女喊「到這邊來，到這邊來！」，美女跑去了齊國——被齊國人圍追堵截住了。

西元前三八八年，魏國人養的一條大狗咬斷了繩子跑到齊國那邊，看到齊國守邊關的將領而垂涎三尺，因為這個將領瘦到幾近皮包骨頭，大狗衝上去就啃。

……

西元前三五六年繼位的齊威王也是一名明君，他任用賢能之人，改革吏治，加強國防建設。一番勵精圖治之後，齊國的國力強盛，戰鬥指數大增。在這樣的背景之下，齊魏之間在西

元前三五三年爆發了桂陵之戰，這次戰爭的主角是孫臏和龐涓。

孫臏和龐涓同是鬼谷子先生的學生，做同學的時候他們關係很好。龐涓打到野雞首先會想到烤給孫臏，孫臏發現好吃又便宜的飯館立刻會想到告訴龐涓，他們經常同榻而眠互訴心事，經常到山頂上去談人生，談理想，談愛情。魏惠王用重金招攬天下賢士的時候，龐涓動心了，他去找了鬼谷子先生。

龐涓：「老師，我要畢業。」

鬼谷子：「可是你還沒有到畢業的時間呢。」

龐涓：「都在你這裡待了七八年了，還不能畢業啊，我又沒有學費交給你，還經常吃你的養老金，你就放了我算了。」

鬼谷子：「你走吧，我不攔你。但是，如果你今後總是撞鬼的話，可不要怨我。」

龐涓：「……又拿這個來嚇我，我知道你是鬼的親戚，這從你的名字就可以看得出來，不過我真的不想像他一樣，在這個寂寞的山谷裡面待到白髮蒼蒼。」

龐涓的手指指的是坐在他們旁邊正在給鬼谷子磨墨的鬼谷子最老的學生，他來鬼谷子這裡報名的時候是三十多歲，現在已經快七十歲了，還沒有畢業。每次他想畢業的時候，鬼谷子都會用油燈照著自己的下巴，用讓他渾身汗毛發抖的聲音說：「畢業可以，不過從今往後你會總是撞到鬼哦哦哦……」

他就再也不敢提畢業的事情了。

鬼谷子：「你們不是美女，我不讓你們離開當然不是愛上你們了。只是從我這裡走出去的學生必須是真正的人才，真正的賢能之人，現在你是學了很多兵法沒錯，不過做人方面你還沒有學成，所以不能讓你離開。」

龐涓：「如果我非要離開呢？」

鬼谷子：「打又打不過你，只好讓你離開了。不過出去之後，不要告訴別人你是我的學生。」

龐涓：「你在外面仇人那麼多，我才不會說是你學生呢。」

這麼容易就讓他離開，是龐涓沒有預料到的，他將信將疑的起身走到門口，一溜煙的跑了。須臾之後又走了進來。

龐涓：「太陰險啦，你竟然將下山的梯子抽掉。」

鬼谷子：「嘿嘿，你不是很想走麼？你走呀，走呀！」

龐涓：「……」

當天半夜，山崖邊。

龐涓：「以為上屋抽梯這種小計謀能難得倒我麼？也太小看我龐涓了。」

他拿出早已經準備好的繩子捆在山頂一棵大樹上，順著繩子開始往山下爬。爬到一半的時候，鬼谷子忽然從一個山洞裡面伸出頭來大叫一聲，同時他也沒有忘記用油燈照著自己的下巴。龐涓大吃了一驚，掉了下去。還好只是掉進了荊棘叢中，龐涓不顧渾身紮滿了刺，迅速逃離了這個是非之地，前去找魏惠王。

魏惠王：「哇，好大一隻刺蝟吶！」

龐涓：「魏王，我是鬼谷子的學生龐涓，我跟隨他學習兵法已經很多年了，現在前來投靠你。」

魏惠王：「鬼谷子先生的學生？太好了，魏國需要的就是你這樣的人才，來人啊，趕快給龐涓先生拔刺先。」

幾個宮女圍了上來，半個時辰之後，終於拔光了龐涓身上的刺。魏惠王請龐涓吃飯，龐涓向魏惠王講了很多用兵之道，深得魏惠王賞識。

魏惠王將龐涓封為大將，讓他訓練魏國的軍隊。不久之後，龐涓帶著兵馬去攻打附近的幾個小國家，那些小國家窮到連馬都買不起，士兵們都是用跑的，龐涓用挖陷阱，在地上撒圖釘，引誘那些國家的士兵用雙腿跑著追他們的騎兵等方法，大敗這幾國的部隊。魏惠王更加喜歡龐涓了，對他幾乎到了言聽計從的地步。

龐涓知道魏惠王最痛恨的是齊國，這從魏惠王的以下行為就可以看得出來：

魏惠王喜歡玩飛鏢，飛鏢的靶子上寫的是「齊國」兩個字。

他啃骨頭的時候會邊啃邊說：「齊國，我吃掉你，我吃掉你……」。

他給宮裡的豬都起了齊國人的名字。

他睡覺的時候經常會邊磨牙邊說：「齊國，總有一天我要征服你。」

所以要想讓魏惠王真正開心，讓魏惠王徹底的重視自己，必須要打敗齊國的部隊。龐涓經過一番謀劃之後，帶著一隊兵馬悄悄的向駐紮在邊境線上的一沱齊國軍隊殺過去。

那是一個很大的澡堂子，龐涓衝進來的時候，齊國將士正在洗澡，他們手上沒有一件武器——除了一塊搓澡巾之外，於是他們就用搓澡巾投擲龐涓的部隊，可是那又有多少殺傷力呢？

龐涓於是全殲了齊國的這支幾十人的部隊。

魏惠王得到這個消息之後，感動地哭了。

魏惠王：「我們多久沒有打敗過齊國的部隊了，我已經記不清了。龐將軍這次全殲齊國的部隊，給我們魏國掙足了面子，龐將軍，我愛你！」

龐涓：「大王，別這樣，我老婆會有意見的。」

沒錯，這個時候的龐涓已經有老婆了，是魏惠王給他做的媒，那是個非常年輕貌美的女子。然而此時此刻的龐涓，擁有的又何止是漂亮老婆這一點點呢？魏惠王已經給他修了大大的房子，給他配了專用馬車，還發給他無數的金銀珠寶和綾羅綢緞。同時龐涓還擁有了一樣最重要的東西——自信。

自從他打了那些勝仗，自從魏惠王這樣重用他以來，他經常想起孫臏，想起他們兩人吃著速食麵談人生、談理想、談女人的日子，他想讓孫臏來看看他的成就，更重要的是，他想擁有鬼谷子傳授給孫臏的那套兵法，據孫臏說，那套兵法名叫《孫子兵法》。他是怎麼知道的呢？那是幾年前的一個晚上。

龐涓：「孫臏，你就是太實在、太憨厚了。」

孫臏：「我哪裡憨厚了？就像我擁有無上兵法——《孫子兵法》這件事情，我就沒有告訴你啊！」

龐涓：「……」

魏惠王：「龐將軍，龐將軍……你在幹嘛？」

龐涓這才發現，他正盯著坐在魏惠王旁邊的王后看，而大殿上所有的人都盯著他看，魏惠王臉上已有不滿之色。

龐涓：「大王，請你一定要相信，我剛才盯著王后的時候並不是在看她。」

魏惠王：「盯著她但不是在看她，好難了解啊！」

龐涓：「我只是在想一些事情，通常人們走神的時候都會盯著一個地方一動不動的看。相信大王你也有這樣的情況吧，大王你理解不理解？」

魏惠王：「……好了龐將軍，這次你打敗了齊軍我非常高興，你說吧，你要什麼，我全都給你——當然了，除了王后。」

龐涓：「我希望大王能讓我的同窗好友孫臏前來魏國做事，同我一樣是鬼谷子先生門下，而且他的學習成績比我的好多了。」

魏惠王：「龐將軍謙虛了，天底下用兵能超過龐將軍你的，相信還沒有出生呢。既然是龐將軍介紹，即便是個白癡，我也要重金聘請來魏國了。」

孫臏來到魏國之後，龐涓才發現自己辦了一件大錯特錯的事情。孫臏的才能遠在他之上，魏惠王似乎也了解了這一點，他請孫臏吃飯的頻率愈來愈高，有的時候一天就要請吃七八次，撐得孫臏直對龐涓訴苦。

龐涓唱著：「大錯特錯不要來，侮辱我的美，我不是你的哎喲，為何偏偏纏著我……」想辦法。眼前的地位和榮華富貴是他決計不能失去的，如果讓他又回鬼谷子那裡，還不如讓他去死呢。可孫臏又是他曾經的同居密友，這件事情好難抉擇啊！

龐涓穿得破破爛爛，端著同樣一個破破爛爛的碗，假裝成瞎子在街上要飯。聽到一大沱銀子扔進碗裡的聲音，龐涓壓制住心中的狂喜道：「靠，誰啊，扔這麼大沱銀子給我，砸破我的碗怎麼辦？」拿起碗中的東西一看，竟然是塊石頭。

「我就說他是假裝瞎子吧，你們還不相信。」

「竟然假裝成瞎子博取同情，扁他！」

一群人衝上來狂扁了龐涓一頓。就在他擦鼻血擦個不停的時候，他老婆遠遠地走了過來。他撲上去抱住他老婆的腿大哭道：「老婆，我是龐涓啊，老婆，給我點錢吧！」

他老婆道：「臭流氓，走開！」

龐涓：「我不是流氓，我是你老公。」

他老婆：「還說不是流氓，鼻血流得比黃河還澎湃……」

龐涓依舊抱著他老婆不放，他老婆從旁邊撿起一塊磚頭就朝他猛拍，就在他快要暈倒的那一剎那，他看到他老婆挽起孫臏的手，燦爛的笑著說：「說了今天要請我吃齊餐的，不許賴皮哦！」

孫臏笑著拍了拍她的臉說：「請你吃，請你吃。齊餐又是刀子又是叉子的，就怕你不習慣。」

天啊，他竟然摸我老婆的臉，他孫臏竟然摸我老婆的臉……

龐涓大叫道：「不要啊，不要啊！」

叫著叫著他就醒來了。他老婆盯著他看著，她的手正在解龐涓的衣扣。

他老婆：「我只是看你穿著衣服睡覺太熱了，想幫你脫了衣服而已，沒有別的意思，不用叫這麼大聲吧，搞得我要強姦你一樣……」

這個肝腸寸斷的夢，讓龐涓徹底做出了除去孫臏的決定。

那一夜，龐涓再也沒有睡著，他在思索如何才能除去孫臏，他思考問題的時候喜歡輾轉反側。

龐涓的老婆迷迷糊糊的說：「你現在躺在上面的這個是床，不是練武場，拜託不要在這裡練鯉魚打挺了。」

龐涓：「女人哪裡知道做男人的苦啊，我現在要陰險地置我的同窗好友於死地，為了能讓我們過得更好，為了能讓你繼續穿金戴銀。我心裡的苦，你了不了解啊？」

龐涓的老婆：「……」

龐涓：「你了不了解啊？」

龐涓的老婆卻已開始打呼嚕和磨牙了。龐涓長歎一聲，開始接著思考，天亮的時候，他已經有主意了。

龐涓：「臏啊，幫我寫封情書吧，我看上了一個風塵女子，想弄她到手。」

孫臏：「以你現在的地位和權勢，再穿上你拉風的戰袍，什麼樣的女子搞不到手，還要寫情書這麼麻煩？」

龐涓：「這我也知道，我是想讓她打從心底喜歡上我。聽說她喜歡有文采的、字寫得好的男人，幫我吧，臏。」

孫臏：「說到文采和寫字我哪裡能比得上你，當年鬼谷子先生就經常誇你學富五車，字寫得龍飛鳳舞，你忘了？」

龐涓：「……這倒是真的，不過，我的胳膊斷了，所以沒辦法寫字了。」

孫臏：「不是吧，你的胳膊好好的啊，難道我現在看到的是假肢？」

龐涓看著滿臉疑惑的孫臏半晌沒有說話，忽然他大叫著衝過去卸下一個凳子腿在自己的胳膊上一敲，只聽「喀喳」一聲。

龐涓：「這下斷了吧。爲什麼……爲什麼非要逼我！」

孫臏：「……不知道你在搞什麼，我幫你寫還不成麼？」

就這樣，龐涓拿到了孫臏的筆跡。他即刻去找了一個臨摹高手照著孫臏的筆跡寫了一篇日記：「我要造反，我要殺了國君，自己當魏國國君。」接著他又找人縫製了一套國君的衣服，將這套衣服連同那篇日記一起裝在一個盒子裡面。一個月黑風高的晚上，他派了一個擅長偷盜的手下，去孫臏家裡放置這個盒子。

手下：「從來都是我偷偷摸摸去人家裡拿東西走的，現在卻讓我偷偷摸摸去送東西給人，這有違我做人的原則，恕難從命。」

龐涓：「靠，竟然跟我講做人原則，如果你不去的話，就別想做人了——我讓你做死人！」

這個手下於是滿懷怨恨的去了孫臏家裡。因爲心中怨恨龐涓，他沒有按龐涓吩咐他的那樣將這個盒子藏在一個隱秘之處，而是直接扔到了孫臏家的客廳裡面。

另一邊，龐涓已經派人去找了魏惠王，告訴魏惠王說孫臏意圖謀反。魏惠王立刻派了執法人員前去孫臏家將孫臏抓了起來，並且搜了他的家，那個盒子理所當然的被發現了。

孫臏：「大王，怎麼回事？我昨晚只是做了一個比較黃色一點的夢而已，難道這也犯法？」

魏惠王：「現在是有人告你謀反，你有權不說話，不過我們同樣要定你的罪，因爲證據確鑿。這個盒子是從哪裡搜出來的？」

執法人員：「就放在孫臏家客廳的桌子上，一進門就看見了。」

魏惠王：「……孫臏你還真是大方啊！」

孫臏：「我是被冤枉的。」

魏惠王：「每個罪犯都是這麼喊的，就像每個被強暴的女子之前都會喊『不要啊，不要啊』，可是結果都是一樣的。左右，拖出去斬了！」

龐涓衝出來趴在地上淚如泉射的說：「大王啊，孫臏是我介紹來的，他是我的同窗好友，希望大王能看在我的面子上不要殺他。」

孫臏：「真是好兄弟，講義氣啊！」

魏惠王：「可是他這是謀反，罪很大的。依照龐將軍你的看法，我應當怎麼處置他呢？」

龐涓：「應該砍掉他的雙腳，從膝蓋那邊一刀下去，下半截就沒有了。然後在他臉上刺上整部《謀反罪》，相信如果字寫小一點的話，應該可以刺得下的。」

孫臏：「……還不如殺了我呢，大王，殺了我吧，求你。」

魏惠王：「閉嘴！現在沒你說話的份，就按照龐將軍說的辦。」

孫臏於是被砍了雙腿，臉上刺了很多字，在執法人員對他做這些事情的時候，都沒有給他打麻藥，孫臏疼得死去活來。他被扔到監獄裡之後，龐涓天天去看他。

龐涓：「看你腿上的傷口在不停的流血，這樣流下去你終究會被流死的。你忍心讓《孫子兵法》失傳麼？快趁你還有點命寫下來吧。」

孫臏：「你也知道我在不停的流血啊？那你還不趕快拿止血藥給我？」

龐涓：「止血藥屬於國家嚴格控制的藥物，很難弄得到的。不過我給你帶來了兩塊創可貼。」

小小的創可貼相對於大腿的橫截面來說，的確小得有點可憐了，不過總比沒有好。孫臏還是將它貼了上去，血的流量終於小了一點。

孫臏：「看你對我這麼好，我不將《孫子兵法》流傳給你都不好意思了。」

這一天，牢裡又關進來一個死刑犯，他就是那個送盒子去孫臏家的小偷。

小偷：「咦，你竟然沒有被處死啊？」

孫臏：「你是在對我說話，還是在對牆說話？」

小偷：「我只是個犯人而不是神經病，怎麼可能對牆說話。你不認識我，我認識你，那天我去你家送盒子的時候，你正在做美夢中……不用不好意思啦，這種夢我本身也經常做。」

孫臏：「……那個盒子是你擺到我家客廳的桌子上的？我跟你有仇麼？你幹嘛這樣害我？」

小偷：「要不是因爲偷了皇家園林裡面的白菜被判死刑的話，我也不會見到你了。既然我要死了，就把真相告訴你吧！」

小偷將龐涓派他去送盒子這件事情的來龍去脈，都講了個一清二楚，孫臏這才了解，原來整件事情都是龐涓一手策劃的，而龐涓留著他的命也只是爲了得到《孫子兵法》。他愈想愈氣，一口氣沒有上來就瘋了，將他寫下來的半卷兵法全吃了。

龐涓見孫臏見什麼吃什麼，竹簡、老鼠自不必說，他連自己的便便都吃。終於確定孫臏是真的被他氣瘋了，現在的孫臏除了牙齒厲害一點之外，已經沒有其他利用價值了，龐涓便放鬆了對孫臏的看管。孫臏咬斷了牢房窗戶的欄杆爬了出去，正好有齊國使者的馬車經過，使者見孫臏的牙齒這麼厲害，決定將孫臏接到齊國去替給他開啤酒瓶子、咬核桃，於是他將孫臏藏在了車裡面。孫臏其實本身並沒有瘋掉，他是爲了讓龐涓放鬆對他的警惕才假裝瘋掉的。他給這位使者講了一路的兵法。

使者：「本想找個替我開啤酒瓶子，咬核桃的，沒想到你卻是個軍事家。看來只有扔你下去了。」

孫臏：「……兵法比開啤酒瓶子、咬核桃重要吧，我想。」

使者：「兵法是很重要啊，不過我只是有一個愛吃核桃的老婆的愛喝啤酒的普通男人而已，兵法關我屁事。」

孫臏：「這樣吧，你將我介紹給你們齊國的大將，大不了你需要開啤酒和開核桃的時候，我及時出現……」

使者：「說話要算話哦！」

孫臏這才順利的偷渡到了齊國，並見到了田忌。田忌喜歡和王公貴族們賽馬賭博，可是他只是個大將，沒有錢買太好的馬，因此他總是沒辦法取勝。他請教孫臏，孫臏於是給他介紹了先用他的下等馬和別人的上等馬賽，然後用他的上等馬和別人的中等馬賽，最後用他的中等馬和別人的下等馬賽，這樣總會贏得兩場勝利的著名計謀。田忌採納孫臏的建議之後，果然大獲全勝，那些王公貴族們腦袋都是一根筋，回回按照上、中、下的次序派馬，於是田忌回回都能贏。田忌因此而開心到非常，並將孫臏介紹給齊威王認識。齊威王和孫臏討論了一次兵法之後，也徹底的喜歡上了他，並決定委孫臏以重任。

魏國出兵包圍了趙國首都邯鄲並強行攻打，趙國撐不住了，連忙向齊威王求救，齊威王決定派孫臏率兵前去搭救趙國。

孫臏：「不行，我不能去。」

齊威王：「怎麼?你又到了每個月那幾天?」

孫臏：「我是個瘸子，這是人所共知的事情，我當將軍會被人嘲笑，而且我臉上刺著這麼多字，目標太大了，太利於敵人瞄準了。我去可以，不過必須要讓田忌將軍當大將，我坐在大王給我特製的那個車子裡當參謀長。」

齊威王和田忌都同意了，田忌騎著馬，孫臏坐在車裡，帶領著浩浩蕩蕩的部隊出發了。

田忌：「衝啊，去邯鄲幫趙國兄弟們啦!」

孫臏：「魏國派去趙國的兵馬很多，如果我們就這樣衝上去硬拚的話，一定會傷亡慘重的，不如我們乘魏國兵馬都出洞去攻打趙國的時候，去攻打魏國首都大梁，如此一來，包圍趙國的魏兵一定回撤，到時候我們可以以逸待勞。」

田忌：「哇，好陰險的計謀——我喜歡。」

齊國部隊於是改道向魏國首都大梁進發，部隊行進到桂陵的時候，孫臏建議在這個設埋伏。

田忌：「為什麼要在此設伏而不是別的地方呢?」

孫臏：「天然的，尚好！」

田忌：「爽聲喉糖？」

孫臏：「這裡兩邊都是山，是設埋伏的好地方，最重要的是，這裡還是魏軍回撤的必經之路，在這裡埋伏再好不過。」

重兵於是在這裡埋伏了下來，一部分部隊向大梁進發。魏國的探子跑得就是快，齊軍離大梁還遠的時候，龐涓已經得到消息了。於是他帶領著大部隊離開趙國，回家保衛大梁，途經桂陵的時候遭齊軍重創，損失了好幾萬的兵馬。齊軍大勝而歸。

魏國休養生息了幾年之後，又去攻打韓國，韓國照舊向齊國求救，齊國照例派了田忌和孫臏前去搭救韓國，孫臏照例用了圍魏救趙的策略。龐涓快被齊國部隊氣瘋了。

龐涓：「靠，每次都讓我跑來跑去。老子不打韓國了，滅了齊國的軍隊先。」

於是他帶著所有的兵馬，頂著殺氣騰騰的麻花辮子回國，朝齊軍撲將過來。一場硬仗已經是避無可避了。田忌又準備硬拚。

孫臏：「我覺得應該用誘敵深入的方法，齊國軍隊素以勇猛而著稱，他們自己也覺得自己勇猛得像超人一樣，覺得別人都怕他們，所以我們應該利用他們的輕敵情結誘敵深入。」

田忌：「有道理……怎麼好像自從你來之後，我只有點著頭說『有道理』的份了。」

孫臏驚恐地望著田忌不說話。

田忌：「不過你放心，我不會那麼小氣的，只要能打勝仗，誰聽誰的都一樣。男人，就應該有如此的胸懷。」

孫臏早已經制定好誘敵深入的步驟了，第一天，他們挖了十萬個做飯的爐竈，第二天減到五萬個，第三天減到兩萬個。巧的就是跟在他們後面的龐涓，每天都會查看他們留下來的爐竈痕跡，並根據這個判斷他們的兵馬情況，看到這種情況之後，龐涓仰天長笑道：「哈哈哈，齊國軍隊果然怕我們了，一天就跑了好幾萬的士兵。」

他不知道的是，齊國這次來的時候背了很大的鍋，煮一鍋麵條就夠幾十個人吃的了，他們挖十萬爐竈、五萬爐竈都是在迷惑他。龐涓滿懷信心的加緊了追擊，天快黑的時候追到了馬陵。這裡道路非常狹窄，兩遍不是高山就是荊棘叢，龐涓為了能儘快結束戰鬥，下令部隊摸黑追擊。於是時常會聽到士兵「哎呀」的叫聲之後「咚」的一聲，之後又是士兵「哎呀」的叫聲，這通常是發生了士兵撞到馬屁股上，馬一怒之下踢飛士兵的事件。

前面忽然傳來一個聲音：「前面的路被木頭擋住啦！」

龐涓上前查看，果然道路旁邊的樹都給砍了擋在路中央。不過有一棵大樹沒有被砍，樹幹上面有一塊白白的東西。

龐涓：「我去看看是什麼東西。」

士兵：「不要啊，指不定是馬蜂窩，如果惹了馬蜂，我們都要吃虧的。」

龐涓：「傻瓜，馬蜂窩都是圓的，哪有方的馬蜂窩。即便是馬蜂窩，天這麼黑，馬蜂也看不到我們啊。」

龐涓於是走到樹下點起了火把，靠近一看，樹上寫著：「龐涓死於此樹下！」

龐涓：「龐涓？這不是我的名字麼？……靠，糟了！」

只聽千千萬萬「嗖」的聲音由遠及近而來，龐涓忙令部隊臥倒，那麼急的道路人擠人，馬擠馬的，根本沒辦法臥得倒。不知道多少支箭向著這邊飛過來，箭插進身體的聲音，鮮血從身體射出來的聲音，人仰馬翻的聲音交織在一起不絕於耳。龐涓見大勢已去，拔出佩刀準備自殺：「我爲什麼非要看樹上白白的是什麼東西呢？好奇心不可太重吶！」說完之後，就抹了自己的脖子。齊軍乘勝追擊魏軍，共殲敵十萬多人，還俘虜了魏國的好幾員大將。

桂陵之戰和馬陵之戰讓孫臏名氣傳遍諸侯國，這兩次戰役徹底地動搖了魏國的實力，加上之後愈來愈沒出息的魏國掌權者，魏國逐漸地失去了中原霸主的地位。齊國的力量則迅速發展，成爲當時頂尖的國家之一。

韓冬・Say

・看到別人比自己強，應該做的是臥薪嘗膽、奮起直追、超越對方，而不是嫉妒紅眼看對方不爽，甚至痛下殺手。相信看到這本書的人都還沒有達到衣冠禽獸的境界，做了這種事情是會良心不安的。同時，這種行為還會被人鄙視到體無完膚的。

・要有團隊合作的意識，永遠將集體利益擺在第一位。太過計較個人得失，擔心失去已有的人，是不會被人歡迎的，也不會有可以憧憬得到的未來。

・對方是高手的話，要麼就不動之，要麼就徹底弄死之。看了那麼多的電視劇，斬草除根這個概念聽也該聽會了。

・夜間行路，看準路後勇往直前即可，勿左顧右盼，切記切記。

打劫美色

張儀、蘇秦同龐涓、孫臏一樣都是鬼谷子的學生，不過他們的專業不同。龐涓、孫臏學的是用兵之法，而張儀、蘇秦學的是遊說之術。畢業之後，他們都沒能立刻找到工作，窮困潦倒了好一陣子。蘇秦先去找秦惠文王，向秦惠文王講述統一中國的戰略。秦惠文王剛剛處理了一個外國的政客公孫鞅，此刻對外國政客已是深惡痛絕。蘇秦給他講統一思想的時候，他時而打哈欠，時而出去上廁所，根本沒有聽蘇秦在說什麼，到最後，乾脆命左右將蘇秦攆起來扔了出去。

蘇秦於是改變了策略，決定說服秦國以外的國家們聯合起來對抗強秦。他先後去了燕國和趙國遊說，這兩個國家的國君對他的思想表現出了極大的興趣，出錢出力讓他去遊說別的國家加入合縱聯盟。就在這個時候，秦國部隊大敗魏國並準備接著攻打趙國。蘇秦怕趙國被秦國拿下，破壞了合縱聯盟，開始想辦法阻止秦軍。

當時的張儀正在楚國吃了上頓沒下頓，即便吃到的也都是饅頭夾鹹菜。他畢業以後去了很多國家，可是都沒能引起那些國家國君的興趣，只得待在楚國和一群同樣不得志的知識份子們

吃糠咽菜互相鼓勵。蘇秦派人送了一封信去給張儀，邀請他來趙國一起共用榮華富貴。張儀接到信後感動得熱淚盈眶，立刻捲了鋪蓋坐著跨國馬車來到趙國。

張儀：「蘇兄，我就知道你不會忘記我的，我們關係那麼好。」

蘇秦：「那是以前，你見過富人和窮鬼當朋友麼？我穿的是幾十兩金子才能買來的名牌，你穿的是幾錢銀子的地攤貨；我吃的是海參燉鴨子，你吃的是饅頭包鹹菜；我戴的是名牌手錶，你看時間只能看太陽……這樣怎麼做朋友啊，窮鬼張儀。你當真以為我會給你錢啊？我玩你的。」

張儀：「……蘇兄，這麼多年你還是沒變，還是那麼喜歡開玩笑。」

蘇秦：「這麼多年了你也沒變——還是那麼的賤。從楚國跑到趙國來給我罵，你說你賤不賤？」

張儀和蘇秦都是學遊說的，是靠嘴吃飯的，當年鬼谷子曾經教導他們說：「學遊說的人應該鄙視動拳頭的人，這樣才能成為出類拔萃的遊說家。」所以張儀即便被蘇秦氣得要發瘋，也沒有對蘇秦動拳頭，他只是拂袖而去了秦國。

蘇秦暗中派了一個身上帶著很多錢的手下，跟著一路去秦國。張儀走在路上的時候，就發現有人跟蹤他，他走快那人也走快，他停下那人也停下，他向後看的時候，那人就對著路邊的樹假裝噓噓。前面有個急轉彎，張儀快步跑過去躲在轉彎後面，須臾之後，那個人也追了上來。

張儀：「不要跟蹤我了，沒用的，我身上一分錢都沒有。」

那人：「你身上有沒有錢關我什麼事？」

張儀：「怎麼你不是打劫錢財的麼？……啊，完了，莫非……你是打劫美色的？不要啊，我現在窮得只剩下這副清白之軀了，拜託你放過我吧！」

那人：「靠，放心吧，我對你沒興趣，對錢更沒興趣，我有這麼多錢還需要打劫麼？」

那人說著敞開了衣服，裡面五彩繽紛散發奪目光芒。他的衣服內壁上叮叮噹噹掛著的全都是金銀珠寶。張儀愣了一會兒之後，開始四下搜尋，他先是撿起一根稻草揮了揮又將之扔了，接著看到一個石頭，撲過去抱了半天都沒能抱起來，又看到一根繩子，忙跑過去撿，卻發現是一條蛇，他被嚇得眼淚都快出來了。那人就那樣敞著衣服看著張儀忙活。

那人：「找打劫我的武器是吧？那邊有根棍子長短剛剛合適。」

張儀：「在哪裡？那邊？我怎麼沒看到？」

那人：「就在你身後五步遠的地方，你還真夠笨的，被你打劫真是讓人感覺屈辱。」

張儀總算找到了那人指給他的那根棍子，他拿著那跟棍子放到那人的脖子上說：「這是打劫，把你身上值錢的東西都交出來。」

那人：「好，珠寶和金子給你，銀子不便於攜帶我就留下來了啊……還發什麼愣啊？趕快

撐開你的口袋啊！」

張儀忙將手中的棍子扔了，用兩隻手撐開口袋，那人便將身上所有的金子和珠寶全都裝進了張儀的口袋裡面。整個過程結束之後，張儀忽然覺得此時此刻他應該說點什麼。想了半天後張儀說：「不許報警，不許大喊大叫，不然我殺你全家。」

那人：「……你放心吧，我不會的。不過你要記得你的人生目標是做一名出眾的遊說家。千萬不要因爲今天順利的打劫了我而覺得搶劫是一件很容易的事情而跑去做山賊。」

張儀：「謝謝你的叮囑，放心吧，我不會的。」

張儀到秦國之後，用這些錢買通了秦惠文王身邊的寵臣，很快就見到了秦王，聽了張儀的思想之後，秦王很開心，封他做了外籍顧問。張儀有天穿戴好要出門上班時，那個被他打劫的人前來見他。

張儀：「從你那裡搶來的錢我都花光了，不要指望著我會還給你。」

那人：「那些錢本來就是蘇秦要給你的，只不過我怕我忽然走上來給你那麼多錢會嚇到你，所以讓你打劫我了。」

張儀：「蘇秦？他給我錢？」

那人：「其實我是蘇秦的隨從，他正在推行他的合縱政策，可是秦國要進攻趙國。他怕這件事情會破壞他的大計，所以故意激將你來秦國當官，希望你能解決這件事情。」

張儀：「……原來各種緣由是這般的曲折，你回去告訴蘇秦，我一定會盡力的。」

通過張儀的努力，秦國放棄了攻打趙國的計劃。蘇秦得以繼續到其他國家推廣他的合縱政策。最後蘇秦說服了秦國以外的六國加入合縱同盟，而他本人也被推舉爲同盟盟主，身掛六國宰相大印，一時間拉風非常。不過要想將六個脾氣秉性各不相同，心中還藏著自己的小唏噓的國家長時間聯合在一起實屬不易，再加上秦國又經常威逼利誘挑撥離間。蘇秦的合縱聯盟從成立的那天開始，就一直處於風雨飄搖之中。

秦王：「他們六個國家聯合在一起實在是不好弄啊，張儀你有什麼好辦法沒？」

張儀：「經過很長時間的觀察和思考，終於給我想到了對付他們的驚世駭俗的辦法。」

秦王：「什麼辦法？快講來聽聽。」

張儀：「那就是讓他們不聯合。」

秦王：「……聯合的反義詞是不聯合，基本上這一點我也很明白。有沒有建設性的意見提出來？」

張儀：「那就是我們拉攏腐蝕其餘六國，讓他們分別和我們好上，然後再逐個擊破，這叫作連橫。」

秦王：「六國都懼怕我們的強大，怕我們消滅他們，又怎麼會和我們好呢？」

張儀：「所以說鬼谷子先生那裡有遊說專業，我可以去完成這項任務。」

西元前三二八年，張儀和嬴華帶著兵馬前去攻打魏國的邊城蒲陽並一舉拿下。秦王非常高興。

秦王：「我還以為你只是個手無扶小雞雞之力的文弱書生呢，沒想到你還能帶兵打勝仗，說吧，你要什麼獎賞？」

張儀：「我希望大王能把蒲陽城歸還給魏國。」

秦王：「你是說把好不容易攻打下來的蒲陽再還給魏國？嬴華……這次攻城的時候，張儀的頭部是不是被石頭砸到了？」

嬴華：「本來張儀他的腦袋是應該被石頭砸到的，不過被砸到的是我而不是他。」

嬴華脫去帽子，頭頂上赫然頂著一個外觀酷似一沱便便的大包。

嬴華：「事情的發生是這樣的，那天我們騎著馬帶著部隊跑到蒲陽城下，我們剛剛喊了『衝啊……』後，魏國軍隊就開始從城牆上扔石頭砸我們。就這樣我們拚命的喊『衝啊』，魏軍拚命的扔石頭。忽然我發現一塊石頭奔著張儀的腦袋而去，我大喊一聲『張儀，小心石頭』，張儀立刻以迅雷不及掩耳盜鈴兒響叮噹之勢將我拉到了他前面，用我的腦袋擋住了那塊石頭。」

秦王：「那你疼不疼？」

嬴華：「還好啊，除了眼前經常會冒出金星，耳朵裡面經常會傳出打雷的聲音之外，一切正常。」

秦王：「張儀，石頭砸到的是嬴華的頭部，為何你會說出這樣秀逗的話來？」

張儀：「除了歸還蒲陽之外，我還希望大王能答應我讓我帶著公子嬴繇去魏國，讓他在魏國當人質。」

秦王：「你的話讓我的思緒好混亂，好混亂，我已經搞不清楚到底是我們還是魏國打勝了這場仗。」

張儀：「相信我，沒錯的。大王您想得到的應該是整個天下，而不是一個小小的蒲陽城吧，況且您又不喜歡飯量非常大的公子嬴繇，與其放他在宮裡吃乾飯，還不如送去魏國當人質，以他的飯量，魏國多養活一個他，就得少養三個士兵。」

秦王：「有道理，那就按你說的辦吧，不過如果你送出去一個蒲陽城，卻給我看不到任何回報的話，可別怪我翻臉不把你當人看。」

張儀：「收到！」

張儀於是帶著蒲陽城城門的鑰匙和公子嬴繇開著馬車前往魏國首都。魏國皇宮大殿裡，魏國國君和大臣們正在討論如何才能多多的討老婆歡心而能少跪點算盤和綠豆。一個探子飛奔進來。

那探子邊跑邊喊：「大王小心，大王小心……」

魏惠王立刻從身後拿出一塊大盾牌擋在面前，那探子一路衝上來「咣」一聲就撞在了盾牌之上。

魏惠王：「還好我反應快，不然又被你撞飛出去了。」

探子：「多謝大王幫忙。」

魏惠王：「不客氣，不過柳傑子，你老這麼搞也不是個辦法啊，你就不能想辦法學學怎麼剎車麼？」

柳傑子：「教我學習凌波微步的師傅只教了我怎麼走動，還沒來得及教我怎麼剎車就掛了，要命的是他是凌波微步的唯一傳人，唉……」

魏惠王：「真是要命，不過你也不用太過悲傷，畢竟你是天下跑得最快的人。只是要注意去敵人那邊偵察的時候，不要用凌波微步，你這麼著急跑來有什麼事要報告麼？」

柳傑子：「秦國的張儀帶著一個大胖子，往首都方向來了。」

大臣甲：「啊……張儀?!」

大臣乙：「啊……大胖子?!」

魏惠王：「小乙，『啊』一下張儀還可以理解，畢竟他曾經帶著部隊拿下了我們的蒲陽城。一個大胖子你『啊』個什麼勁啊？」

大臣乙：「大胖子有兩種可能，要麼他是個可以和野豬搏鬥的大力士，要麼他是個日進三斗的大飯桶，於我們來說，這兩種人都有夠恐怖的，所以我禁不住『啊』了一下。」

魏惠王：「這個時候張儀來幹什麼呢？真是讓人費解。眾卿家們能不能猜出張儀的來意呢？」

大臣們紛紛開始猜測，有的說張儀是來威脅魏國送給秦國更多土地的，有的說張儀是來旅遊觀光的，還有的說張儀是來給兒子找媳婦的（**那個大胖子就是他兒子**），更有甚者說，張儀是迷了路而誤入魏國的。就在大家七嘴八舌議論的時候，張儀已經在殿外求見了。魏惠王命大臣們坐好站直後，宣了張儀晉見。

張儀：「大王好，近來身體無恙吧？」

魏惠王：「你又不是我親戚又不是醫生，我身體無不無恙關你什麼事情？好啦，不要囉嗦了，快說你是來幹嘛的，別以爲你打下了蒲陽城我們就怕你。」

魏惠王做出一副臨危不懼而且非常兇狠的樣子。大臣們也都急於想知道自己的猜測對不對，紛紛要求張儀說明來意。

張儀微微一笑道：「我是來歸還你們蒲陽城的，順便我還帶了秦王最喜歡的孩子公子嬴繇前來送給你們當人質，瞧著孩子長得多讓人心疼啊。」

根據事先的安排，嬴繇走上前來擺出一個很可愛的姿勢。張儀逕自向魏王走過去。

張儀：「大王，眼睛瞪得這～～麼大，會不會很累啊？」

魏惠王：「……你剛剛說你是來幹嘛的？」

張儀又重覆了一遍自己的來意。

魏惠王：「啊，秦王有這麼好？」

張儀：「沒錯，就是這麼好。我連蒲陽城門的鑰匙都給你帶來了，我們還對蒲陽城進行了一次衛生大掃除，爭取讓魏國人民住得舒心，玩得開心。這是秦王最喜歡的兒子嬴繇，現在送來給你當人質，嬴繇，上來叫叔叔。」

嬴繇一路小跑上來到魏惠王面前，甜甜的叫了一聲叔叔。

魏惠王大笑道：「好好好，真乖！」

張儀：「人家叔叔都叫了，你也該表示表示吧，大王。」

魏惠王忙命手下人去包紅包。

張儀：「嬴繇是秦王最喜歡的兒子，將來可能就是秦國的大王了。這麼尊貴的人叫你叔叔，大王你怎麼能用幾塊錢就打發了呢？」

魏惠王：「啊……那我應該送他什麼呢？」

張儀：「起碼也應該送秦國五六個縣城什麼的。而且秦王這麼好，將辛辛苦苦攻打下來的蒲陽打掃乾淨歸還給魏國，大王也應該好好回報一下。」

魏惠王覺得有道理，於是將上郡十五個縣城送給了秦國。張儀收了十五個縣城之後，連晚飯都沒吃就趕回秦國去了。

吃晚飯的時候，魏惠王看著身邊一桶接著一桶吃米飯的嬴綠，和身邊的大臣聊了起來。

魏惠王：「一個多還是十五個多？」

大臣：「當然是十五個多了，大王。」

魏惠王：「那我們豈不是又上當了？秦國還給我們一個城，我們卻給了人家十五個城。」

大臣：「我當時也有這種感覺。」

魏惠王：「那你當時又不說。」

大臣：「我想人家還送我們一個秦王最喜歡的有可能當秦王的兒子呢，這孩子……」

嬴綠：「大王，我要上廁所。哎呀，不行了，忍不住了……」

魏惠王看著此情此景不禁流下兩行熱淚。

大臣：「好臭，好臭……大王，你被臭哭了？」

張儀因為功勞巨大，一回家就被秦王任命為秦國宰相。然而張儀最在乎的還是他的連橫大計，十五個縣城相對於統一六國大業來說算不了什麼。他又要求去出使魏國，希望最終能說服魏國與秦結盟。然而此時上過很多次當的魏惠王，已經對張儀非常提防了。於是就出現了下面這樣的狀況。

張儀：「大王，趕快跟秦國結成同盟吧，那樣魏國就安全了。」

魏王：「好啊，不過今天吃飯的時候我扭到了手，沒辦法在協議書上簽字。」

打發走張儀後，魏王立刻拿出文房四寶給其餘五國寫信聯絡，約定大家能夠精誠團結，一致抗秦。

張儀也明白魏王的心思，加緊了同其他各國的聯繫。西元前三二三年，他在齧桑同齊國和楚國宰相開了個會，回秦國之後，就被秦惠王免去了宰相之職，理由是他用公款請別國的人吃飯。張儀於是跑到了魏國，魏惠王任命張儀為魏國宰相。照理說張儀晃點了魏惠王那麼多次，魏惠王應該很痛恨張儀才對，為什麼還會任命他為宰相呢？關於這件事情有兩種說法：

一、嬴駟飯量實在太大了，吃得魏惠王經常做惡夢，魏惠王幾近崩潰。魏惠王經常命人在米飯裡頭多放保鮮膜以期可以噎死嬴駟，豈料都未能成功。做掉他吧，又怕秦王找魏國麻煩，就在這時，張儀說，如果讓他做魏國宰相，他就負擔起嬴駟的生活費，魏惠王欣然同意。

二、魏國國力虛弱卻又連年征戰，搞得連官員們的俸祿都發不起。官員們生活非常拮据，個個營養不良。宰相日理萬機，用腦過度，可是營養又不足，於是魏國宰相經常英年早逝。短短幾年間，已經死了好幾任宰相了。就在沒有人願意來魏國當宰相的時候，張儀毛遂自薦了。

不管是那種說法，張儀都需要有錢才行——要麼用來養活嬴駟，要麼用來給自己補充營養。張儀的錢從哪裡來呢？都是秦國暗中秘密贈送的。其實，這，是一個陰謀。當了魏國宰相之後，張儀離魏王更近了，他整天跟在魏王後面，勸說魏王和秦國結成聯盟，魏王找了各種各樣的理由來搪塞張儀，除了吃飯的時候扭到了手之外還有：今日大風不宜寫字；昨夜看了一夜的書，今日眼睛近視了；感冒了，一聞墨水的味道就會不住的打噴嚏；剛剛上了廁所，沒有洗手會玷污協定的聖潔……魏王每天就只是思考應對張儀的理由已經想得神經衰弱了。這天，魏王在後花園散步的時候，又看到張儀迎面走了過來，他慌忙往路邊的草叢裡面鑽，卻發現那是很大一叢的荊棘，就在他正猶豫要不要鑽進去的時候，張儀已經看到他了。

張儀：「啊，大王，我正要找你呢……」

魏王面對著那叢荊棘假裝看不到張儀，口中默念著「張儀看不到我，張儀看不到我……」

張儀走上來道：「大王你在練什麼功啊？秦魏聯盟的事情您考慮得怎麼樣了啊，我的好大王？」

魏王實在受不了了，轉過身去跟張儀說：「我不想聯盟，魏國絕對不會和秦國聯盟的。」

張儀怒吼道：「靠，敬酒不吃吃罰酒，你等著吧！」

說完之後，張儀拂袖而去。

魏惠王自言自語道：「剛剛還說『您』，眨眼間就『靠』我。真是翻臉比翻身還快……」

不久之後，秦國就派了部隊前來進攻魏國，攻佔了魏國的曲沃和平周兩縣。魏王在聯盟和不聯盟間風雨飄搖。各國都擔心，再這樣下去魏國會撐不住壓力而和秦國聯盟，就在西元前的三一九年，楚國、韓國、趙國、燕國、齊國召開了記者招待會，支持合縱政策，並希望魏國也能加入五國集團，不過之前要將張儀趕回秦國。魏惠王這個時候已經覺得即便宰相位子空著，也比讓張儀當宰相強得多，於是對張儀下了驅逐令，張儀返回秦國。

西元前三一八年，各國在受了很多秦國的晃點和欺負之後終於醒悟了，他們決定重新結成合縱聯盟。楚懷王擔任盟約長，邀請了趙、魏、韓、燕、齊五國軍隊一起進攻秦國。齊國擔心自己的部隊吃虧，給遠征軍下的命令是走得愈慢愈好，齊國軍隊於是邊遊玩邊走，其餘五國部隊在秦國邊境線上等啊等啊，直到他們的糧草快吃光了，齊國的軍隊才來。進攻開始之後，各國軍隊又都想要保存自己的實力，誰都不願意首先發起攻擊。六國大將決定用手心手背的遊戲來決定誰先出動，他們六個人圍成一圈開始喊：「手～心～手～背～」喊完之後，只有楚國大將出了手心，其餘的人都沒有伸出手來。

趙將：「你跟我們都不一樣，該你首先攻擊。」

楚將：「你們賴皮，必須要出來才算。」

魏將：「跟別人不一樣的那個，就算是被挑出來的，我們都沒出而你是手心，你不要想賴皮。」

齊將：「怎麼你想賴皮麼？別怪我們五個不客氣……」

齊將說著將手指頭捏得「嘎吱嘎吱」直響，其餘幾個人也兇狠的瞪著楚國將領。

楚將：「……太黑暗啦，太過分啦。好吧，我先出兵就我先出兵吧，戰死沙場要比被人群毆死要光榮得多。」

楚將帶領著兵馬，一出去就被秦軍斷了糧道，楚將帶領著兵馬撤退而走，其他國家的人也立馬蜂擁而逃了。合縱聯盟雄心勃勃的一次進攻，就這樣無稽的結束了。

西元前三一六年，巴國和蜀國間發生了戰爭，兩國都向秦國求助。

秦王：「哈哈哈，竟然敢向我們秦國求助，難道他們都不知道我們秦國是只喜歡佔領別國

而不屑於幫助別國的霸主麼?!」

張儀:「大王的意思是要去征服這兩國了?」

秦王:「只要征服蜀國,蜀國物產豐富而且辣妹子辣(這個辣是一聲)呀辣妹子辣(這個辣是四聲),巴國好像沒什麼値得征服的。不過有兩點我比較擔心,一是那邊都是山路,就怕大軍不好推進,我們的後人不是說『蜀道難,難於上青天』麼;二是怕韓國知道我們大軍出去了,乘機來攻打我們。真是讓人左右爲難。」

司馬錯:「我支持大王你攻打蜀國。」

張儀:「我覺得應該攻打韓國先。司馬錯?這個名字在前文怎麼都沒見過,配角吧?」

司馬錯:「你是主角又怎麼樣?主角也有犯錯的時候,我們這又不是英雄片,是追求真實的正史,韓冬你說是不是?就叫你呢,正在抽煙的那個戴眼鏡的小夥子。」

韓冬:「……是在叫我麼?沒錯,我們這是追求真實的正史,即便是主角也不會一點錯都不犯的。」

張儀:「即便你叫來作者,我也不會怕你的。我的理由是我們現在正在進行的是統一天下的大業,只要我們的大軍拿下韓國深入洛陽,攻入周王國邊境,打劫了九隻鼎和天下的地圖以及戶籍,然後我們挾持周國王號令天下,到時候天下就是我們的了,這才是我們要做的事情。現在卻去參合少數民族蠻夷之地的小小爭端,實在是南轅北轍得厲害。」

秦王：「有道理。司馬錯你是怎麼想的？」

司馬錯：「沒錯！我們的目標是統一天下。不過首先要國家富有、軍隊精良才有可能，不然所有的一切都只是紙上談兵，空中樓閣。現在秦國土地小，人民又窮。佔領了蜀國之後，我們可以擁有他們的土地，打劫他們的財產，而且蜀國很容易就能拿下了，到時候我們還能落個幫助民族解除糾紛的好名聲。如果我們進攻周王國的話就不一樣了，周王國幾乎跟所有的各國都是親家，他們一定會聯合起來抵抗我們。九鼎那麼重要的東西他們也不會輕易的讓之落入我們手中，如果逼急周王朝的話，說不定他會將那九個鼎一人一隻發給別的國家，到時候我們就什麼都沒有啦。」

秦王：「也有道理，比張儀的更有道理。」

張儀：「……」

秦王派了張儀前去征服蜀國。這年十月，蜀國就被完全拿下了，蜀國併入秦國領土，秦國更加強大富饒。

秦國經過長時間的準備之後，打算攻擊齊國了，可是齊國和楚國是手拉手，心連心的聯盟國，如果要進攻齊國，就必須先搞得他們兩國感情破裂才行。張儀被派往楚國開展這項工作。張儀先給楚懷王的寵臣送了重禮，很容易的就見到了楚王。

張儀：「秦國和楚國是友鄰國家，我們大王希望秦、楚兩國可以交好。如果大王同意的話，我們立刻將太子送來楚國當人質，將公主送來伺候大王。」

楚王：「公主和太子？是不是都長得跟嬴豯似的？秦王什麼時候變得這麼好了？你們秦國盯的只是別人的土地，給了還好說，不給就要動手打，我可不敢跟你們有什麼關係。你還是到別的國家去晃點吧。」

張儀：「其實我是個很真誠的男人來著，這一點，你從我誠摯的目光裡應該就能看得出來吧，你看啊，你看我啊！」

楚王只是矇著眼睛不看：「爲什麼有那麼多人上你的當呢？我聽人說你修練成了一種名叫『移魂大法』的妖術，在你發功的時候，只要有人盯著你的眼睛看，就會相信你說的每一句話。我是堅決不會看你的眼睛的。」

張儀：「……這種妖術只適合女人練的。好了，你鬆開眼睛聽我給你分析一下吧！」

楚王：「不，我不要看你。」

張儀：「我閉上眼睛說，這總可以了吧？快睜開眼睛聽我說吧。」

楚王：「不行，萬一你忽然睜開眼睛的話，人家豈不是又要任你擺佈了？」

張儀：「如果楚國同意和秦國結盟而跟齊國斷交的話，我們秦國願意將商於地區六百里的土地送給楚國。還會在秦國舉辦一場選美比賽，將冠軍送給大王你。」

楚王睜開眼睛道：「這麼好？」
張儀：「沒錯，就是這麼好！而楚國所需要做的事情，就只是和齊國斷交。」
楚王：「好是很好，不過……」
張儀：「不過什麼？」
楚王：「能不能將選美大賽的冠軍、亞軍和季軍都送給我？」
張儀：「……沒問題。」
楚王當即承諾了和秦國聯盟而和齊國斷交。之後他叫了所有的官員前來開會慶祝，所有的大臣聽了這個消息都非常開心，只有一個大臣滿臉憂愁。
楚王：「你死了老娘啦？這麼大喜的日子裡，你把臉拉得那麼長幹嘛？」
大臣：「秦國爲什麼會派張儀前來我國慰問呢？是因爲我們和齊國結盟了，如果我們只是孤立一個國家的話，秦國決計不會將我們放在眼裡的。一旦我們和齊國斷交的話，秦國絕對不會給我們六百里土地的，他們騙人又不是一次兩次了。不如他們把土地割讓給我們之後，我們再和齊國斷絕關係也不遲啊！」
楚王：「豬頭才能說出你這樣的話來，我們不和齊國斷絕關係，秦國怎麼可能把土地給我們？那可是六百里土地啊……」
楚王立刻任命張儀爲楚國宰相，並送給張儀無數金銀珠寶。又宣佈和齊國斷絕關係，關閉

了楚國和齊國的通商口岸。然後他派了一個名叫逢候丑的將領，跟著張儀前去秦國接受土地。

一路無語。

行至咸陽城外的時候，張儀邀請逢候丑喝酒。一人一壇酒，張儀打開罈子當即狂喝起來。直看得逢候丑目瞪口呆。

逢候丑：「張兄真是好酒量啊！」

張儀：「come on 逢兄一起來，讓我們一醉方休吧！」

逢候丑見張儀如此性情中人，便也舉起罎子開喝起來，不同的是，張儀的罎子裡面裝的是礦泉水，而他的罎子裡面裝的是天底下最烈的酒「忘情酒」。酒足飯飽之後，兩人上了馬車，沒走多遠，張儀就從馬車上滾落下去。當即就有幾個人衝上來擡著他去看醫生了。逢候丑不知道張儀被送去哪裡了，只得在咸陽城住了下來先。就這樣三個多月過去了，還是沒能見到張儀。楚王得報後，以爲秦國嫌楚國和齊國的關係斷絕得不夠徹底。於是找來了一個名叫宋遺的得了癌症的勇士，前去齊國辱罵齊王。宋遺想辦法進入了齊國的王宮，走上了大殿當著所有齊國大臣的面將齊王罵了個狗血噴頭。齊王氣得七竅生煙，立刻宣佈和楚國老死不相往來而和秦國結盟。對宋遺他是這樣處理的：先請來全國最好的醫生治好他的病，給他溫柔賢淑的美女跟他談戀愛，等他覺得人生美好的時候再殺了他。

第二天張儀就召見了逄候丑。

張儀：「哇，你怎麼還在這裡？我還以爲你早就去接受了我以前承諾給你們的六里土地去了呢！」

逄候丑：「什麼？六里土地？修個廁所都不夠呢，我看你真是愛說笑。你當時說的是六百里土地啊。」

張儀：「肯定是你聽錯了，秦國的土地都是秦國將士流血犧牲換來的，怎麼可能六百里六百里的往外送。」

逄候丑：「……完了，好像又上了這廝的當了。」

逄候丑回家向楚王彙報情況，楚王聽後大怒，立刻調遣了全國所有的部隊前去進攻秦國。結果大敗，陣亡將士八萬餘人，搞得又要派人去秦國割讓土地以求和。

秦王的意思是他不要楚國的土地，而是用秦國武關以外的土地交換楚國黔中之地。

楚王：「武關以外的土地，連鳥都不願意去方便，我不要。只要能將張儀交給我，我願意將黔中之地送給秦國。」

秦王聽了之後非常爲難，黔中之地是他一直想要的，而張儀這些年來又給秦國做了那麼多貢獻。他矛盾，他惆悵，長夜漫漫無心睡眠，於是走出門外暗自歎息。忽然他聽到房頂上有人

喊了一聲：「好！」。房頂上的那個人正是張儀。

秦王：「張儀，這麼晚了你不睡覺，爬那麼高去做什麼？」

張儀：「大王，你還沒有歇息啊？我在夜觀天相呢！」

秦王：「那你看出什麼來了麼？」

張儀：「看出來了，看到了一閃一閃亮晶晶，滿天都是小星星。」

秦王：「張儀你下來先，我有些話要對你說。」

張儀：「我知道你要對我說什麼，我願意去楚國交換黔中之地。」

秦王：「楚王可是恨你入骨的，你到了楚國被他一刀捅死可能都算是最好的下場了，說不上他會找來天底下最醜的醜女，夜夜輪姦你直到你體無完膚搖搖欲墜爲止。」

張儀：「啊，這麼狠？不會的，有英名神武的大王你給我做後盾，我什麼都不怕，況且你又那麼喜歡黔中之地，即便我真的不測了，能換來黔中之地也是值得的。」

秦王：「張儀，你真是……太好了，我禁不住要哽咽了。」

張儀剛一到楚國，楚王就下令要將他打入天牢，

張儀：「我大老遠的從秦國來，至少你也應該請我吃頓飯吧，大王。」

楚王：「吃飯？去天牢吃＊吧你！」

張儀：「……看來你真的很恨我，連馬賽克都被你說出來了。」

事實上，經過前幾次和楚國打交道，張儀早已經買通了楚王的寵臣靳尚，並博得了楚王最喜歡的姬妾鄭袖的歡心，有這兩個人在，張儀對自己的安危並無太大擔心。靳尚當天下午就去找了楚王。

靳尚：「大王正吃著呢啊？我覺得張儀不應該這樣處理，畢竟他是秦王的寵臣，如果我們三長兩短了張儀的話，秦王一定會非常氣楚國。到時候其他國家就會看不起我們，說不定還會前來騷擾楚國，這樣就麻煩啦！」

楚王聽靳尚這麼說，看著桌上的烤豬頭陷入了沈思。就在楚王沈思的時候，靳尚悄悄退出又去見了鄭袖。

靳尚：「秦王聽說張儀被抓起來了，非常震驚。決定挑選全國最美的美人，加上六個城市的土地前來交換張儀。」

鄭袖：「那又怎麼樣？我這麼漂亮，還怕她們不成？」

靳尚：「娘娘你是很漂亮。可是背不住人家有秦國這樣的大娘家，而且這中間還有個審美疲勞的問題，到時候你可能就要失寵咯。」

鄭袖聽完當即大哭起來，哭得波濤洶湧沒完沒了。楚王回來的時候，見他的小心肝哭得肝腸寸斷，慌忙上來安慰。

戰國・

楚王：「怎麼了？是不是又做惡夢了？」

鄭袖：「如果你現在殺了張儀，秦王肯定會派大軍前來攻打楚國。我這麼漂亮，到時候免不了要受凌辱，如果你真的要殺張儀的話，就先送我和孩子到別的地方避難吧！」

楚王：「我怎麼捨得讓你離開呢？來，天色已晚，歇息了先吧！」

鄭袖：「歇你個大頭鬼，形勢這麼危急我沒有心情歇，要歇你自己歇去。」

鄭袖說完又大哭起來，哭得楚王心疼非常。終於楚王決定釋放張儀，並將張儀奉爲上賓。

張儀乘機勸說楚王同秦國連橫，並許諾如果他同意的話，就歸還楚國漢中的部分土地。

楚王：「你說的部分……不會又是連個公廁都修建不了的幾里地吧？」

張儀：「這次絕對不會！」

楚王於是答應了張儀，秦國和楚國至此成爲盟友。緊接著張儀又去齊國見了齊宣王，用威逼利誘等手段，讓齊國和秦國結成了盟友。離開齊國後，張儀先後去了趙國和燕國，憑藉他的能說善道，將這兩個國家都發展成了秦國盟友，順便還讓燕國獻給了秦國五座城池。張儀開心地回秦國回報工作。走到路上，聽到了秦惠王去世的消息，繼位的是秦武王嬴蕩（**這是誰給他起的名字？拖出去打！**）。嬴蕩一直都不喜歡張儀這樣只說不練的人，張儀也明白這一點，如果繼續待在秦國只有死路一條。

張儀：「最恨我的是齊王，我到哪個國家，齊國就可能會攻打哪個國家。現在我再去魏國，齊國一定會攻打魏國，到時候大王你就可以乘亂輕而易舉的成就霸業了。」

嬴蕩本就瞧不起張儀，張儀說話的時候他一直在掏耳朵，聽張儀有離開的請求，立刻答應了他。張儀於是去了魏國當宰相。不出張儀所料的是，齊國果然率領著大軍前來攻打魏國。

魏王：「完啦，完啦，齊軍殺過來啦！」

張儀：「大王不用擔心，我自有辦法退兵。」

張儀於是派了自己的參謀前去楚國，找了個楚國人考了個使者證前去晉見齊王。

使者：「哇！大王你這麼喜歡張儀啊？」

齊王：「靠！我恨他還來不及呢，你何出此言啊？」

使者：「張儀給秦國立下了那麼多功勞，爲什麼就那樣兩手空空的離開秦國了呢？這裡頭肯定有不能告訴你的小秘密。這個小秘密就是他故意挑起齊魏之間的戰爭，然後秦國坐收漁翁之利。現在你真的前來攻打魏國，正好中了張儀那廝的陰謀詭計，到時候秦王一定會更加信任張儀的。」

齊王做恍然大悟狀之後，下令退兵。張儀當了一年的魏國宰相之後，壽終正寢。

韓冬．Say

．做事不可以死鑽牛角尖，一條道走到黑。此路不通，我們可以換個角度換種方式來解決問題。如果蘇秦在被秦王扔出來之後，依舊鍥而不捨的去勸說秦王，很可能就死在秦國了。他採取了與之前截然相反的策略，轉而去勸說其餘國家聯合，結果身佩六國相印，拉風非常。

．語言的歷史可以追溯到很久很久的以前。雖然說話只能消耗卡路里，而不能說出筆記型電腦、手機、美女來，但是能說會道也是非常重要的一項本領。本領低微的可保頭兒喜歡，岳父岳母稀罕，本領高強如蘇秦張儀的，可以以此掙取富裕的人生並順便維護世界和平。

．有人來找你合作或者聯合的時候千萬要多一個心眼，特別是如果那個人和你有共同的利益要去爭取的時候。表面上你可能會得到好處，但大多半那都是暫時的，接下來到來的會是你無窮無盡的悔恨長歎。楚國就是一個很好的例子。

．看到有繩子躺在路上的時候不要輕易彎腰去撿，特別是草繩——如果你怕蛇的話。

出來混遲早是要還的

這篇講的是西元前三世紀的事情，然而「孩子沒娘，說來話長」，事情的發生還得要追溯到西元前四世紀的三一六年。那個時候，遊說能手蘇秦已經掛了，他的弟弟蘇代和蘇厲繼承了蘇秦的遊說事業，繼續奔走於各國之間靠舌頭混飯吃。是什麼讓他們擁有了榮華富貴？是他們的嘴。因此他們對自己的嘴巴及其內的物體都非常重視，先後發明了牙刷、口罩、剃鬚刀等物品來呵護自己的嘴巴及周邊部位，每次外出的時候，都要用當時最先進的護具將口部保護起來以免被打劫。

蘇代來到燕國的時候，和燕國的宰相子之結成了親家，準備幫子之奪取燕國政權。他見燕王姬噲比較弱智，就打算用晃點的方法讓姬噲將大權交給子之。燕王姬噲喜歡裝成愛討論國際國內大事的明君，而實際上他只是比較八卦而已，跟人討論國際國內大事對他來說跟討論桃色花邊新聞沒什麼兩樣。這天他又跟蘇代坐在一起討論了起來。

燕王：「你覺得齊宣王田辟疆有沒有可能成爲霸主涅(nie一聲)？」

蘇代：「比你成爲霸主的可能性還小。」

燕王：「不解！」

蘇代：「意思就是簡直沒有可能。」

燕王：「……爲什麼呢？」

蘇代：「因爲他不信任他的助手，比如他的傭人啊，車夫啊，宰相啊什麼的。」

燕王：「那是不是只要信任宰相就可以成爲霸主了涅(nie一聲)？」

蘇代：「基本上是的。」

燕王做恍然大悟狀。從那以後，他將子之當作他的親兄弟一樣的信任，連自己的存摺密碼都告訴了子之。子之又買通了一個名叫毛壽的大臣，讓他去給燕王進言。

毛壽：「大王你想不想非常出名呢？」

燕王：「想是想，可是我們燕國國小兵弱，沒有可能成就霸業。我自己本身呢長相一般，又沒什麼身材，估計裸奔也沒人看。唱歌和跳舞更非我所長，更要命的還是我是個國王，即便有個二三四五奶也是個不會引起轟動的尋常事。」

毛壽：「非常出名不一定非靠這些啊，你知不知道堯？」

燕王：「我又不是弱智，那麼有名氣的人怎麼可能不知道呢？」

毛壽：「堯之所以那麼有名氣，是因爲他沒有將王位傳給自己的兒子，而是禪讓給了舜。如果你也能把燕國的政權傳給別人而不是你的兒子的話，那樣天下人一定會因爲你的賢良淑德而非常崇拜你的，你也會名貫古今啦。」

燕王：「耶！好主意。可是將政權傳給誰呢？毛壽你這麼聰明伶俐給我點提示吧。」

毛壽：「這個我怎麼好說呢？如果我說出來的話，國君便會覺得我和那個人有什麼小秘密了，爲了沒有這個嫌疑，我提出三個人選來，由國君你決定選誰。何金銀、尹天仇、子之三個中間，大王你選哪一個？」

燕王：「除了子之之外，另外兩個是幹什麼的？」

毛壽：「何金銀是送外賣的，尹天仇是個演戲的。」

燕王：「當然選子之了……」

毛壽：「大王英明！」

燕王姬噲於是將中央政權交給了子之，讓他全權負責外交、水利、司法以及婦聯工作。宰相子之依舊不滿足目前所擁有的權力，又找了一個人前去晃點姬噲。

一個人：「大禹治水的禹，大王你應該知道吧。他本來說要將位子傳給益的，而事實上他使用的幹部卻都是自己兒子啓的手下。後來他要傳位給益的時候，啓的手下武裝奪取了政權。天下百姓都覺得他是假意禪讓而讓自己的兒子去爭奪王位。所有的人都因此而鄙視他。現在你

的情況跟他差不多，微臣擔心到時候大王你會背上罵名。」

姬噲此時此刻似乎已經走火入魔了，他將所有中級以上的官員全部免職，讓子之去任命自己鍾意的官員。就這樣燕國的宰相子之在燕王還活著的時候坐上了燕王的寶座，而姬噲自己開心的在下面當起了臣子。

燕國的很多大臣都不滿子之當燕王，一直在秘密籌劃著推翻他的政權。就在子之當上國王的第三年，燕國陷入了戰亂。將軍市被和太子姬平兩人策劃進攻子之。齊王田辟疆派人來聯絡姬平。

使者：「齊王說他聽說你要撥亂反正，讓燕國的君臣恢復正常，他非常佩服你這種我不入地獄誰入地獄的大無畏精神。從現在開始齊國就是你的，你讓齊國幹什麼齊國就幹什麼。」

姬平：「我跟他又不是親戚，他幹嘛對我這麼好？」

使者：「前文已經說了，因爲佩服你啊。如你所知，佩服的力量是無窮的。」

姬平完全相信了使者的話，集結了所有的部隊，讓將軍市被帶領前去進攻皇宮。子之那邊人也不少，雙方陷入了激烈的巷戰。忽然之間，將軍市被掉轉馬頭前來攻擊姬平，姬平慌忙應對，雙方激戰數月，軍民死傷無數。市被爲何會在戰場上忽然做出出賣兄弟這種爲人所不齒的事情呢？這一點並無歷史資料記載，有人說是因爲市被被子之用金錢和美女收買了；又有人說市被其實本身就是子之那邊的人，他一直在姬平身邊當臥底，最後時刻終於顯露出其本來面目；還有人說是因爲市被出發的那天早上吃早點的時候，姬平喝的是牛奶而給市被喝的是白開水……經過筆者一番仔細的考證，終於在某處找到了市被身邊的人記載下來的市被的說法：

「其實我並沒有想要去進攻姬平，只是那天我的馬忽然失控了。剛要打衝鋒的時候牠忽然掉頭往回衝去，士兵們見我往回衝也都跟著我往回跑了。看到姬平後，我大叫他的名字，可能是我當時太緊張了，表情有點恐怖，姬平竟然以為我是來攻打他的，於是下令部隊抵抗。雙方一打起來，任憑我怎麼解釋都沒用了。其實這是一場誤會。」

這下燕國陷入了徹底的混亂之中，齊國此時乘虛而入，帶領著大量的部隊進攻燕國。不費吹灰之力直搗燕國首都，將子之抓起來剁成了肉醬餵狗，還順便殺了已經老得走不動的姬噲。因爲齊國軍隊燒殺搶掠無所不爲，燕國人民開始起來反抗，齊國軍隊招架不住，連忙帶著銀子和女人退兵。這下齊國和燕國的樑子算是結下了。

燕國的有錢人們將太子姬平擁立爲燕王，這便是燕昭王了。此時的燕國剛剛被戰火蹂躪了一百遍呀一百遍，百廢待興。燕昭王帶領人民勵精圖治建設燕國。燕國建設得差不多的時候，

燕昭王決定拿出重金招攬天下賢士。

燕昭王對宰相郭隗說：「齊國當初說他們是我們的，結果後來卻差點把我們變成他們的。並且還殺了我爹，雖然是個糊塗的爹可也是爹啊。今生今世不報此仇我誓不爲人。可是燕國是個小國家，力量非常有限，如果沒有奇才賢人前來相助的話，恐怕很難報仇。如果能有賢士前來燕國工作，我情願給他洗腳搓背。」

郭隗：「我了解，可是天下人不了解啊……」

燕昭王：「難道要我掏出心來不成？」

郭隗：「好惡俗的臺詞啊。我給你講個故事吧。有一個君主派了自己的手下帶著千兩黃金去買千里馬。不想那個千里馬在奔跑的時候，被一個樹根絆倒摔死了，那個手下只好用五百兩黃金買來了千里馬的屍體。君主非常生氣『五百兩黃金買一百多斤馬肉回來，你是不是腦子秀逗了，你說是不是，是不是？』手下說『現在你用這麼高的價格買了死的千里馬回來，還不愁沒有活的千里馬送上門來麼？』結果……」

燕昭王：「結果一定是有人送來了活著的千里馬，賣給了這位君主吧?!」

郭隗：「錯！結果是人們都以爲這位君王喜歡死了的千里馬，紛紛將千里馬弄死後拉來賣給他。」

燕昭王：「……那你給我講這個故事是幹嘛？湊字數麼？」

郭隗：「不過這位國君還是發現了千里馬的產地，最終他如願以償的買到了一匹活的千里馬。大王如果想能夠招納到賢士的話，唯一的辦法就是找個人當這個死馬，給他修大大的宮殿，給天下最漂亮的美女，發多多的金銀珠寶。」

燕昭王：「可是去哪裡找這麼合適的『死馬』呢？」

郭隗：「我啊，這麼危險的任務就讓我來承擔吧。我保證即便有再好的房子，再美的美女，再多的金銀珠寶我也決不會變質的。」

燕昭王於是按照郭隗說的辦了，天下賢士聽到這個消息之後，紛紛前來投奔燕國，這其中就有魏國的樂毅，燕昭王任命樂毅為燕國的副宰相。樂毅幫助燕昭王進行了一系列的政治軍事改革，任命了一大批專業對口的賢能官員，接著他又幫燕國訓練軍隊，燕國的國力和軍力逐漸強大起來。

此後的二十多年間，燕國一方面和齊國表面修好，一方面韜光養晦準備復仇。西元前二八六年齊湣王田地滅了宋國，田地覺得自己是鹹蛋超人外加蜘蛛俠身上還帶著哆啦A夢的部分氣質，驕傲的覺得自己是東方不敗的師傅西方失敗。遂攻擊楚國，接著攻擊趙、魏、韓三國，甚至說要將周天子攆下臺去，由他來做管理天下的天子。齊王的做法引來了各國的不滿。

秦國：「宋國應該由我們來滅的，卻被齊國搶了先，太過分了。屬於我們的我們一定要拿

回來。」

楚國：「我們一定要讓齊國知道，出來混遲早是要還的。」

魏國：「神，他其實也是人。只是做了常人做不到的事情，他便成了神。我們一定會將齊國打回人形的。」

趙國：「這世界本沒有路，走的人多了也便成了路。我們要踏出一條挽回面子爭奪利益的康莊大路。」

韓國：「靠！話都被你們說完了……打倒齊國，打倒齊國！」

燕昭王見此時此刻的齊國已是天怒人怨，認為報仇的時機已到，於是找來樂毅商量攻打齊國的事情。

樂毅：「現在是可以進攻齊國了。不過齊國始終是霸主的後代，土地大人口多，以我們小小的燕國還是不容易成功的拿下。要想能保險的獲得勝利就必須和趙國、楚國、魏國聯盟一起出兵攻打。」

燕昭王姬平於是派了樂毅前往趙國，又找了兩個能說會道的使者去了楚國和魏國。這三個國家早就對齊國深惡痛絕了，一聽有人挑頭，立刻答應結成同盟一同攻打齊國。

西元前二八四年以樂毅為最高統帥的燕、韓、秦、趙、魏五國聯軍一起攻打齊國。齊王田地召集了全國的部隊前到濟西迎敵，結果大敗而歸。秦軍和韓軍先行班師回朝，魏軍前去佔領原先宋國的領土，趙軍前去奪取河間。樂毅則親率燕國部隊繼續追殺齊國的剩餘兵力。這時卻跳出來一個名叫劇辛的燕國客卿，試圖用嘴巴阻擋樂毅部隊的前進。

劇辛：「齊國是個大國，而咱們燕國是個小國。之所以能得到目前的勝利，是因爲有其他國家的幫助，我們應該見好就收，能搶就搶點，能占就占點之後回家。現在你追著人家跑，放著大好的城池不佔領，燕國得不到任何好處反而會讓齊國人記恨我們。將來他們要找你算起帳來，可別說你認識我。」

樂毅：「……你出去之後也別說你認識我。田地的昏庸已經讓齊國人民非常怨恨他了，現在繼續追擊他的部下和子民一定會叛亂的，這樣齊國就可以完全征服了。現在不征服等到將來田地痛改前非重新做人的話就晚了。」

樂毅的千里追擊讓齊國人幾近崩潰，田地棄首都而逃走，樂毅進入齊國首都臨淄將裡面的金銀財寶全部打包送回了燕國。燕王聞訊大喜，親自到邊境迎接凱旋的部隊，封樂毅爲「昌國君」，令他繼續留在齊國收拾剩餘勢力和江山。

話分兩頭，各表一枝。卻說齊湣王田地逃出首都臨淄之後，一路跑去了衛國。衛國是個小國家，只有一個皇宮，田地來到衛國之後，衛國國君只得將皇宮讓出來給他住，還將自己所有

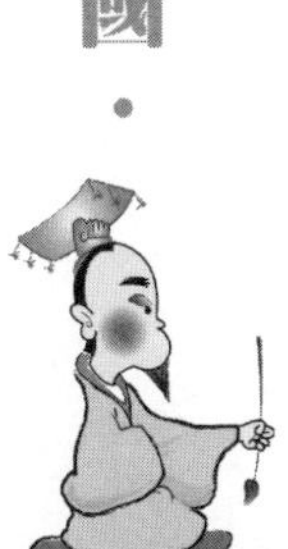

的高檔用品就留下來給田地用，田地卻還是不滿意。他對衛國的大臣也是呼來呵去的，就像使喚傭人一樣。這些大臣都是衛國的高級官員，平常都是被人伺候的，哪受得了這樣的氣，於是開始在給田地的米飯裡頭加沙子，在他的床上放尖朝上的圖釘，還將宮裡唯一的洗手間鎖了起來貼上了封條。田地的態度更加惡劣了，衛國大臣們氣不過，連加沙子的米飯都不給田地供應了，直接將他的床換成了釘板，將已經鎖上門的洗手間夷成了平地在上面種上了美麗的長得就像屁股一樣的菊花。

田地又餓又睏又憋，只得離開衛國。此時此刻的他，依舊覺得自己是天下第一，到了魯國邊境的時候，他要求魯國國君要以侍奉天子的禮節侍奉他，也就是說要親自下廚房給他做飯，田地吃飯的時候，魯國國君要坐在觀眾席上觀看，直到田地吃完飯之後，他才能離開到廚房去隨便吃點剩飯。魯國國君聽說他的要求這麼過分，直接將田地趕走了。到鄒國的時候，他的毛病依舊沒有改變，鄒國也將他攆著扔了出去。田地最後只得逃到了齊國的莒城。

一直沒有出兵的楚國，這時候派了大將淖齒帶領著部隊前來搭救齊國。田地遂任命淖齒為齊國的宰相。楚國意欲和燕國一起瓜分齊國的土地。淖齒將田地抓起來審問。

淖齒：「千乘、博昌之間數百里的地方天降血雨，衣服都被染紅了，貧血的人紛紛朝天張大了嘴巴喝了個滾飽，這件事情你知道麼？」

田地（一付踐樣）：「不知道。」

淖齒：「嬴邑、博邑之間，土地下陷，泉水湧出，一夜之間，周圍誕生除了若干家純淨水廠，你可知道？」

田地（還是一付踐樣）：「不知道。」

淖齒：「去年有人因爲冤屈在宮門口大哭，哭得皇宮圍牆坍塌了一大截，被人寫成了小說廣爲流傳，你知道不？」

田地：（踐翻了天）「不知道。」

淖齒：「天降血雨不是王母娘娘來例假了，而是天在警告你；地崩下塌不是土地神吃了矮壯素了，而是地在警告你；人在宮門口大哭不是因爲失戀，而是人在警告你。天地人都在警告你，你卻什麼都不知道，這樣的國君還有什麼臉活在世上？」

田地：「我是天下第一，你能拿我怎麼樣？」

淖齒：「哼哼哼……」

淖齒當即在莒縣附近以極其慘絕人寰的方式處死了田地。這個堂堂大國的一國之君，終於慘烈地死去了。

田地被殺的時候，他的兒子田法章化妝成一頭綿羊逃跑了。進行了一番改頭換面之後，他

跑到故莒國太史家應聘傭人。

太史：「你都會做什麼呢？」

田法章：「我會寫文章，會踢毽子，還會泡妞。」

太史：「那你走錯了，我們家招聘的是傭人不是乾兒子。」

田法章：「其實我是會磨墨，打掃房間，掏廁所……寫文章和泡妞豈會是我這樣粗鄙的下人會幹的事情。」

太史於是答應將田法章留在家裡當傭人。不巧的是，太史的閨女正值青春期，一看到青年男子就兩眼發光，加上田法章本就是皇族，身上不免有些貴族氣質，太史的閨女當即就迷上了田法章。田法章走到哪裡，她就跟到哪裡偷看。一個風高雲淡的中午，田法章正在汗流浹背地掏廁所，太史的女兒躲在不遠處的一棵大樹下咬著手指頭偷看。太史出來給老婆倒洗腳水的時候，看到了這個粉紅色的場景。

太史：「你在幹嘛？」

女兒：「我……我……在玩捉迷藏啊！」

太史：「一個人也能玩捉迷藏？明明是在偷看那個傭人。」

女兒：「我覺得他真的很帥，而且渾身上下散發著一種與眾不同的高貴氣質。」

太史：「他帥麼？眉毛又不濃，也沒有戴眼鏡，根本就比不上韓冬帥……」

韓冬：「謝謝！」

太史：「不客氣！……看來青春期的男女真的個個是弱智，當年我看你媽也覺得她是仙女下凡……」

田地雖然死了，他的侍衛王孫賈卻還活著。王孫賈的母親見王孫賈忽然間整日無所事事，便問他：「你保護的國王呢？」

王孫賈：「……不見了？」

母親：「國王都弄丟了，你還回家來做什麼？趕快出去搜索啊。」

王孫賈：「搜索？……用『百度』還是『古狗』？」

母親：「不管你用什麼，找不回國王的話，你就不要回來了。」

王孫賈是個孝子，他一直都沒有告訴他母親齊王被殺的消息。眼見已是瞞她不住了，於是他跑到了大街上大喊大叫道：「淖齒侵略我們的國家，殺了我們的大王。願意跟我一起去除掉他的請脫下袖子，露出右臂。」

青年甲：「我的右臂上有個疤，露左臂行不行？」

王孫賈：「……也可以。」

不久之後，就糾集到了四百多名青壯年男子，王孫賈帶著這些人突襲了楚營，殺了淖齒。

之後他們便開始搜尋太子田法章。田法章怕這是個引誘他現身的圈套，於是一直沒有跑出去說自己就是太子。直到他看到他們著急得都快哭了，才站出來說他就是太子田法章，眾人立刻擁立他為齊國國王，這便是齊襄王。

一名男子架著馬車在路上飛奔，車裡面拉的是他的家人。同時奔跑在這條路上的馬車還有很多很多，他們都是在逃命。因為燕國的遠征軍就要殺將過來了。因為馬車太多而陷入非常擁擠的狀態，很多馬車的車軸都被折斷了。唯獨那名男子駕駛的馬車安然無恙，因為他早已經用鐵罩子罩住了馬車的車軸。他便是田單，他駕駛著這輛鐵布衫的馬車，一路跑到了即墨，並在這裡安家落戶下來。樂毅的部隊進攻即墨城的時候，大家一致推舉田單為守將，因為他當年的行為，大家都覺得他是個很有智慧的人。

除了莒城和即墨之外的所有城池，都已經被樂毅征服了。因為齊國將士的堅守，這兩座城池久久未能拿下。樂毅於是下令解圍，在距離城池九里地的地方紮營。三、四年過去了，樂毅仍舊沒能攻破這兩座城池。不久之後，燕昭王姬平去世，他的兒子姬樂資繼位。姬樂資在當太子的時候，就因為問樂毅要他腰間的寶劍玩樂毅卻不給他而生了樂毅的氣。田單知道這個情況之後，立刻派了人前去燕國傳播謠言，謠言的內容是：「樂毅因為不給太子寶劍玩而得罪了太子，現在太子繼位了，他怕回去受到懲罰而不敢回國。於是就在齊國待著，意欲當齊國的國王，事實上他要想拿下這兩座孤城易如反掌。即墨現在城內空虛，最害怕的就是有人真的認真攻擊。」

姬樂資聽到這個謠言之後，立刻派了大將騎劫前去頂替了樂毅的位子並召樂毅回國。樂毅怕回去之後沒有好下場，於是投奔趙國而去。樂毅的離去讓燕國軍心開始渙散動搖。田單要求城內所有的百姓在吃飯之前，都要先端著飯碗到門前祭祀祖先，所有的鳥就降落下來爭搶食物。城外的燕國軍隊見大群大群的鳥，每天三次定時定點的落到即墨城中，都覺得非常驚訝。

士兵甲：「那麼多的鳥，每天都會有組織有紀律的降落即墨城，莫非他們真的是有神仙保護？」

士兵乙：「我覺得也是，即墨城這麼久都沒有能攻打下來，肯定是有神仙相助。」

騎劫：「不就是鳥麼？我們有的是彈弓和弓箭，還怕幾隻鳥？」

士兵甲：「可待在即墨城中的是能夠號令群鳥的鳥神啊！」

騎劫：「看這些鳥的形狀也都是些吃菜的鳥，簡稱菜鳥，即便真的有鳥神也只是隻菜鳥……神。怕他做什麼？」

儘管騎劫的話聽上去有一定的道理，大家心中還是不免犯嘀咕。

田單召集了所有的將士說：「你們看，所有的鳥每天都會來城內朝拜三次。這是神仙發出

的訊號，他一定會派一個人來當我們的導師，指導我們如何拯救即墨城的。」

一個小兵笑道：「鳥明明是來吃菜的嘛！我說我就是那個神仙派來的老師，大家看像不像啊？」

他本以爲自己只是開個玩笑，沒想到說完這句話之後，全場的人都盯著他看，包括田單。小兵嚇得扭頭就跑，田單追上去將他抓了回來。

小兵：「我只是開玩笑，我真的只是開玩笑的。」

田單伏在小兵耳邊說：「再說話我一～～刀捅死你。」

小兵硬是被田單摁在了高臺之上，面向東方而坐。田單宣佈這位小兵就是神仙派來的導師，往後一切行動都要聽他的。即墨城內的士兵因爲覺得有神仙下凡幫助他們而士氣大增，燕國士兵聽說之後則個個人心惶惶。

接著田單又派人去燕軍營中散佈了二號謠言。謠言二號的內容是：「即墨人最重視的器官是鼻子，因爲鼻子不但可以用來呼吸、聞氣味還可以用來挖。如果燕軍把俘虜的齊國人的鼻子通通割掉的話，即墨城內的士兵一定會被嚇破膽的。」

騎劫不久就收到了這個謠言，他立刻下令將所有俘虜的鼻子切掉。切那麼多俘虜的鼻子可不是一個小工程，剛開始的時候，行刑的人還有耐心仔細地儘量美觀的切，到後來失去了耐心加上刀子也鈍了，於是就開始隨手一劃，齊國俘虜被切得歪瓜裂棗。

一個士兵提著一大桶齊國人的鼻子放到騎劫面前。

士兵：「請問將軍，這些鼻子如何處理？」

騎劫略一思索道：「提去餵狗。」

正所謂「吃什麼補什麼」，那些吃了鼻子的狗，鼻子發育得異常靈敏，於是警犬誕生了。

即墨的守城士兵見同胞遭到如此慘烈的酷刑，紛紛決心要誓死保衛即墨城，以免被抓去割了鼻子。田單又乘熱打鐵的發佈了三號謠言。謠言三號的內容是：「城內即墨人的祖墳都在城外面，他們現在最爲擔心的就是燕軍掘了他們的祖墳。如果祖墳被挖掘了的話，他們一定會覺得人生沒有意義，生無可戀而去投降的。」

騎劫又按照這個謠言說的去辦了，他挖了即墨人的祖墳，將即墨人祖先的骨頭敲碎後製造成了鈣片給燕軍補鈣。即墨人見燕軍這麼下流，個個鬥志昂揚，要求出戰。

田單又讓所有的精銳士兵全部撤下城牆，躲藏在即墨城內，城牆上放的都是些老弱婦孺，讓騎劫以爲即墨城內的力量已經枯竭而放鬆警惕。接著田單又收集了即墨城內所有的黃金，連同一封降書一起送到了騎劫手上，騎劫以爲田單已經撐不住了，要投降了，於是放鬆了對即墨城的戒備。

這一日，田單宣佈將城內所有的牛——不分公母，不論大小，不管膚色——全都集合到

城內的一個廣場上來。他又命士兵給這些牛畫上彩色的花紋，披上紅色的綾羅綢緞。

牛甲：「他們這是要讓我們去幹嘛？」

牛乙：「看樣子是要給我們開一場化妝舞會。」

接著士兵們又在牛角上綁上了鋼刀。

牛甲：「好像不是要開舞會的樣子……」

然後又在牛尾巴上綁了蘸了油的蘆葦，然後點燃了蘆葦。

牛乙：「我的屁股……」

所有的牛喊著「我的屁股啊……」大叫著衝了出去，衝出了早已經秘密在城牆上鑿開的洞口，向燕軍營帳衝將而去。時值半夜，燕軍從睡夢中驚醒。便看到了幾千頭身披五彩霞衣，屁股噴火的「火箭牛」向他們怒氣騰騰的衝將過來。

燕軍：「牛魔王啊……」

所有人被嚇得大小便失禁而四散逃竄，即墨城內的齊軍乘勢殺了出來。燕軍大敗，騎劫也死於混戰之中。田單乘勝追擊，被燕國佔領的城池裡面的人民也紛紛起義，將燕軍徹底趕出了齊國大地。所有被齊國佔領的城市全都收復了回來。田單將田法章迎接回了首都臨淄。齊襄王論功行賞，封田單爲「平安君」。

韓冬・Say

・不要用出讓自己的東西給別人來表現自己的厚道，贏得別人的讚譽，受儒家思想影響大的人最喜歡做這樣的事情。到後來你會發現你的出讓會讓別人覺得是理所當然，而你自己則會被自己搞得處於非常不利的境界，燕王就是個很好的例子。當然了，小恩小惠是絕對沒問題的。

・用五百兩黃金買一匹千里馬的屍體回來划不划算，表面上看，當然不划算了，因爲吃了千里馬的肉並不能日行千里。事實上卻很划算，愛馬的名聲在外，自然有人送上好馬。這就說明名聲是一個很重要的東西，群眾的眼睛是雪亮的，群眾的話語是可畏的，不要用損害自己的名聲爲代價換來眼前的小利益。

・對方表現得再值得你相信，也不要把存摺密碼告訴他，當然了，偷看女生洗澡這件事情也不應該告訴，因為世事難料，可能前者會讓你失去金錢，後者會讓你受制於人。

・貪得無厭是不對的，同樣在局勢對自己有利的情況下，滿足於目前所得到的而不積極進取也是非常令人鄙視的，因為機不可失，時不再來。樂毅打敗齊國之後的乘勝追擊就非常值得讚揚。

・牛不但可以用來耕地、擠奶，田單更將之用來打了勝仗。牛是人類的朋友，我們應該愛護牠。

雨一樣的男人

魏國人范睢起初是魏國二級國務官須賈的門客。有次他跟隨須賈去齊國進行國事訪問，齊襄王田法章在請他們吃飯的時候，發現范睢很會講黃色笑話活躍氣氛，是以非常的欣賞他，私下裡送給范睢很多金銀珠寶和魏國的名貴特產。

開飯前，須賈點人頭，點來點去總是差一個人。

門客甲：「是范睢沒有來，他說他消化系統出了毛病，不想吃飯。」

門客乙：「什麼消化系統出了毛病，他現在肯定是在偷偷吃齊王送給他的好吃的。」

須賈：「好吃的?齊王送給他的?大家開動吧，我去看看范睢先。」

須賈走到范睢住的房子外面，透過窗戶悄悄的往裡看去，只見范睢躺在床上，左手拿著燒雞，右手拿著烤鴨，兩隻腳還夾著齊王送給他的美酒，正在一嘴雞一嘴鴨一口酒的大吃大喝之中。須賈看得直吞口水。他推開門走了進去，范睢慌忙起身。

須賈：「有人說你消化系統出了毛病，我來探望你。」

范睢：「呃……偶的消化系統的確是出了毛病，一吃青菜就想吐。」
須賈：「這麼些個好吃的都是齊王送你的？是不是還送了你很多金銀珠寶啊？」
范睢：「都是些個小東西，權當紀念了。」
范睢邊回答須賈的話還邊吃著雞鴨，須賈實在饞得受不了了，只得離開這個是非之地。門外。
須賈自言自語道：「好個范睢，我進去了也不知道給我個雞腿什麼的吃，你等著吧！」
一回到魏國，須賈就跟魏國宰相魏齊說，范睢向齊王洩漏了魏國的國家機密，是以齊王厚贈了范睢大量的錢財美女。
魏齊：「哈，太好了！」
須賈：「……有人洩漏國家機密，宰相卻這麼開心，是爲何呢？」
魏齊：「我一直在等一個犯錯的人來懲罰之，如此正可以表現出我對國家的忠貞不渝。你去幫我張羅一下，我要請所有的大臣吃飯，凡是有官銜的都要請來，跑馬場養馬的都不要給我漏掉。」
魏齊請吃飯的日子終於到來了，大廳裡面坐滿了魏國大臣。

魏齊大喊道：「左右，給我帶罪大惡極的范雎上來。」

范雎被兩個壯男拖上來壓倒在地上。

魏齊：「說！你是不是洩漏了諸如我們國君不愛洗澡這樣的重大國家機密給齊國了？」

范雎：「冤枉啊，這麼重要的機密，我怎麼敢胡亂講給別人聽呢？」

魏齊：「那齊王為什麼送你那麼多金銀珠寶？他怎麼不送給我？壯男一號、二號，給我狠狠的打。」

哭泣的拳頭和美麗的大腳於是雨點般地落到范雎的渾身上下。魏齊則和眾大臣一面觀賞一面吃飯喝酒，好不快活。

一個大臣站起來說：「宰相，我是個很膽小的男人。這一輩子都沒有打過男人，請問我能不能上去打這個罪大惡極的罪人幾拳？」

魏齊：「打他幾拳？那怎麼可以?!……應該用凳子腿去砸他才夠過癮嘛，現場還有沒有大臣願意一起的，come on baby，大家一起來。」

現場的大臣紛紛開始尋找順手的器具上前攻擊范雎，於是凳子腿、酒壺、煙灰缸、盤子、夜壺等武器又雨點般的落到了范雎身上。范雎被打得門牙脫落，肋骨斷裂，只有出氣沒有進氣了。魏齊和大臣們吃飽喝足之後，將范雎用席子捲起來扔到了糞坑旁。

魏齊：「我建議我們大家一起在這個罪人的身上灑下一泡飽含愛國熱情的，疾惡如仇的尿吧！」

這個提議立刻得到了在場人員的熱烈相應，又是一次雨點般的，黃白相間的尿液落到了范睢的身上……

讀者：「爲什麼總是『雨點般』的呢？」

韓冬：「因爲我喜歡這個形容詞啊……」

讀者：「爲什麼你喜歡這個形容詞呢？」

韓冬：「因爲曾經有一個女子說我是個雨一樣的男人……」

讀者：「……靠，快別陶醉了，看看范睢死了沒有。」

因爲尿液的刺激，范睢終於悠悠轉醒過來。

范睢：「啊……下雨了?!」

守衛：「那不是雨，而是宰相他們的尿液。」

范睢：「……你放我出去吧，將來我一定會好好答謝你的！」

正好這個守衛也和韓冬一樣是個雨一樣的男子——多愁善感而又富有同情心。他的內心深處早就湧出了對范睢遭遇深深的同情和憐憫了，更重要的還是他實在不想一直看守著范睢，因

爲旁邊就是糞坑，而且范雎身上的味道跟糞坑基本上也沒什麼區別。於是他跑進大廳裡面去找魏齊。

守衛：「范雎的屍體放到糞坑旁邊會玷污純潔的糞坑的，我請求將他的屍體扔到荒郊野外去。」

魏齊當時已經喝得大醉，順口就答應了這個守衛的請求。守衛於是將范雎擡到了荒郊野外放了他。范雎站起來一路逃跑而去，因爲他的肋骨基本上都斷得差不多了，一路留下了「咔哧，咔哧哧」骨頭摩擦的響聲。

魏齊酒醒之後，詢問守衛范雎的下落。

守衛：「爲免范雎的屍體玷污純潔的糞坑，宰相你已經下令讓我將他的屍體丟出去了，怎麼宰相你這麼快就忘了？」

魏齊：「純潔的糞坑？」

魏齊這才隱隱感覺到大事不好，立刻派人去尋找范雎的屍體。被派去的人無功而返之後，魏齊下令通緝范雎。

范雎在深山之中找到了一個山洞躲了進去，不想在那裡面發現了《九陽真經．測試版》一本。

范睢：「怎麼是個測試版？測試版通常會有很多bug，弄不好會走火入魔耶！不過我肋骨斷得沒有一根是好的了，等下去也是一個死。試著練練看吧！」

思想鬥爭結束之後，范睢開始專心練功，半月之後，他的身體完全康復了，連被打掉的門牙都又長了出來，整個人看上去也更加年輕有爲了。他乘著夜色悄悄的溜回了家中，透過臥室的門縫，他看到他老婆正坐在床上蕩氣迴腸哭泣。范睢非常感動：「沒想到她這麼牽掛我。」

范睢推門而入：「老婆，我回來了！」

老婆：「別吵先，等我看完最後一頁。」

范睢：「什麼最後一頁？」

他老婆舉起手中的書晃了晃說：「男主角死了，嗚……」

范睢：「……」

范睢老婆看完書之後，才用哭紅的眼睛盯著范睢：「這麼多天你死哪裡去了？不用回家的麼？咦，你怎麼看上去年輕了好多？是不是搭乘神舟六號上天去了，據說太空遨遊能讓人變年輕的。」

范睢：「說來話太長了，乾脆就不說給你聽了。總之往後不要再叫我范睢了，我已經有個新的名字叫做張祿了，好不好聽？」

老婆：「是比范睢好聽多了。好了，天色已經很晚了，洗洗睡了吧！」

范睢：「哇……這麼著急？」

范睢也明白躲在家中並不是長久之計，他只是改名了而沒有易容，遲早還是會被魏齊的人發現的，趕快離開魏國才是硬道理。正在這個時候，秦國的大臣王稽前來魏國訪問，范睢深夜去拜見了王稽，跟他聊人生、談理想之後，王稽覺得范睢是天下難得的奇男子。於是將他放在馬車的後備箱裡頭運回了秦國，推薦給了秦昭襄王嬴稷。嬴稷約定在行宮之中接見范睢。范睢進入行宮的巷子中等候，見秦王的車隊過來，立刻開始在一個標有「禁止隨地大小便」的地方開始噓噓。

宦官：「哇！知不知道在行宮裡面隨地噓噓是犯罪？我們要沒收你的作案工具。」

范睢不理他們，依舊站在那裡嘩啦啦。

宦官：「大王就快過來了，趕快讓路。不然就不只是沒收你的作案工具那麼簡單啦。」

范睢高聲說：「大王？秦國有大王麼？我只聽說秦國有皇太后和穰侯而已哇。」

坐在馬車裡面的秦王早就對皇太后和穰侯的行爲不滿了，聽到遠處隱約傳來這樣知音的話語，感動得不得了。立刻跳下車去拉著范睢一起進入行宮，然後命左右侍從出去打麻將，沒有命令不得結束。所有人離開之後，秦王嬴稷忽然跪倒在范睢面前說：「先生，請你教導我吧！」

范睢：「豈敢豈敢。」

嬴稷：「求求你了，教導我吧。」

范睢：「哪裡哪裡。」

嬴稷：「我將最誠摯的懇求獻給您，教導一下我吧。」

范睢：「不敢不敢。」

嬴稷：「你表達謙虛我可以理解，不過麻煩你不要走來走去的好不好？跪著走很累的，老大。你真的永遠都不肯教導我麼？」

范睢見架子擺得也差不多了，秦王也是真的想聽他的教誨，於是開口說：「我只是個無家可歸的衰男，跟大王你又不是很熟，而我今天所說的話，關乎到大王你的老母和你的舅舅，在沒有確定我不會被砍頭之前，我是不會講話的。不過看你人還不錯，我決定今天好好給你說道說道，即便之後你誅殺了我，我也心甘情願。不過天下的賢士恐怕就再也不敢到秦國來了。」

秦王跪著說：「先生你就趕快教導吧，別說我老母和我舅舅了，即便你說我先人的壞話，我也不會責怪你的。」

范睢：「秦國現在可以算得是列國裡面最強大的國家了，不僅兵強馬壯，連大王你的身材都發育得這麼標準，不像別的幾個國家的大王，基本上都長得跟瘦猴似的。」

秦王：「我的身材也一般啦……」

范睢：「可為什麼秦國卻緊閉函谷關數十年而不敢望崤山以東的地區一眼呢？究其原因是因為大王你的舅舅魏冉給你制定的方針是錯誤的，而他本身又不盡心盡力工作……今天天氣不錯吧，從前有隻烏鴉口渴了，到處找水喝，牠找啊找啊……」

秦王：「先生，先生，你在講什麼啊？」

范睢：「找啊，找啊，終於看到地上有個瓶子，瓶子裡面裝著水，可是瓶口太小裡面的水又少。這隻烏鴉生氣地說：『媽的，是誰擺個瓶子在這裡，裝水多裝一點嘛！』……」

秦王：「……先生……先生……來人啊，救命啊！」

范睢還在繼續給秦王講著烏鴉喝水的故事。事實上並不是他的腦袋忽然短路了，而是因為他發現有人在屏風外面偷聽，於是轉移了話題。屏風外面偷聽的人聽范睢只是在給秦王講故事。

偷聽人：「靠，什麼跟什麼啊！」

偷聽人見沒有什麼可偷聽的，於是離開了。范睢這才開始給秦王分析國內國際大事。

秦王：「總算正常了先生你。」

秦王聽完了范睢遠交近攻的策略後大喜，立刻拜范睢為客卿。范睢漸漸的掌握了實權，在一個月黑風高，四下無人的時間，范雎悄悄向秦王靠近過來。

秦王：「啊……愛卿你要幹嘛？」

范雎：「大王不要怕，我只是想給你說一些比較秘密的事情。」

秦王：「了解，只是上面那句『月黑風高，四下無人』實在有點嚇人。愛卿請講吧！」

范雎：「我以前在魏國的時候，沒聽說過有個齊王，只知道齊國有田文。同樣沒聽說秦國有國王，只知道有太后和魏冉。帶著皇冠的並不一定就是國王，正如腰裡面別著死老鼠並不一定就是打獵的一樣，真正的國王必須掌握國家的政權，兵權，掌管國家每個人的生死。而所有的這一切現在都有太后把握著。再說穰侯魏冉吧，他出使外國回來從不知道跟大王你彙報一下，從外國帶來的禮物啊，美女啊，韓冬啊他都自己享用了，完全當你不存在。還有另外幾個，華陽君芉戎、嬴悝、嬴顯都不是好東西，典型的有組織，無紀律。」

秦王：「……這麼看來我們一家子人，除了我舅沒有好東西了。可悲啊，可歎吶！」

范雎接著又給秦王講述了古今中外若干大臣享受特權而導致君主慘死下場的例子，嚇得秦王臉都綠了。第二天秦王就下了令，禁止太后再過問國家大事，並將范雎點到名的那幾個人的職務一律解除，打發他們回了老家。范雎也由客卿升職爲宰相。

若干時間之後，魏國派須賈前往秦國訪問。范雎爲了迎接大仇人須賈的到來，特意從衣櫃

的最深處翻出了當年穿過最破爛的衣服穿在身上，一路用跑的到了須賈住的旅館找到了須賈。

須賈大喊一聲：「啊，鬼啊！」之後飛起一腳，正中范睢面門。這一腳用力頗大，范睢中腳之後當即飛了出去，在空中劃出一道美麗的弧線。

范睢：「香蕉你個芭樂，如果是鬼的話，你能踢得到麼？」

須賈：「不好意思，不好意思，純粹是生理的自然反應。范睢你沒有死啊？」

范睢：「很明顯是啊！」

須賈：「怎麼流落到秦國來了？穿的還是當初挨打的時候穿的那身衣服，看來你吃了不少的苦。」

范睢只是望著桌上的飯菜不說話，須賈於是請他坐下一同吃飯，見范睢衣衫單薄，還送了一件棉衣給他。

須賈：「我和秦國宰相有個約會，現在要去晉見他。你留在這裡繼續吃，吃不完的話就把飯菜打包回家吧……真可憐。」

范睢：「正好我和秦國宰相有些私交，我帶你去見他或許能見到他的勝算大一點。」

須賈：「你和秦國宰相？私交？」

就在須賈滿臉詫異之時，范睢已走出門外上了馬車，坐在了駕駛員的位子上，須賈亦跟著上車。

宰相府門口范睢讓須賈稍等，他自己先走進了府中。須賈等得無聊，在馬車裡頭拔鬍子玩，鬍子都快拔光了還不見范睢出來。於是他去到門房找了門衛。

須賈：「我是來拜訪你們宰相的，剛剛我的朋友范睢進去通報，怎麼不見出來。我想確定一下這是宰相府而不是火星人解剖研究地球人的基地吧？」

門衛：「范睢？」

須賈：「就是那個長得一副衰樣，穿得破破爛爛，手上還拿著一個新棉襖的中年男人，那件新棉襖是我送給他的哦。」

門衛：「那是我們宰相張祿。」

須賈聞聽門衛此言，第一個反應就是逃跑，第二個反應是跑是跑不掉的。面前的這個門衛，不遠處那個走來走去的路人甲，還有爬在牆角用眼睛盯著他看的大狗可能都是范睢派來監視他的，說不定都是身懷絕技的武功高手。一不該當時看范睢有好吃的就嫉妒他甚至冤枉他；二不該跟魏齊一起毆打范睢，還在范睢身上撒了一泡新鮮的尿；最不該的就是剛剛在旅館蹬范睢一腳……就在須賈唱著《十不該》的時候，范睢派人出來帶他進去了。須賈跪倒在地一路趴著去見范睢。范睢學魏齊當初欺負他一樣請了所有的朋友前來吃飯，在所有人面前他大罵了須賈出賣朋友的不義行為，並命人端來一個餵馬的槽，裡面裝著碎草和黑豆，讓須賈吃下去。

須賈：「吃了黑豆會不停的放屁的，能不能給我換成黑芝麻？」

范雎：「不吃的話，就切掉你的屁股。」

須賈慌忙悶頭大吃起來。須賈離開的時候范雎讓他帶話給魏王，讓魏王切了魏齊的頭送到秦國，否則秦國將會攻打魏國首都並進行屠城活動。魏齊聽說後，立刻辭去了宰相職務，逃去了趙國投奔平原君。

西元前二六四年，楚王頃襄王重病臥床，行將歸西，而他的太子芈完正在秦國當太子。黃歇跑來找到了范雎。

黃歇：「雎兄，楚頃襄王眼看著就快要掛了。」

范雎：「活了那麼大歲數了，如今終於壽終正寢，好事一樁啊！」

黃歇：「楚國太子芈完還在秦國當人質呢啊。放在秦國，芈完頂多就是個坑蒙拐騙遊手好閒的混混，頂多也就是偶爾逛趟妓院小小拉動一下秦國的GDP（國內生產毛額）。如果現在送他回楚國的話，他可就是楚王了，將來必定會感激秦國而成爲秦國的一個大盟友。」

范雎：「就像你所說的，在秦國他生活得那麼苦，怎麼可能會感激秦國。在我們這個時代沒有人是能靠得住的！」

黃歇：「可是如果楚國另立了新君的話，他一定不會在意芈完這個人質，你們不是白白養活了一個青壯年男子麼？」

范睢覺得有道理，於是去向秦王報告了這件事情，秦王的處理意見是先讓芉完的師傅回國打探情況，回來之後根據情況再做定奪。需要芉完的師傅打探的情況主要有：

1、楚頃襄王到底是真病了還是在裝病，如果真病了的話，只是得了重感冒還是真的像世人所說的那樣得了乳腺癌即將歸西。

2、楚國有那些人盯著楚王的位子。準備一旦楚王歸西就一擁而上去搶位子，這些人同秦國的關係怎麼樣。

3、楚國的苜蓿肉一盤多少錢，有沒有大盤和小盤之分，如果有的話，它們的價格相差多少。

其中第三個情況是芉完特意讓他師傅順便打聽的。由芉完提的這個問題我們可以得出兩個很有科技含量的兩個結論：芉完在秦國的生活的確不怎麼樣；芉完很喜歡吃苜蓿肉。

黃歇：「傻瓜，如果你能回到楚國的話肯定是當楚王了，還怕沒有苜蓿肉吃麼？」

芉完：「這麼好？那……那我能一次要兩盤麼？」

黃歇：「……要別說兩盤了，要二十盤都沒有問題。你完全可以吃十盤倒十盤，不過問題在於秦國現在似乎不準備放你回去了，而在楚國國內，你的叔叔正流著口水盯著你老爸的位

子，一旦你老爸去世的話，他肯定要從他的兩個兒子裡面挑一個兒子繼位。到了那個時候，你就別想著吃苜蓿肉了。」

芈完：「啊……那怎麼辦？」

黃歇：「現在唯一的機會就是僞裝一下，跟你師傅一起回楚國了。不過秦王肯定查得很嚴，唯一能動腦筋的地方就是你師傅的馬車了。」

芈完：「不會是讓我僞裝成拉車的馬吧？那我寧願不回去了。」

黃歇：「怎麼說你也是太子嘛，怎麼可能讓你僞裝成馬。我是想讓你僞裝成車夫。」

芈完：「可是我沒有駕駛執照啊。」

黃歇：「辦假證件的廣告那麼多，還怕辦不到一個馬車的駕駛執照？我這就找人來給你畫像，然後去辦駕駛執照。」

幾天之後，僞裝成車夫的芈完駕著馬車拉著他師傅開往楚國。黃歇則留在秦國墊後。對外他宣稱芈完得了SARS，拒絕一切探視。等他琢磨著芈完差不多已經回到楚國的時候，才跑去跟秦王報告。

黃歇：「報告秦王，太子芈完駕著馬車回國了，你現在追也是追不上了。」

秦王：「……我又被晃點了？總被這麼晃點，我會被人懷疑弱智的。左右，給我拉出去砍了。」

范睢忙跑上來說：「且慢。」

秦王：「又且慢，你能不能讓我做一次主啊，雖然你接下來說的話可能很有道理。」

范睢：「正如大王所料，我真的要說一番很有道理的話。黃歇本人只是個楚國的大臣，現在殺了他毫無用處，反而會連累我們去處理他的屍體，如果我們放他回去，繼位之後的芈完一定會重用他。而黃歇他也會因爲心懷對大王你的感恩而讓楚國親近秦國的，黃歇是吧？」

黃歇：「秦國萬歲，秦王萬歲！」

秦王：「……那好吧，配合得這麼好，真懷疑你們兩個是不是有一手。」

這年秋天，強撐了幾個月的楚王終於撐不住而去世了，芈完順利繼位，這便是楚考烈王。黃歇被任命爲楚國宰相。

長平一戰，秦國前前後後殺了趙國四十五萬人，使得趙國陷入了非常嚴重的男少女多的境地，而秦將白起也在這一戰中聲名鵲起，被秦王稱爲「咱們秦國的好將軍」，更被韓冬稱爲「猛人白起」而寫進了《Q版史記》。白起趁熱打鐵，於西元前二五九年十月帶著部隊直搗邯鄲，面臨亡國的趙國國君慌忙請來蘇秦的弟弟蘇代出使秦國，希望能夠保住趙國不亡。蘇代到達秦國的時候已是深夜，他來不及休息，立刻帶了最貴重的禮物去找范睢。范睢穿著睡衣接見

了他。

范睢：「來就來嘛，還這麼客氣。帶這麼多東西來。」

蘇代：「現在秦國最大的除了秦王就是你了，送給你這些東東是理所應當的啊。不過不知道若干日子之後的你，還能不能有目前的地位……」

蘇代說完之後，就開始逗范睢的寵物豬玩，故意賣關子給愈要聽他下言的范睢。饒是范睢聰明伶俐，深明大義，在關係到自己名利的關口還是沒辦法把持得住。

范睢：「你說什麼？什麼能不能有目前的地位？你是不是聽說什麼了？」

蘇代：「很明顯啊，現在白起在諸侯國中名氣很大，而秦王也很love他。如果給他拿下趙國的話，秦王一定會升他的官，他現在的地位已經跟你差不多了，再往上升的話只能升到宰相之上，君王之下的三公的位子了。到時候你就是他的下屬了。」

范睢：「……」

蘇代：「而且這些粗人武將最討厭的就是我們這樣的文化人了。到時候你的日子可就不好過咯……」

范睢沒等蘇代的省略號說完，就立刻往外奔跑而去。蘇代在他身後大喊：「宰相，宰相……你還沒穿衣服呢！」

范睢完全沒有理會蘇代的呼喚，一路奔跑到了秦王住的地方。命人叫醒了睡夢中的秦王。

秦王：「范睢，看你穿著睡衣，臉上還掛著驚恐和孤獨的神色，是否不敢一個人睡覺想和我同住啊？」

范睢：「我是來給大王你建議，我們立刻從趙國撤兵的。」

秦王：「白起一路打的都是勝仗，幹嘛現在撤兵？你是不是收了趙國的好處了？」

范睢：「我現在貴爲秦國的宰相，還有什麼好處能打動得了我。我所有的一切建議都是從秦國的利益出發的。想想，我們的部隊自從拉出去之後就沒有歇息過，『不會休息的人就不會打仗』……我們的部隊打了那麼久的仗也該歇歇了，我們應該趁現在處於優勝狀態而讓趙國割地給我們。不然如果哪天我們的部隊不小心有個閃失的話，一切就晚了。割地才是硬道理啊大王。」

秦王深以范睢的然，跟趙國簽訂了不平等條約。趙國割讓六座城池給秦國，秦王下令白起班師回家。白起眼見就要拿下找國了，卻不想忽然接到班師回家的命令，氣憤非常。後來有人告訴他是范睢從中搞鬼，從那往後，白起一見范睢就翻白眼。

趙王準備派人去秦國割讓土地的時候，他的大臣虞卿前來晉見。

虞卿：「大王，你說秦國之所以撤兵，是因爲他們累了、力量不夠了，還是因爲看我們可

愛而愛上了我們？」

趙王：「當然是因爲他們累了，沒有力氣繼續攻打了。」

虞卿：「說的是啊。現在我們將六座這麼好的城市送給沒有力氣攻打我們的秦國，不但會強壯敵人秦國，而且還會被諸侯國們鄙視的。反正給誰都是給，不如我們把這六座城池給秦國的強敵齊國，那個時候諸侯國們都會因爲你敢於玩弄秦王而敬重你。秦王也必定會派人前來求和的。」

趙王：「萬一秦王發怒呢？」

虞卿：「我保證不會的。只要大王你能頂得住秦國的恐嚇。」

趙王於是按照虞卿所建議的辦了，秦王雖然心中非常不爽，卻又恐怕趙國真的將土地送給齊國，還是派了使者前來求和。

經過幾個月的修整，秦王派大將王陵率軍攻打趙國。白起因爲要翻范睢的白眼，而他又天天見到范睢，於是眼睛翻出了毛病而臥病在床。這次行動他沒能參加。

西元前二八五年正月，王陵攻擊趙國首都邯鄲，沒能攻打下來。秦國派了很多部隊前去增援，攻打了許久，非但沒有能攻下邯鄲反而損失了很多部隊。經過長時間的修養，白起的病終於好了。秦王想派白起去代替王陵，白起說：「今時不同往日。現在的邯鄲已經不好攻打了。

各國部隊都準備幫趙國的忙，我們又和趙國隔這麼遠的路，我怕很難勝任。」

秦王以爲白起因爲上次撤軍的事情而對他有意見，就派了范睢前去勸說白起。白起一見范睢又翻白眼，結果舊病復發。無奈之下，秦王派另一員大將前去接替王陵。

趙王派平原君趙勝前去楚國求救，在平原君門客毛遂的出色表現之下，楚國決定派黃歇率領大軍前去幫趙國的忙。經過魏國信陵君一番蕩氣迴腸的努力之後，魏國的援兵也到達了邯鄲。

秦國軍隊幾次大規模的攻擊都沒能陷落邯鄲，現在又面臨多國援兵，一時間陷入了不妙的境地。白起這個時候又痊癒了，他在茶館裡面聊天的時候跟人說：「我早就說了，現在不是攻打邯鄲的時候。大王不聽我的，現在好了吧，玩完了吧……」

秦王聽說後，派人去逼迫白起去趙國擔任統領，白起又說自己病了。秦王終於受不了白起不上前線還愛亂發表議論笑話他的決定的行爲，於西元前二五七年十月免除了白起所有的職務，讓他變成了普通的士兵——還是個炊事兵。兩月之後，各國的援兵開始攻打秦國的部隊，秦軍節節敗退。秦王又命白起率軍出征。

白起：「我的眼睛的病更加……」

秦王：「再說你的眼睛的病更加嚴重的話，就摳掉你的眼睛。」

白起：「……」

無奈之下，白起只得口中念念有詞的離開了咸陽，去往趙國。

白起離開之後，秦王就找來包括范睢在內的高級官員開始座談。

秦王：「我看白起對我的意見似乎很大啊。」

范睢：「我看他離開的時候，口中念念有詞的還在罵你呢！」

官員甲：「我依稀聽到了從他口中說出『豬頭』……『下流』……這樣的詞語。」

范睢：「那一定是在說大王你了。他這樣出去很危險啊，說不定就投靠趙國了。」

秦王立刻下令拿著一把劍去追白起，命白起用那把劍自殺。白起沒有吭什麼聲就舉劍自殺了。

民眾們大多認爲白起是被冤枉的，他接受了秦王的命令之後是欣然去趙國赴任的，至於他口中念念有詞，有人說他是在背誦《孫子兵法》，有人說他念的是「我一定要勝利，我一定要勝利！」來鼓舞自己的鬥志，還有人說他其實只是在嚼口香糖……

韓冬·Say

．做人不可太過張揚，特別是當你得了好處而別人沒有得的時候。太張揚就會引來別人的嫉妒，別人一嫉妒就會對你不利。如果范雎將齊襄王送給他的金銀珠寶藏好，好吃的帶回家偷著吃的話，也不會招來眾人的群毆。

．切不可因爲目前的困境而對人生失去希望，可能接下來就會迎來豔陽高照，這便是所謂的柳暗花明。表面上看來對你不利的事情，可能是接下來成就大事的開端，這便是禍兮福所存。范雎從被人打個半死到被秦王重用的過程，就很好的說明了這兩點。

．重大的事情還是要自己決定，無論給你建議的人平日裡表現得多麼聰明。每個人給你建議的出發點都是不同的，自己想要的只有自己才最了解。如果秦昭襄王沒聽范雎的，不把猛人白起從趙國拉回來的話，統一六國的夢想大概不會死後才實現吧。

．在被長官懷疑你有可能說他壞話的時候，儘量不要自言自語，也不要嚼口香糖。

一頭年紀很大的驢子

秦國的太子名爲嬴柱，他的大老婆華陽夫人患有不孕不育症，沒有給他生兒子。小老婆夏姬給他生了個兒子名叫嬴異人，被送去趙國當人質。嬴異人被送去當人質的時候，秦國和趙國關係還湊合，後來秦國開始接二連三的攻擊趙國。趙國人就將氣都撒在了他的身上：給他吃的是鹹菜窩頭，還時常在裡面加幾隻蒼蠅、草履蟲、駱駝刺之類的動植物；給他穿的都是最節省布料的比基尼；他發育成長的旺盛時期也沒有給他配備刮鬍刀等生活用品。從秦國那邊送來的生活費，經過一路官員的苛扣和強盜的打劫基本上就相當於沒有，嬴異人的生活非常困苦，而他本人也覺得前途黯淡，生無可戀，於是做起了飛車黨。那個時候的飛車黨於現在不同的是坐騎不同，現代是摩托車，而那個時候是馬。與現在相同的是搶劫的方式，都是趁其不備從後面忽然衝上去掠奪行人手中拿的或者身上佩戴的東西。嬴異人因爲沒有錢，買不起馬，是以他的坐騎是一頭年紀很大的驢子。

坐騎是一頭驢子，就決定了他打劫的對象只能是三種人：肥胖如相撲運動員，走一步路喘三口氣的中年女子、病弱西子勝三分的、中氣不足的，根本就走不動的青年女子，一到六歲的，身不懷絕技的普通兒童。這一日，他騎著驢子在街上邊晃悠邊尋找獵物，便看到前面有一個人腰間掛著一個大錢包，裡頭顯然裝著不少的銀子。她穿著男人的衣服，走路卻一扭一扭的。嬴異人斷定她是個為了不被搶劫而女扮男裝的柔弱女子。於是他忽然給驢加速，經過那女子身邊的時候順手一拽，錢包即到了他的手上。又一鞭子，那頭老驢狂奔而逃。那人在後面邊喊「搶劫啊，那個穿比基尼的騎著驢子的人搶了我的錢包啊……」邊緊緊的追了上來。聽他的聲音似乎又是一個男子。嬴異人顧不得往後看，只是猛拍著胯下之驢的屁股一路往前奔跑，而驢子卻愈走愈慢，直到最後停了下來。

嬴異人：「我靠，你幹嘛停下來？」

驢子：「沒油了！」

那人緊隨其後，跟了上來抓住了嬴異人。

那人：「別以為你穿著比基尼我就不敢追你了。連我都敢打劫，你叫什麼名字？是誰的手下？說！」

嬴異人：「我叫嬴異人，沒有大哥。你不是女人麼？」

那人：「這麼高大威猛你說我是女人，這樣的眼神還敢出來混。你剛剛說你叫什麼名字來著？」

嬴異人：「嬴異人啊……那你幹嘛把屁股扭來扭去的？」

那人：「扭來扭去是因爲我這兩天痔瘡犯了而已。嬴異人？你和秦國太子嬴柱是什麼關係？」

嬴異人：「他是我老爸啊！」

那人聽完後緊緊的盯著嬴異人，慢慢的伸出手來摸著嬴異人的臉說：「嗯，真是一件難得的好商品，要是囤在家裡一定可以賺到不少錢。」

嬴異人：「……你個老玻璃。還你的錢包，我走了先！」

那人一把拉住嬴異人說：「你知不知道我是誰？」

嬴異人：「知道啊，一個正犯了痔瘡的有同性戀傾向的男人。麻煩你放開我先，我還要去打劫呢！」

那人：「我就是陽翟首富呂不韋。你往後再也不用打劫了，我會幫你走上成功之路的。」

嬴異人：「你幹嘛對我這麼好？還不是圖謀我的美色？」

呂不韋：「錯！之所以我對你這麼好是因爲，我幫你走上成功之路後，你也可以帶給我財富。這就是所謂的雙贏——一個很時髦的詞語。」

嬴異人聽了之後，覺得呂不韋說得很有誠意，便應允了他，願意配合他。呂不韋拉著嬴異人到附近的一個酒店登記了房間之後，開始坐下來密談。

嬴異人：「快說說你打算怎麼幫我走上成功之路？」

呂不韋：「小夥子很上路嘛，剛剛還不相信我。我要讓你坐上秦王的位子。」

嬴異人聞呂不韋此言起身便要走。

呂不韋：「洗手間在房頂邊緣，同樣哪裡也是跳樓的地方，注意安全的同時，小心淋到路人。」

嬴異人：「我不是要去洗手間，我是要繼續去做飛車黨這份很有前途的職業。你欺騙脆弱的上進青年，你一定不得好死。」

呂不韋：「我沒有欺騙你啊。」

嬴異人：「幫我坐上秦王的位子？你還不如直接說你能幫我登上火星呢。我現在只是個吃不飽穿不暖的可憐蟲，離秦王的位子相差何止十萬八千里。我還以爲你要給我點錢，讓我做個小生意，能吃得飽穿得暖然後娶個老婆呢！」

呂不韋：「沒志氣！你坐下先，我來給你分析一下你爲什麼能成爲秦王。」

嬴異人復又坐定。呂不韋接著說：「現在是你爺爺做秦王，太子嬴柱也就是你爹最喜歡的是華陽夫人，雖然他沒有兒子。算上你，你爹有二十多個兒子。其中被認爲是你爹的合法繼承人的是嬴傒，他還有著名的謀士士倉給他幫忙，更是穩坐釣魚臺了。本來你就長得不可愛，也不知道討人喜歡，現在又被送到趙國來當人質。如果你爹繼位的話，你成爲太子的可能性簡直

是微乎其微。不過好在有我幫你，成爲秦王也不是沒有可能。」

嬴異人：「你打算怎麼幫忙？」

呂不韋：「華陽夫人可以決定王儲的人選。雖然我沒有什麼錢，但我還是願意隨便拿出個二十四萬兩黃金去秦國幫你搞定這件事情。」

嬴異人：「多謝先生，如果真的能讓我坐上秦王的位子的話，我給你半個秦國拿去玩。」

呂不韋：「花錢你會吧？」

嬴異人：「怎麼會不會呢？我可以每頓飯都吃羊肉泡饃，這樣一個星期也能花掉幾兩銀子了。」

呂不韋：「花這麼慢？我給你十二萬兩黃金你豈不是得花一輩子！」

嬴異人：「那我一次買兩碗，吃一碗倒一碗……」

呂不韋：「……真是窮人家長大的孩子。你有十二萬兩黃金了，還吃什麼羊肉泡饃啊？應該請你的朋友去吃鮑魚喝花酒才對。」

嬴異人照呂不韋吩咐的去做了，被他請吃飯的人逢人就誇嬴異人慷慨大方，豪氣干雲，有知識，有道德，是前無古人的奇男子。嬴異人的美譽一時間傳遍諸侯國。呂不韋也沒有閑著，他自己帶了十二萬兩黃金去咸陽活動。他先結識了華陽夫人的姐姐，給她們送了很多高檔化妝品和首飾，通過她們傳達給華陽夫人「嬴異人乃是聖賢之人，是天下所有女子的夢中情人，是男人的眼中釘肉中刺。嬴異人不但賢能而且還非常孝順，無時無刻不在思念遠在秦國的老爹嬴柱和老媽華陽夫人。並天天做數次禱告乞求他們平安健康。嬴異人還經常對他的賓客們說『華陽夫人不但年輕貌美而且母儀天下，我一定要好好報答她。』」華陽夫人聽了這些話開心得年輕了好多歲。

華陽夫人被這些言論潛移默化了一陣子之後，呂不韋又讓那兩個姐姐對華陽夫人說：「現在太子很愛很愛你，是因爲你很漂亮很漂亮，可是女人都會老的，一旦你容顏盡失的時候，愛情也便隨之消失了。你現在做的應該是趁太子這麼聽你的話，從兒子裡面選出一個賢才當作你的兒子一樣提拔他，讓他將來能繼承王位，那樣的話，你的地位才能夠永遠得到保證。嬴異人是最好的人選，他的賢能無人能及，最重要的就是他愛戴你，敬重你。」

華陽夫人覺得她姐姐說得非常有道理，就找了一個嬴柱非常猴急的夜晚對他說：「兒子裡面有一個名叫異人的，他的賢能爲世人所稱頌。而我一直沒有能給你生個兒子，我想讓異人當我的兒子，這樣我的將來也好有個託付。」

嬴柱性急難當，立刻就答應了華陽夫人的請求。不久之後，嬴異人就收到了嬴柱和華陽夫人從咸陽送來的金銀財寶若干。

呂不韋怕嬴異人在有了地位之後甩了他，於是想辦法能更加牢靠的控制嬴異人。一天，他忽然發現嬴異人的臉上長了幾顆青春痘，當即擊上心頭。他搜尋了整個邯鄲，找到了一位名叫趙姬的大美女。找到趙姬後，他沒有直接送給嬴異人，而是自己先將她娶爲妾。某一日，嬴異人到呂不韋家吃飯的時候，呂不韋命趙姬打扮得花枝招展出來伺候嬴異人。嬴異人看到趙姬立刻眼睛就直勾勾了。

呂不韋：「趙姬你好好伺候異人，我去處理些事情，事情比較多，我可能要很晚才回來。」

呂不韋離開之後，嬴異人立刻走上前去走到趙姬面前。

嬴異人：「這個呂不韋，有這麼美的美人也不知道早點給我介紹。讓我拉一下你的手吧……」

趙姬：「不要，男女授受不親。」

嬴異人：「你就把我當成女的吧。」

說著，嬴異人就撲了上去，就在這個當口，呂不韋忽然出現。

呂不韋：「嬴異人，你幹什麼？」

嬴異人：「很明顯，我是在和趙姬玩老鷹抓小雞。你能不能把趙姬送給我，我好回家和她玩老鷹抓小雞？」

呂不韋：「禽獸啊禽獸。要我的金子銀子也便好了，現在還想要我的女人。朋友妻不可欺，沒聽說過麼你？」

嬴異人再三哀求，呂不韋假裝很不情願的將趙姬送給了嬴異人。據說，這個時候趙姬已經有了身孕，是呂不韋的；又據說，這個時候趙姬是沒有身孕的，她之所以兩個月沒有來例假是因爲經常唱《遲到》這首歌。到底那種據說是事實，只有趙姬知道，因爲第一種據說比較刺激，後世的人都傾向於相信他。不過身爲韓冬的書的讀者，應該都是很理性的人，我們應該相信第二種據說。

秦國圍攻邯鄲的時候，趙王打算殺了嬴異人。呂不韋用六百兩黃金買通了守衛，同嬴異人一起逃出了邯鄲投奔了秦軍。嬴異人這才得以返回久違的秦國首都邯鄲。他去拜見華陽夫人的時候，穿的是楚國的服裝。

華陽夫人：「異人我兒，你幹嘛穿成這樣？」

嬴異人：「因爲娘你是楚國人啊，我是你的兒子當然要穿楚國服裝了。」

華陽夫人激動得久久說不出話來。她狠狠地擁抱了嬴異人，並給他改名爲嬴楚。

西元前二五六年，秦國大將摎攻打韓國，佔領了韓國的陽城和負黍，殺了韓國四萬人。之後又攻擊趙國，佔領了趙國的二十多個縣城，殺了九萬人。身處洛陽的周王國國王姬延大爲驚

恐，立刻派了使臣前去秘密聯絡各國，希望大家能夠團結起來對抗秦國。他自己親自率領聯軍前去攻擊秦軍，切斷了秦軍的糧草通道。大將摎率領大軍攻入洛陽，活捉了姬延，並將他押送到了秦國。而周王國所轄的三十六個城鎮全都並入了秦國版圖。姬延被貶爲平民放回洛陽，同年去世。就這樣由周武王姬發建立的周王朝徹底覆滅了，共立國八百七十九年。

西元前二五一年秋，秦昭襄王去世，他的兒子嬴柱繼承了王位，這便是秦孝文王。嬴異人順理成章的被立爲太子。當初從趙國逃跑的時候，沒有來得及帶來的趙姬也被趙國的大部隊護送回了秦國。第二年秦孝文王正式登基稱帝，剛剛做了三個月的皇帝就掛了。嬴異人繼位，這便是秦莊襄王，華陽夫人被尊爲太后。趙姬所生的兒子嬴政被立爲太子。呂不韋被晉升爲相國，並加封文信侯。此時此刻呂不韋的經營已有了初步的成效。嬴異人三十六歲的時候就去世了，他的兒子（抑或是呂不韋的兒子）嬴政繼位，當時的嬴政只有十三歲，尊呂不韋爲相國，號稱「仲父」，所有的大事都交給呂不韋處理。

韓冬・Say

・想搞定一件事情，直接找老大可能會不太方便，你可以婉轉一點從他身邊的人下手，比如他老婆、他孩子、他親戚啥的，意思不是讓你去綁架這些人，而是說去讓這些人幫你辦你的事情。當然了，一定要主意保持氣節，氣節很重要。呂不韋做得就很好。

・捨不得孩子套不著狼。想要賺到大錢就要先捨得投資，呂不韋用二十四萬兩黃金幫助一個騎著毛驢打劫的搶劫犯成功的當上了秦王，最後自己也權傾朝野，賺得更大的利益。難道你還捨不得用不到兩百元買本將會對你非常有幫助的《Q版資治通鑑》麼？

・女人最怕的是什麼？年華老去。就用這個威脅她、嚇唬她。

好大一棵蔥

西元前二三〇年，秦國首都咸陽市長率兵攻陷了韓國首都新鄭，活捉了趴在地上裝死的韓國國王韓安，韓國滅亡。自西元前三三三年至西元前二三〇年，韓國立國一百零四年。

西元前二二九年，秦國大將王翦帥大軍對趙國進行滅亡性的攻擊，趙國大將李牧、司馬尚拚命抵抗。李牧驃悍，王翦未能占到便宜。秦國又使出屢試不爽的離間計。他們給了趙王寵臣郭開金銀珠寶若干，讓郭開告訴趙王，李牧、司馬尚將會兵變。

趙王：「即便他們不兵變，我們也快被秦國滅亡了啊。」

郭開：「被別人滅，總比被自己人滅要光榮一些吧！」

趙王覺得有道理，就派了人稱「好大一棵蔥」的趙蔥和齊國大將顏聚去接替李牧和司馬尚的位子。李牧悲傷非常，拒絕交出兵權。在逃亡途中被殺，司馬尚一氣之下，回家賣紅薯去了。

西元前二二八年，王翦發動了更大規模的襲擊，殺了好大一棵蔥和齊將顏聚，趙軍崩潰。秦軍進入趙國首都邯鄲，活捉了化妝成一棵白楊樹的趙王趙遷。嬴政親自到達邯鄲，殺了所有跟他老母趙姬有仇的人，包括欺騙了趙姬感情的趙姬的初戀情人；用唱下流歌曲的方式調戲過趙姬的二愣子；偷過趙姬家雞蛋的女飛賊；嫌趙姬給的錢太少而不賣給她絲綢的綢店老闆……之後嬴政返回咸陽。趙國的殘兵敗將和燕國部隊結成同盟。

燕國太子姬丹曾經也在趙國當過人質，和嬴政一齊玩過尿泥。本以爲嬴政會看在尿泥的份上對燕國好一點，卻不想嬴政根本就假裝不曾認識他。姬丹非常氣憤，尋找刺客準備去刺殺秦王嬴政。經人介紹，他認識了著名武士荊軻，姬丹用好吃好喝好住好美人招待荊軻。

西元前二二七年，荊軻前去刺殺秦王嬴政，沒有成功。嬴政被嚇了一大跳之後，加大進攻燕國的力度，王翦部隊在易水大敗燕趙聯軍。第二年十月，王翦部隊攻陷了燕國首都薊城。燕王姬喜派人殺了太子姬丹並將其頭送給了嬴政。嬴政捧著姬丹的人頭把玩，人頭上的眼睛卻忽然睜開瞪著嬴政。嬴政下令部隊繼續進攻。

西元前二二五年，秦國大將王賁進攻魏國，在黃河中間築了一道大壩，黃河水灌進魏國首都大梁。三個月之後，大梁的城牆終於被泡塌了，魏王魏假游泳出來投降，被當即處決。魏國滅亡，自西元前三六九年至二二五年，立國一百四十五年。

西元前二二四年，秦將王翦率領的六十萬部隊抵達平輿，他這是要去進攻楚國的。楚國動員全國所有的兵力前去迎戰。王翦下令築起堅固的軍事設施，並閉壘不出。他號召所有將士吃好喝好玩好，每天洗個熱水澡，日子過得十分悠閒。根本不理睬楚軍在營外的叫罵和衝鋒。一段時間之後，他忽然率軍出擊，楚兵大敗。第二年，王翦、蒙武兩位大將活捉了化妝成外星人希望外星人能來接他走的楚國國王芈負芻。楚國滅亡，自西元前七四一年至二二三年，立國五百一十九年。

西元前二二二年，秦將王賁突襲遼東，活捉了正在洗腳的燕王姬喜。燕國滅亡，自西元前三三三年至二二二年，立國一百一十一年。

西元前二二二年，秦將王賁攻擊趙國代郡，活捉了躲在這裡打麻將的趙王趙嘉。趙國滅亡，自西元前三二六年至二二二年，立國一百零五年。

現在就剩一個齊國了。以前齊國的皇太后——就是那個爬在大樹後面，偷看田法章的太史的女兒——持家有道，溫柔賢淑。在她的努力下，齊國跟秦國關係不錯，跟周圍的鄰國也友好相處經常來往走動。齊國地處東部海邊，秦國又不停的進攻其他幾國，根本無暇顧及齊國，是以齊王田建繼位以來的四十多年裡面，齊國都是一副四海升平的景象。皇太后臨死的時候叫來齊王田建到她床邊。

皇太后：「大臣裡面，那個誰還有另外的那個誰可以任用，你要好好記住。」

田建：「你也知道我，記憶力很差的，稍等一下，我拿個本本和筆記錄一下。」

田建去找來書寫工具等皇太后重覆。皇太后想了半天之後說：「sorry，我也不記得了。」

田建：「……」

後勝擔任齊國宰相，秦國不停地給後勝送金銀珠寶，所有去秦國訪問的齊國官員也都會得到很多貴重的禮物。是以所有的齊國官員都替秦國說好話，建議田建：「我們要做的就是永遠和秦國保持良好的兄弟關係。修建關卡、改良部隊裝備這些都是浪費金錢。」

田建深以爲然，各國被秦國打得受不了，前來齊國求救的時候，他也不理睬。爲了表明忠於秦國，他連各國使節的午飯都不給供應。

前二二一年，秦國部隊對齊國首都進行了突然襲擊，齊國沒有任何的抵抗。秦國許諾給田建五百平方公里土地，田建於是舉著白旗出城投降。齊國滅亡，自西元前三五九年至二二一年，立國一百三十八年。

田建：「你們給我的地在什麼地方？我自己去那邊上班就好了，就不在這裡麻煩你們了。」

嬴政：「什麼地？」

田建：「當初你們答應的給我五百里的土地啊，不然我也不會投降。」

嬴政：「我們秦國向來是說話不算話的，這是人所共知的事情啊。」

嬴政下令將田建扔進了只長著松樹和柏樹的樹林子裡面，不給他吃穿。

田建在樹林子裡面大喊：「地我不要了，能不能重新扔我一下，把我扔到果樹林子裡頭啊……」

這個時候他已經是叫天天不應，叫地地不靈了。因爲松樹和柏樹實在不好啃，不久之後，田建就被活活餓死了。

至此秦國完全統一了天下。嬴政覺得自己的品質和功勳遠超三皇五帝，於是改稱自己爲皇帝。還規定，皇帝頒發的文告稱爲「制」，皇帝下達的命令稱爲「詔」，人民群眾不能再稱自己爲「朕」，只有皇帝才可以。

據說渤海中間有三座仙山，它們離人類居住的地方都不遙遠，可是它們的行蹤飄忽不定，凡人一接近它們就會蹦蹦跳跳地飄走。仙山裡面住著神仙，而且還盛產長生不老藥，曾經齊王和燕王都派人去大海上尋找過，不過非但沒有尋找到，被派去的人全都沒能回來，有人說他們做了神仙，有人說他們成了水鬼。嬴政一路巡遊到達渤海的時候，就有道家法師徐市帶領著一群人前來拜訪他。

徐市：「我願意去爲皇帝你尋找三座仙山，找回長生不老之藥。」

嬴政：「聽人說，你見過住在山裡頭的神仙了？你怎麼沒有住在那裡一起當神仙呢？」

徐市：「那個神仙是北方人，我是南方人，大家口味不一樣，沒辦法住到一起。不過我和他之間建立起了很深的友誼……」

嬴政：「好吧，你去幫我尋找吧！」
徐市：「皇上，你還沒給我金銀珠寶、童男童女、美女什麼的呢！」
嬴政：「神仙也會喜歡金銀珠寶和美女？」
徐市：「這些是我要的。」
嬴政：「……那童男童女呢？用來做什麼？」
徐市：「我自有用處。」

徐市於是建造了一艘大船，將金銀珠寶和美女藏在自己家中，然後帶著童男童女出發了。

一隻鯨魚擋住了去路。

鯨魚：「我要吃你！」
徐市：「孩子嫩，吃孩子吧。」

徐市扔給鯨魚三個孩子。

走著走著，一頭鯉魚精又擋住了去路。徐市又扔給他幾個孩子。三、四天之後孩子都被吃光了，仙山還是沒有找到。

徐市：「怎麼辦？」
手下：「我們應該樹立起肯定能找到仙山的信念，乘風破浪勇往直前。」
徐市：「說得好，如果下次出現鯊魚的話，就扔你下去給牠。」

手下：「咱們還是回去吧！」

徐市對著什麼都沒有的茫茫大海說：「我看到神仙了，你看到了沒？」

手下：「我也看到了，好漂亮的神仙啊！」

他們折頭返回，跟秦始皇彙報說他們已經看到神仙了，可是神仙正忙著生火爐子準備煉丹，沒有理睬他們。

幾年之後，又出現了一個名叫盧生的騙子。他從一本小說上抄了一段話給秦始皇，說是他好不容易才從神仙那邊打聽來的。這段話是這樣寫的：「讓秦王朝滅亡的，是『胡』。」秦始皇深信不疑，派大將軍蒙恬率軍三十萬前去攻打匈奴部落。

匈奴人：「沒天理啊，關我們什麼事啊……」

蒙恬果然猛，打得匈奴落花流水。之後他修築了長達一萬餘里的長城，簡稱「萬里長城」。

西元前二一三年的某一天，秦始皇在咸陽宮請大臣們吃飯。吃到開心之處，有一個名叫周青臣的大臣舉著酒杯站起來說：「皇上啊皇上，我愛戴你，我敬仰你。秦國建國之初，土地不過千里，而現在的秦國擁有天下土地，凡是太陽照得到的地方，風吹得到的地方都是我們秦國的土地。而陛下你更是建設性的提出了設立郡縣，這是創造性的能讓後世永享太平的理論。在陛下面前，我真的感覺到了自己的渺小和卑微，同是男人，差距怎麼就這麼大呢？」

他的這番話讓秦始皇聽得心曠神怡，秦始皇舉起酒杯說：「講得好，朕跟你乾一杯。」

下面忽然有人站出來說：「周青臣，你還不如直接去替陛下舔一下屁股呢。噁心，下流！」

大家一看，原來是博士淳于越，他忍周青臣已經忍了很久了。

周青臣：「如果陛下需要的話，我去舔一下也無妨啊，陛下你需要麼？」

秦始皇忙說：「不用不用。淳博士，你有什麼意見要發表麼？」

淳于越：「周朝和商朝之所以能存在那麼久，是因爲他們都給子弟和功臣封地，讓他們輔助管理國家，而陛下你卻沒有給子弟和大臣哪怕一點點的封地。這就像大樹沒有根一樣，很容易就倒下去的。」

秦始皇氣得開始喘粗氣，淳于越沒有理睬而繼續說：「流傳下來的制度，都是被證明非常有效有好處的，而陛下你忽然頒佈新的制度，也沒有搞個試驗什麼的，實在是非常危險的動作。周青臣身爲大臣卻不知道勸諫，只知道說好話，阿諛奉承，實在是個奸佞小人。」

周青臣捲起袖子就要衝上去扁淳于越，秦始皇慌忙命人攔住周青臣。

秦始皇對周青臣說：「周愛卿，淳博士是六七十歲高齡的老大爺了，你怎麼可以這樣無

理。」

心下卻想：「這個老不死的，我實施廢封地，建郡縣的制度已經快十年了，他還在這裡唧唧歪歪。今天倒要看看還有多少和他一樣的思想腐朽的書呆子。」

秦始皇微笑著對大家說：「大家對淳博士的話有什麼看法沒？都暢所欲言一下吧，今天是吃飯聚會，大家不要有什麼顧慮。」

李斯先舉手發言了：「時代變了，制度當然也需要改變。不然制度就會制約社會的發展，就不能代表最先進生產力的發展方向。你們這些頑固不化的儒生老不死的，怎麼能理解陛下的雄才大略？」

李斯的話讓七十多位老博士炸開了鍋，很多老博士衝過來吐李斯的口水，甚至將假牙都吐了出來。淳于越帶領著博士軍團向李斯開炮，李斯的黨羽們也不示弱，予以了激烈的反擊。

秦始皇：「今天大家就好好爭辯一下吧，不過要先說好不能問候對方老母，不能搞人身攻擊。」

兩方人走到大殿中間開始唇槍舌戰起來，期間有幾個老博士因為下氣沒有接上上氣而被擡了出去。

秦始皇邊聽邊想道：「我還以為這些老博士們平常都在研究什麼，原來都在懷念古代的詩書和制度，虧我給你們那麼高的待遇，過年過節還要去你們各自的府上慰問。卻原來在內心深處這麼看不起我定的制度，這麼反對我。」

不知不覺間天都亮了，雙方的爭辯還沒有結束。秦始皇下令爭辯到此結束，責令李斯寫一份爭辯總結給他。十天之後，李斯的總結寫好了，大致意思是現在頑固不化，對新社會新制度持反對意見的人還很多，希望秦始皇能將所有非秦國政府官方記載的歷史書籍全部焚燒。其他的諸如《詩經》、《書經》等會影響人思想的書籍也全部焚毀，有關醫藥和養豬種樹的書可以保留……秦始皇同意了李斯的建議，於是不到一個月的時間，秦朝以前的史籍均被付之一炬。

盧生對秦始皇說：「如果住在一個地方太久了，鬼就會跟上你，這樣仙人就不會出現了。」

秦始皇：「那怎麼辦？」

盧生：「你應該將住處搬來搬去，讓鬼追不上你。」

秦始皇：「鬼……不是會飛的麼？怎麼會追不上呢？」

盧生：「所以就要秘密的轉移住所了，讓鬼不知道你住在什麼地方，這樣即便他再能飛，也沒辦法跟著你啦。神仙自然就會出現了。」

秦始皇即刻下令將咸陽所有的行宮都用地下通道和高架橋鏈結起來。各個行宮裡面都住上美女，修上臥室和辦公室。秦始皇就開始形神不定的在各行宮之間奔跑，沒有人或者鬼知道他

住在什麼地方。

一次秦始皇在某一處行宮的山上眺望，看到李斯府上保鏢警衛成群，氣勢非凡。秦始皇：「李斯這廝還真是拉風啊！」

他身邊的宦官悄悄地將秦始皇的話轉告給了李斯。李斯大慌，連忙減少府裡面的警衛。第二天秦始皇又眺望的時候，發現李斯府中冷冷清清，立刻明白了是有人向李斯告密，下令殺了所有那天曾在他身邊的宦官。此後再也沒有人敢跟著秦始皇了，更加沒有人知道他在什麼地方。官員們要彙報請示都只能在咸陽宮外等候他的出現。

秦始皇天天找盧生要仙丹，盧生實在撐不住了，捲了秦始皇給他尋找神仙製造仙丹的經費逃遁而去。秦始皇大怒，覺得所有的知識份子都靠不住，都喜歡議論領導。於是下令逮捕咸陽所有議論過他的知識份子。這些文化人爲了開脫罪責，互相揭發，四百六十多名知識份子被判有罪而被坑殺。

韓冬・Say

・如果你是老闆，不要相信員工在你面前搬弄別人的是非，喜歡論人是非的一般都是居心不良的；如果你是員工，不要在老闆面前搬弄別人是非——事實上在誰面前都不該搬弄。人表面上不說，或者隨意應承著你，心裡頭可能已經開始看不起你了。離間計是一個技術性很高的計謀，不是這樣進行的。

・趙括講起兵法來可以口若懸河，頭頭是道，打起仗來卻就不行了，不但損失了趙國幾十萬的人馬，自己最後也慘死沙場。紙上談兵者害人害己，所以還是多多實踐得好。不要因為自己理論讀得多就瞧不起經驗，看不起老工人，你需要向他們學習的很多，很多。

・有些人翻臉比翻書還快，不要寄望於小時候你們一起玩過尿泥，特別是在如今這個物欲橫流的社會。燕國太子姬丹就壓錯了寶。

・長生不老和青春永駐只是人類的一個夢，不要為這個夢付出太多時間和精力，抓住有生之年的時間，努力奮鬥吧！

・外星人是信不過的。

Q版資治通鑑
秦漢

避水金睛獸

西元前二一〇年十月的一天。秦始皇站在樓頂觀賞風景，但見風高雲淡，一派美麗的秋色。遂決定出去旅遊，於是找來大臣們商議。

秦始皇：「我看現在景色不錯，決定出去巡遊……」

大臣甲：「陛下你不是剛剛旅遊回來麼？又去！現在天氣這麼寒冷，西伯利亞的寒流又躍躍欲試的想要衝過來，這樣出去很容易上呼吸道感染的。」

秦始皇：「我這是巡遊，不是旅遊。考察民情是一個仁義的君王應該經常搞的事情，怎麼能被小小的上呼吸道感染給嚇退了呢？你們誰願意陪我一起去？」

大臣們都低著頭假裝沒有聽見，沒有一個吭聲的，有的還默默念著：「你看不到我，你看不到我……」

秦始皇：「遊玩費用全部報銷，每日補助加倍呢？……不會吧，怎麼忽然間所有人都變得這麼視錢財如糞土了？」

李斯悄聲道：「當然啦，你仇家那麼多！」

秦始皇：「李斯你說你要去是吧？好，我就帶你去。」

李斯：「我沒有……」

大臣甲：「丞相，說了就是說了嘛，君子一言駟馬難追，你不會是想要反悔吧。我們大家都聽見你說你要去了，是吧大家？」

所有大臣異口同聲的說：「是，我們都聽到李丞相說他要隨皇上去巡遊了。」

李斯：「……」

就在這時，忽然從外面閃進一個人來躺在地上就哭。眾人一看原來是秦始皇最喜歡的王子胡亥。

秦始皇：「亥兒，因何事哭得這麼纏綿悱惻？是不是失戀了？」

胡亥：「我要跟隨父王去旅遊，我要去旅遊嘛！」

秦始皇：「出去巡遊很辛苦的，而且經常會有老虎、豹子擋路，你長得這麼帥，牠們很容易盯上你的。」

胡亥：「有我在，誰敢擋我們的路？人擋殺人，佛擋殺佛。」

秦始皇：「果然有志氣，比你的哥哥們強多了。好的，我帶你一起去。」

秦始皇爲了長生不老，把江湖術士送上來的丹藥當飯吃。基本上，那些丹藥的重金屬含量都是超標的，加之隨著年歲的增長，秦始皇發育到了老人的行列，是以身體狀況每況愈下。從旅行那天起他就開始不停的胸悶、氣短、還愛發脾氣。這一日，旅行團在海上前進，船上忽然有人喊：「好大條的魚啊！」

秦始皇聽到後，不顧風浪跑出去看，果見海面上飛起一條很大的銀色鯉魚。他拉開弓箭就射。

那條魚卻邊喊「我躲，我躲……」邊左右閃躲，秦始皇始終未能射中，一氣之下就病倒了，走到平原津的時候，已是病入膏肓了。

秦始皇最不願意聽到的字就是「死」字，只要有人跟他提立太子的事情，他就會將那人碎屍萬斷。從此以後再也沒有人敢提立太子的事情，這麼重要的事情就一拖再拖，到了秦始皇覺得自己快要死的時候。秦始皇寫了一份遺詔交給宮門守衛兼玉璽保管員趙高，讓他的大兒子嬴扶蘇立刻從邊疆撤回來安葬他。他還沒有來得及下令將詔書發出去就掛了。趙高陰險的將詔書保存了下來。李斯怕京城的其他王子們得知秦始皇死了，會在京城因爲爭奪王位而打起來，於是下令封鎖消息。對外宣稱是秦始皇染病在身，無法下車。

胡亥：「我怕這件事終究是瞞不住啊！」

李斯：「只要功夫深，鐵棒都能磨成針，何況是保守一個秘密。只要我們不說出去，沒有人會知道的。」

宦官甲：「可是如果有人要請示彙報呢？」

李斯：「可以對著皇上的馬車請示嘛……」

宦官甲：「如果有人想念皇上想看到他呢？比如說我吧，一天不見我們英明神武的皇上，我就吃不下飯，連廁所都沒辦法順利地上。」

李斯：「……好啊，那就讓你天天能看到皇上。」

那名多嘴的宦官甲於是被派去埋伏在秦始皇的馬車裡面。這樣一來，就有了替死了的秦始皇吃飯和大便的人了，如以前一樣，每日定時有人送飯進去，提馬桶出來。

趙高的老爸在年輕的時候跟一個壯漢打賭，如果那個壯漢能夠將一塊大石頭架到樹上去的話，他就生兒子沒有小雞雞。卻不想那壯漢用了定滑輪，輕輕鬆鬆的就將石頭架到了樹上。趙高的老爸卻也沒有緊張，哈哈笑道：「我老婆臀部那麼小，生出來的一定是女兒，沒有小雞雞正好，耶！」

不知道是那個環節出了問題，他老婆卻給他生了個兒子——真的沒有小雞雞。這孩子便是後來的趙高，他天資聰穎而且孔武有力，尤其在法制方面造詣很深。秦始皇任命他爲宮門的守衛官，同時負責教胡亥法律知識。秦始皇之所以能夠委他以這麼重的任，除了因爲趙高在法制方面的造詣之外，還有一個考慮就是趙高是個天生的太監，不會教胡亥看淫穢出版物是肯定的。

上帝對人真的是很公平，他沒有給趙高一個完整的小雞雞，卻賦予了他聰明的頭腦和溜鬚拍馬的本領。做了胡亥的老師不久，胡亥就徹底的喜歡上了趙高，離不開趙高了，凡事都要向他請教，而秦始皇也愈來愈信任趙高。

禁不住胡亥的苦苦哀求，趙高最終還是從同窗好友那裡替胡亥找來了當時在民間廣爲流傳的類似於《少女之心》的一本小說，而且還是圖文本的。胡亥才看完第一章，就沒有把持住而跑出去調戲女生。

胡亥嬉皮笑臉的對一個迎面走過來的美女說：「姐姐，來讓哥哥抱抱……」

那女子笑道：「小亥，別搗亂，趕緊乖乖的回去發育身體去！」

不想胡亥上來就要襲擊她的胸部，那女子這才慌了神，知道胡亥已是今非昔比了，她邊跑邊喊：「非禮啊，救命啊！」

胡亥在她後面緊追不捨，皇后及時出現，喝退了胡亥，並向秦始皇報告了胡亥意圖對大他十幾歲的蒙毅的姐姐實施調戲行爲。

秦始皇：「是不是所有的人都這樣？」

皇后：「哪樣？」

秦始皇：「見不得別人比自己好。胡亥不就是帥一點，可愛一點，孝順一點麼，也用不著這樣造他的謠啊。調戲？天真無邪的他知道調戲異性需要動對方什麼部位麼？」

皇后：「不但知道，而且非常之穩準狠，一上來就襲擊人家。」

秦始皇叫來胡亥詢問，還沒有來得及實施任何酷刑，胡亥就把趙高供了出來，並將那本淫穢書刊交給了秦始皇。

秦始皇拍案而起：「好一個趙高，竟然教未成年少男看這樣的書。書籍沒收由我來檢查，趙高交由大法官蒙毅審判。」

蒙毅很早就看不慣娘娘腔趙高了，加上這次的受害人又是自己的姐姐，按照大秦律曆判趙高死刑。就在劊子手的刀即將落下去的時候，秦始皇派人來大喊一聲：「刀下留人！」

秦始皇下令赦免了趙高，而且官復原職。趙高平安歸來的當天晚上，秦始皇單獨會見了他。

趙高：「感謝皇上不殺之恩。」

秦始皇：「教唆未成年人犯罪，而且這個未成年人還是王子，這個罪不輕你應該是知道的。我沒有說不殺你，只是暫時不殺你，這還要看你將來的表現了。你說，這本書是從哪裡來的？」

趙高：「呃……稟告皇上，是奴才我寫的，裡頭的畫也是我畫的。」

秦始皇：「像我這麼有理性的人，怎麼可能相信這樣逼真精彩的書是你這個死太監寫的呢？你真的很想死是不是，趙高？」

趙高：「皇上果然冰雪聰慧。事實上這本書是從我同窗好友那邊弄來的。」

秦始皇：「將他那裡所有的書都給我弄來，我要一本一本的檢查，嚴加保管，免得流落出去危害青少年。」

趙高：「……遵命！」

這件事雖然過去了，趙高和蒙家的樑子算是結下了。嬴扶蘇和蒙家的關係一直都很好，尤其扶蘇又被秦始皇派去和蒙恬一起駐守邊關這麼久，指不定兩個人已經燒黃紙、喝雞血，結拜爲兄弟了。如果真的讓嬴扶蘇當了皇帝的話，蒙家人肯定被重用。那時候對趙高來說，死可能都是最好的歸宿了，指不定蒙家人會找來天下最醜的醜女調戲他到死爲止，以報他們大姐被調戲之仇。趙高愈想愈怕，愈想愈覺得背脊發涼。

胡亥：「趙高你吃了五毒散啦？怎麼忽兒汗流浹背，忽兒發冷打顫的？」

趙高：「我想到了一件非常激動人心的事情。那就是乘現在知道皇上死的人不多的時間，假傳聖旨殺了扶蘇，讓你來做皇帝。你說怎麼樣？」

胡亥：「好也好也，要做皇帝咯～～噢～～我要做皇帝咯～～噢～～……你聽，外面下雨了，就連老天都為我高興的流淚了。」

趙高：「……弱智！你先不要高興得太早，我們還需要擺平最重要的一個人先。」

胡亥：「雨，好像又停了。最近我愈來愈多愁善感了。」

正在這時李斯走了進來：「剛剛是誰在喊大逆不道的話，害得我小便都被嚇回去了一半。」

胡亥：「原來是你在小便啊，我還以為是雨。」

趙高：「正打算要擺平你呢，你就來了。皇上給扶蘇的詔書還有玉璽現在都在我們手上，現在誰做皇帝由我們來決定，有沒有覺得我們很厲害呢？」

李斯嚇得後跳一步：「你說什麼？這麼大逆不道的話你也說得出來。早就看你賊眉鼠眼不是好東西了，卻沒想到你不是好東西到這樣的地步了。」

趙高：「丞相你不要搞人身攻擊先嘛。且聽我給你慢慢分析，你說論才智、功勞、人際關係、跟扶蘇的關係，哪一點你能跟蒙恬比？」

李斯：「好像沒有一點能比得上的。不過有一點我可以確定——我的鬍子比他長。」

趙高：「扶蘇最討厭人鬍子長了，尤其討厭的是你這樣末端分叉的長鬍子。你身上沒有一點能和蒙恬比，而且又掛著這麼大一沱末端分叉的鬍子在下巴上，將來扶蘇如果當上皇上的話，你一定會失業，而蒙恬肯定坐上丞相的位子。到時候你沒有了地位，沒有了銀子，說不定你老婆跟你的二奶都會離你而去……」

李斯：「她們都說過了，她們愛的是我的人……」

趙高：「那還不是因爲你當丞相。如果將來蒙恬當了丞相的話，她們會跟蒙恬說同樣的話的。女人，我最了解了。」

李斯：「倒也是，不完整的男人也就是半個女人了。」

趙高：「……你再看胡亥，他長得那麼可愛。」

胡亥伸出兩手食指置於酒窩處歪著頭做可愛狀。

趙高：「他還那麼聰穎。」

胡亥大聲念道：「圓周率是3.1415926，1+1=2」

趙高：「他又那麼勤奮。」

胡亥掏出一根繩子來，一頭拴在房樑上，一頭繫在自己的頭髮上，又從口袋裡掏出一本淫穢書刊做讀書狀。

趙高：「他還那麼強壯。」

胡亥解了繩子，脫了上衣展現自己的肌肉。

趙高：「而且他還刀槍不入。」

胡亥拿起一把水果刀……

胡亥：「趙高，你想弄死我啊？」

趙高：「看到了吧，他有這麼多的優點，他做皇上是有資格的。」

李斯考慮到自己的前途，終於點了頭。

扶蘇收到讓他和蒙恬自殺的假詔書，回宿舍洗了個澡、換了身乾淨衣服，就要自殺。

蒙恬攔住他說：「皇上派我們來駐守邊關，而且他現在又在外面巡遊。現在隨便來一個人說讓我們死你就要去死啊？至少也應該問問皇上，核實一下吧！」

扶蘇：「還核實什麼？詔書都下來了。父要子死，子不能不死。蒙將軍，我先去了。」

說完他拔劍就要自殺，蒙恬衝上去抱住扶蘇的腰大喊道：「不要啊！等皇上回京城之後，我們核實過再死也不遲啊！」

使節：「拜託你們快點好不好，死都死得這麼囉嗦，我還要趕回去打麻將，家裡三缺一等著我呢。」

蒙恬依舊緊緊的抱著扶蘇的腰，扶蘇看看使節，提起劍來照自己的脖子一抹便倒了下去。

呢？」

蒙恬不敢相信這是事實，使勁地搖晃著扶蘇的身體大喊：「扶蘇，扶蘇……你醒醒啊！」

扶蘇悠悠轉醒對蒙恬道：「我是用劍自刎，又不是要去撞牆，你說你抱著我的腰有什麼用

扶蘇終究是死去了。蒙恬想要找秦始皇核實，暫時被收監。不久之後，同他哥哥蒙毅一起被胡亥殺害。

胡亥剛當上皇帝的時候，還能按時早朝，時不時的還會學秦始皇一樣出去巡遊體察民情一番。後來漸漸覺得生活了無生趣了。一天，他找來趙高聊天。

胡亥：「你說我做皇帝怎麼做得這麼難受呢？」

趙高：「人生苦短啊皇上……」

胡亥：「沒錯，人生苦短。現在既然我已經做了皇上了，理所應當的應該吃最好的，穿最好的，用最好的，玩最好的，想調戲什麼樣的女人就找來什麼樣的女人調戲。直到我生命終結的那一天。你說這樣好不好？」

趙高：「完全正確。也只有英明的皇上你才能悟透如此深刻的人生哲理。」

胡亥：「不過……這樣會不會有點太墮落了？」

趙高：「這叫做享受生活。再說你拚死拚活的當皇帝是爲了什麼，不就是爲了這些麼？不

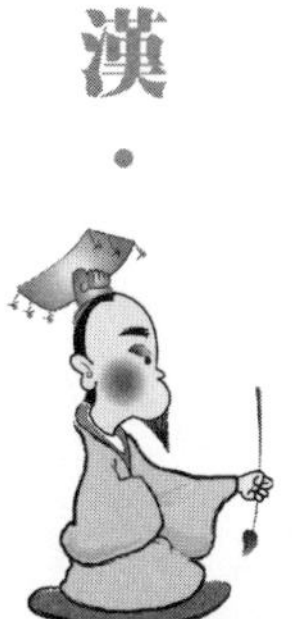

過在此之前，我們還需要解決一些令我寢食難安的問題。當年假傳聖旨一事，朝中有很多大臣都一直心存狐疑，而且現在朝中還有很多大臣是扶蘇的舊黨。還有很多兄弟姐妹對你坐皇帝的位子耿耿於懷，這些問題要是不解決的話，不定什麼時候我們就死於非命了，而且很有可能是被群毆致死。」

胡亥：「這麼嚴重？那怎麼辦？」

趙高：「我有解決的辦法，不過需要皇上你的授權。」

胡亥：「這麼簡單，你又不早說，死相。好了，這些事情交給你處理了，我去後院調戲婦女了。」

趙高開始行動了，一時間烏雲籠罩咸陽都城。

首先遭到屠殺的是秦始皇的兒女們，有十二位王子在咸陽街頭被處決，十位如花似玉的公主在杜郵被五馬分屍（**真是兩個禽獸啊，竟然這樣對待如花似玉的公主**），他們的財產被全部沒收用來給胡亥修房子。之後最老實的，從來不招誰惹誰的王子嬴將閭兄弟三人又被逼在後宮自殺。至此秦始皇的兒女們算是死了個七零八落了。接下來就是同扶蘇和蒙家有關係的朝中大臣了。哪怕只是跟蒙恬打過：「吃了嗎？」招呼的人也被當作和蒙家有聯絡而被砍頭，如此一來，朝中大臣又死了個七零八落。趙高從民間找了一批沒念過書的純潔的窮人，給他們錢讓他們到朝中做官，這些人對趙高和胡亥充滿了感恩戴德之情，一切聽從他們吩咐。至此朝中大臣完成了大換血。

在進行上述活動的同時，胡亥還大興土木，加緊了阿房宮的修建。並且豢養了很多名貴動物，比如恐龍、野象、避水金睛獸、白龍馬等來當作自己的寵物。這些動物的飯量都很大，胡亥下令全國的豆類、乾草都運送到咸陽城內，而且不給報酬。咸陽城三百里範圍內的糧食也不准人民群眾食用，一律上繳政府。咸陽城附近的群眾看沒有活路了，紛紛向別的地方遷徙。卻不想胡亥已經用電網將這個區域圍了起來。

人民沒有活路了，徹底的。正所謂哪裡有壓迫，哪裡就有反抗。又所謂不在沈默中爆發，就在沈默中滅亡。西元前二〇九年，陳勝、吳廣起義終於爆發了，一時間起義成爲潮流，迅速席捲全國，有事沒事的人都加入了起義反抗的大軍。經過三年的苦苦支撐，秦王朝終究沒有能撐住，於西元前二〇六年滅亡。西楚霸王項羽和西漢高祖劉邦兩支隊伍搏鬥了四年之後，項羽終究在逃跑的過程中迷路，跑到了烏江面前，眼見大勢已去，拔劍自刎。

韓冬・Say

・既然生了孩子，就應該好好教育。一味的滿足之，遷就之，不是愛而是害。這樣只會讓孩子養成飛揚跋扈的品行和鋪張浪費的習慣。後半生你會過得非常憔悴、非常後悔，而孩子的一生也會過得非常艱難。英明神武的秦始皇教育出一個胡亥這樣的敗家子，令人不禁扼腕歎息。

・不要跟趙高這樣的奸賊同流合污，如果你自己不是奸賊的話，因為這樣一來你會日夜良心不安，同時還會背上罵名。如果對方勢力實在強大，而你不能力挽狂瀾的話，全身而退也不失是一個好的出路。李斯在趙高的威逼利誘面前如果能再堅持一下的話，秦不會那麼快就滅亡，他自己也不會那樣早的抱憾而死了。

・做事不要太衝動，即便在你非常傷心的情況下。反正都是死，搞清楚狀況再死也不遲啊，扶蘇實在太衝動了。同理，如果你在沒有做錯的情況下受到了上司的批評，也不要著急著辭職閃人——如果你喜歡目前的工作的話，冷靜的搞搞清楚先。

・不在沈默中爆發，就在沈默中死亡。被壓迫的實在受不了了怎麼辦？打他老母！

風中，誰的眼淚在飛？

漢高祖劉邦在位的時候，爲了鞏固劉家的勢力，給他的兒子、侄兒等劉姓的人都封了地，讓他們到各自的封地上去當王。後來的幾任皇帝也都效仿了他的做法。到漢景帝時期已經有二十八個王分布在全國各地了，這些王在各自的封地上生根開花結果，勢力逐漸壯大起來。慢慢的開始不待見漢景帝，有了好吃的不知道進貢，發現了美女也自己享用，漢景帝叫他們來開會，他們都懶得出席而是派手下代替列席，最過分的就是吳王劉濞，每次都派一個又聾又啞的人出席會議，擺明了不給漢景帝面子。漢景帝非常生氣，卻又因爲各王的勢力太大而覺得無可奈何。

大臣晁錯見這種情況，很替漢景帝擔心，再這樣下去，說不定哪天江山就成了哪個王的了。

晁錯：「皇上，難道你不覺得現在的王太囂張了麼？」

漢景帝：「覺得啊，我已經好幾年沒有見到他們了，也不知道他們變了沒有，是否已經年

華老去。」

晁錯：「……我說的不是這個。他們個個拽得跟二五八萬似的，現在誰是皇帝啊到底。尤其吳王劉濞，鼻子前面帶個三點水，看到這個名字就讓人想到鼻涕。回回開會他都派一個又聾又啞的人來，不管開的是什麼會，他都是一樣的發言——『咿呀咿呀呀』，搞得會場紀律非常不嚴肅。」

漢景帝：「就這個情況我給吳王寫過好幾封信了，他說這人是他們那邊職務最高的使臣了。」

晁錯：「很明顯，他在侮辱你的智慧。還有據探子回報，劉濞正在招兵買馬，很可能要準備叛亂。難道我們就這樣坐以待斃麼？」

漢景帝：「這種情況已經持續了若干年了，從高祖時期就已經是這樣了，實在是沒有什麼好的辦法解決吶。」

晁錯：「我覺得應該乘現在他們羽翼沒有長齊，消減他們的封地，消弱他們的勢力，免得養虎爲患。」

漢景帝：「怕就怕削藩激怒了他們，他們起來造反。」

晁錯：「如果他們真的想造反，遲早都會造。等他們羽翼長齊之後，造反恐怕就收拾不了了，先下手爲強，說的就是這個道理。」

漢景帝：「好吧，不過不要削得太狠……」

這些諸侯們平日裡個個都將自己當成土皇帝，當成王法，荒淫無道，飛揚跋扈，找他們的碴簡直易如反掌。晁錯發起的削藩運動結果如下：

趙王被削去一個郡，理由是吃霸王餐並且毆打大黨經理。

膠西王被削去兩個郡，理由是在公共廁所的牆壁上亂塗亂畫低級趣味的內容。

楚王被削去一個郡，理由是編寫並出版惡意篡改歷史的圖書，企圖誘拐文學女青年。

吳王劉濞被削去十四個郡，理由是在希望的田野上隨地吐痰。

晁錯的老爸聽說兒子要進行這麼大的一番事業，從家鄉穎川乘坐長途馬車，日夜兼程趕到京城來探望晁錯。

晁錯的老爸一進門就劈頭蓋臉的對晁錯怒喝道：「晁錯，你想幹嘛啊你？」

晁錯：「我……我只是想要出去倒夜壺來著，父親你幹嘛發這麼大火啊？」

晁錯的老爸這才注意到晁錯手中捧著一個大號夜壺：「我說的不是這個，我是說你削什麼藩什麼啊？你現在是御史大夫了，官已經夠大的了，你怎麼還不安分守己啊你?!」

晁錯：「不削藩，皇上的權利就被瓜分，天下就沒辦法安定。天下興亡，匹夫有責，這是

父親你從小就教導我的。」

晁錯的老爸：「……能不能當我沒說過？」

晁錯：「不可以。大丈夫一言九鼎也是你經常教導我的，怎麼能當你沒說過呢？」

晁錯的老爸：「……能不能當我不是大丈夫？」

晁錯：「老爸，你怎麼變了，那個英姿勃發，胸懷天下的你去哪裡了？」

晁錯的老爸：「可能是我老了吧……人一老就只希望家人能夠平平安安，能夠子孫繞膝。你現在這樣做是安定了劉家的天下了，可是我們晁家可就危險了。那些王都是劉家的親戚，你削了他們的地，他們肯定會恨你入骨的。」

晁錯：「不能因爲有困難，就置國家的安危於不顧，這是大義和小義的關係……」

晁錯的老爸見沒辦法說服晁錯改變注意，自己又不願意看晁家大禍臨頭，回家之後便服毒自盡了。

所有被削藩的對象之中，數吳王劉濞的勢力最大。吳國於西元前一九五年受封，劉邦那時覺得東南邊離漢都城太遠了，只有找一個猛男駐守才行，於是就封了哥哥的兒子劉濞爲吳王，吳國有五十餘座大城，而且物產豐富，是以非常闊綽。漢文帝的時候，吳王的太子到京城去玩。一天同當時還是太子的景帝下五子棋。景帝想悔棋一步，吳太子不從，景帝一生氣舉起棋盤就朝吳太子的腦袋猛拍下去。拍完之後才發現棋盤是大理石做的，吳太子當場就掛了。從那之後劉濞就說自己腿受傷了，沒辦法入朝而不前來朝見天子。他還暗中用金銀珠寶收買朝中大臣，以此來擴大自己的勢力。

削藩詔書一發下去，各王立刻炸開了鍋，反應最大的是吳王劉濞。他立刻給其他幾個王寫了書信，號召他們一起起兵攻打長安，口號是「清君側」，事實上他是企圖謀朝篡位。西元前一五四年，吳王劉濞同楚王、趙王、濟南王、淄川王、膠東王、膠西王一起起事，因爲是七國參與，故史稱「七國之亂」。有文化的你一定可以看出這個稱謂是非常正確的——我們沒有稱這次叛亂爲「六國之亂」，也沒有稱之爲「八國之亂」，而是稱之爲「七國之亂」，參與叛亂的國家正好就是七個。劉濞起事地點是廣陵，兵馬有二十多萬人。

既然他是漢朝的封地，封地之中自然會有漢朝派來的官員，比如負責封地和朝中聯絡事宜的老馮；佛教理事會的夢遺；負責聯絡管理武林人士的武功很高的龍哥；負責記錄歷史的史官老黃等。自從劉濞的兒子被景帝用棋盤砸死之後，劉濞對待朝中派來的人可以用慘絕人寰來形容，所以在他們被劉濞起事之初砍頭的時候，都表現出了歡呼雀躍的欣喜。他們臨死之前講的話被好事者記錄了下來，現羅列如下：

老馮：「我是聯絡官，劉濞這孫子卻給我配了一頭毛驢——而且還不停地脫毛。每次都是

我扛著驢在廣陵和京城間奔走。我早就有死的心了，快點砍死我吧，拜託你們。」

夢遺：「佛說『我不入地獄，誰入地獄』，沒有肉吃的日子我已經過夠了。弟子們，千萬不要來吳地啊，這裡沒有肉吃。殺了我吧！小紅，我愛你……不知你能否聽到……」

龍哥：「不但因爲劉濞的出賣要被武林人士暗算，平常還要做劉濞兒子們的木頭人。如今的我已是遍體鱗傷，傷痕累累了，這日子沒法過了。你的刀在我的脖子上落下去吧，不要猶豫了。」

老黃：「讓我記錄歷史卻不給我筆墨，讓我咬破指頭在紙上寫，給我的紙又是再多的血也能吸進去的衛生巾……還不給我雞蛋吃，不給我糖水喝讓我補血。反正遲早也是流血流死，還不如被一刀砍死來得乾脆。頭暈眼花的日子我已經過夠了！」

殺了朝中大臣之後，吳王聚集了所有的親信在房間裡面商量如何進軍。每個人都進行了發言，會議現場氣氛非常熱烈。

一個大將軍：「我請求率領五萬軍隊，沿江淮而上，佔領淮南直打長沙。」

吳王：「那我們幹什麼？」

一個大將軍：「可以暫時歇息一下啊！」

吳王：「二十萬軍隊讓十五萬歇著，這怎麼行？而且沿著江河湖海行軍很危險的，一個不小心就容易落水溺斃。」

一個青年：「我們的步兵比較多，步兵的特點就是跑，是用人腿的，適合在高山、丘陵這樣的險地作戰。而漢朝呢，他們的車騎兵多，車騎兵的特點就是跑，是用馬腿和輪子的，適合在平原作戰。我們應該迅速出擊，直奔洛陽的軍械庫和敖倉的糧倉而去。如果被漢軍佔領了梁、楚一帶先的話，我們就危險了。」

吳王：「這麼著急幹嘛？等我們聚齊了七國軍隊，那時候兵馬多得數都數不過來，我們就跟漢軍硬拚，十個打一個，我就不信打不贏。」

一個青年：「完了，完了，人世間最悲慘的事情莫過於跟錯老大啊……」

吳王劉濞親自率領了二十萬軍隊自廣陵出發，會合了楚國的部隊之後，一起向梁國進攻，而他們的糧草放在淮南的東陽。劉濞給各王的部隊分配了行軍路線，企圖從東、南、北三個方向攻擊首都長安。

漢景帝：「啊？他們真的反了？」

探子：「是啊，反了，吳王為首的七國部隊都已經出發了。他們的口號是『清君側』。」

漢景帝：「清君廁？告訴他們宮裡有人清了，不用麻煩他們了，而且清廁也用不著帶那麼多部隊來啊！」

探子：「老大，我很忙啊，你別玩我了。他們說的不是廁所的廁，是旁邊的側。意思就是

讓你殺了晁錯啦，非要讓我直接說出來。晁大夫，不好意思啊，我也不想這麼直接的。」

晁錯：「……」

漢景帝一聽七王率領著那麼多部隊來，慌了手腳，私下已經打算按照他們所說的殺了晁錯恢復封地了，可是又不好意思跟晁錯說。目光投向晁錯的時候，晁錯正仰著頭呆呆的看著天花板。

是夜，嗖嗖的小風刮呀刮個不停。漢景帝信步走到長安城外的一個山坡上。

漢景帝：「我就知道在這裡能找到你。朝中大臣裡面就屬你最有內涵了，業餘時間知道到野外看看風景陶冶陶冶情操，其他大臣不是吃吃喝喝就是嫖嫖賭賭。」

晁錯：「皇上找我有什麼事麼？」

漢景帝：「也沒什麼事，就是想跟你聊聊天。現在七王叛亂，朕實在是煩惱非常。你到朝中做官有多少年了？」

晁錯：「二十多年了吧。」

漢景帝：「這二十多年來，你覺得朕對你怎麼樣？」

晁錯：「皇上，聽到這句臺詞，我就知道你已經決定讓我去死了。其實你可以直接說的，我不會有什麼怨言的。」

漢景帝：「哈，我早就知道你深明大義的啦，你放心，你死了之後，我會頒個榮譽勳章給你，你的家人我也會好好對待的。」

晁錯：「可是我又覺得我死並不能解決問題……」

漢景帝：「哇，你晃點我……」

晁錯：「我死了，他們可能暫時會停止攻擊，可是日後還是會反叛的。」

漢景帝：「能撐幾天是幾天嘛！」

晁錯轉過臉來直勾勾的看著漢景帝，他忽然覺得面前的這個人好陌生好陌生。漢景帝受不了晁錯的直勾勾，慌忙將目光移開望著山下的長安城而不再言語。晁錯深深的歎了一口氣，掏出匕首捅死了自己。

風中，誰的眼淚在飛？原來是漢景帝的。

漢景帝：「你把晁錯的人頭拿給他們看後，他們怎麼說？」

使者：「劉濞他們只是一起哈哈大笑，什麼也沒有說。我又跟他們講不削藩了，他們可以撤軍了。」

漢景帝：「他們怎麼說？」

使者：「他們說，他們只是要求你殺了晁錯並且不削藩，並沒有說你做了這些之後，他們就會撤軍。」

漢景帝：「……又上了這幫孫子的當了。既然這樣老子就陪你玩到底！」

漢景帝這才下定了迎擊叛軍的決心。定下來的策略是這樣子的：分兵鉗制齊、趙軍隊；集中主力攻打反叛的主要力量吳、楚的部隊。他首先派了周亞夫率領三十六名將軍前去和吳、楚部隊作戰，另外派了部分軍隊去攻擊趙國和齊地的叛軍。

周亞夫率領部隊從長安出發，日夜急行軍經過南陽到達洛陽，搶佔了滎陽這個軍事要地。之後他率領了三十萬軍隊到達淮陽，見叛軍氣焰非常囂張，此時不可硬拚，於是帶兵駐紮在了昌邑。天天派兵去叛軍門口叫罵，叛軍派部隊出來打的時候，他們又撤回營地。搞得叛軍部隊非常疲憊。另一方面，周亞夫派兵悄悄襲擊了吳軍的糧草通道，截斷了吳軍的糧草。

吳王著急了，這才開始發動大規模的攻擊，而戰場被周亞夫事先設定在了淮北平原，吳軍的人腿抵不過漢軍的馬腿和車輪，形勢非常被動。劉濞派人到周亞夫營外叫戰，周亞夫始終壁壘不出。

吳、楚軍隊退退不了，打又沒人跟他們打。糧草又運送不進來。將士和馬被餓得頭暈眼花，紛紛開始逃離。在這樣難受的情況之下，他們不得不想辦法退兵，周亞夫在這個時候乘機率領部隊前來攻擊，吳、楚軍隊大敗。楚王自殺。吳王劉濞率領剩下的幾千個老弱病殘往江南逃竄。

劉濞：「國王開門啊，我是吳王啊！」

東越國王：「啊，吳王啊，你好啊，我好想你啊！」

劉濞：「那你開開門，讓你看看我，抱抱我……」

東越國王：「可你現在是叛軍，我害怕！」

劉濞：「不要怕，我進來吃頓飯，洗個澡，換身乾淨衣服就走。」

東越國王於是打開了城門，吳王劉濞剛一進城門就被東越國王安排好的部隊抓了起來。

劉濞：「你要幹嘛？」

東越國王：「殺了你領功啊。你放心，你死了之後，我會讓人給你洗澡之後換上乾淨衣服的。」

就這樣，劉濞死了。隨著他的死，紛紛揚揚的吳、楚叛亂也宣告結束了，這次叛亂起於正月，結束於三月，歷時三個月。

隨著漢軍的逼進，其他在叛亂書上簽了字的王有的自殺，有的被處死。最後就剩下趙王縮在邯鄲城中堅守不出。漢軍攻打了七個月都沒有能拿下。

落。

邯鄲城外的河水終於漲潮了，這天趙王穿著避箭衣，戴著避箭帽站在城牆上欣賞潮起潮

趙王：「哼，想拿下我？沒那麼容易……洪水啊……」

趙王扭頭就跑，然而怎麼可能跑得過無情的洪水呢？漢軍引水淹了邯鄲城。趙王看著威尼斯一樣的水城邯鄲，徹底絕望了，遂跳水自盡。到此爲止，七國之亂得到了徹底的平定。

韓冬・Say

1、還是不要給各部太多好處，尤其不應該的是給了人好處後，又覺得後悔要收回好處。人都是這樣的，給他好處的時候他覺得是應該的，收回的時候他就恨你入骨了。最得罪人的不是不給人好處，而是給了好處又要回來。劉邦給他的後續繼任者製造了一個大麻煩。

2、有一個沒文化沒能力的老大是非常痛苦的事情，吳王和漢景帝就是這樣的老大。可往往我們又沒有辦法決定要哪個能當自己的老大。解決這件事情的方法是，如果有機會的話就轉去跟一個英明的老大，如果沒有機會的話自己邊韜光養晦，邊等這個老大退位吧。

3、黑夜給了我黑色的眼睛，我卻用它來流眼淚。哭，是沒有用的，解決問題才是王道——即便哭也應該躲在被子裡頭哭。

一個善於長跑的漢族姑娘

匈奴是中國北方一個非常古老的民族。因爲那裡幅員遼闊，人煙稀少，去進趟城如果用腿走的話可能要四、五天，是以基本上所有的匈奴人都養成了騎馬的習慣——除了沒有屁股的那部分人；又因爲那裡適合放牧，平常他們的食物以牛羊肉居多，是以基本上所有的匈奴人都非常強壯——除了愛熬夜寫作的文化人。

秦朝滅亡後，匈奴乘劉邦和項羽打得正酣，乘機佔領了東到大興安嶺，西到祁連山，北到貝加爾湖，南到河套的廣闊區域，國勢非常強盛。

因爲他們那邊缺少諸如絲綢、牙刷這樣的日用品，也沒有諸如胡蘿蔔、番茄這樣營養與美容功能並重的蔬菜，更沒有明眸善睞，體態豐盈的中原美女。於是他們就經常侵犯漢朝邊境前來搶劫——不掏錢的搶購。最誇張的一次是，他們爲了追一個漂亮的善於長跑的漢族姑娘，一直追到了離漢朝都城三百五十公里的地方，非常嚴重地威脅到了漢朝的安定繁榮。

漢高祖劉邦曾在西元前兩百年親自帶領三十多萬大軍氣勢洶洶的前去攻打匈奴，卻不想中

了匈奴的誘敵深入之計，被勾引上了白登山，並被四十多萬的匈奴大軍團團包圍在了山頂，七天七夜都沒能下來。要不是有援軍及時趕到，劉邦恐怕就死在那裡了。

那次被圍之後，劉邦意識到現在跟匈奴硬拚是沒有可能拚得過的，於是跟匈奴簽訂了友好協定：漢朝定期運送日用品、蔬菜、中原美女等匈奴人急缺的東西送給匈奴。匈奴人倒是安生了一陣子，後來他們發現這樣一來就沒有打劫的快感了，便又開始騷擾邊境。劉邦撒手而去將這個問題留給了他的後代。

經過漢文帝、漢景帝之後，漢朝的經濟建設、政治建設、軍事建設等方面都取得了很大的成績。漢武帝劉徹即位之後，決心徹底解決匈奴之患。

西元前一三三年的一天，漢武帝召集群臣商議應對匈奴的政策。朝中大臣在這件事情上分成了主戰和主和兩派。

漢武帝：「一直以來，匈奴人在我邊境一三五搶人，二四六搶菜，星期天休息。總這麼下去也不是個辦法，這件事情已經到了不可不解決的時候了，大家有什麼意見今天就盡情地講出來吧！」

大臣甲：「我覺得我們應該打他老母的。戰國時期連衛國那樣的小國都敢於抗擊匈奴，我們現在國富民強，兵多糧足，爲什麼還要怕匈奴呢？他們之所以敢這麼放肆，就是因爲我們沒有正式的大規模的攻擊過他們。總之我覺得應該打，不服？打到他們服爲止。」

大臣乙：「不可，不可。所謂萬事和爲貴，和氣生財，說的都是『和』的重要性。當年高祖攻打匈奴，被圍困在山頂上吃了七天的野菜，吃到最後連大便都是綠的……每當想起這些往事我就忍不住要哭……」

大臣乙竟自抽泣起來，邊哭邊感歎：「綠的大便啊……多可憐哪……」

漢武帝：「……我怎麼沒有感到『綠的』可以讓人這麼悲傷呢？」

大臣乙抹了把老淚之後繼續說：「綠的之後，高祖就和匈奴講和了，所以才有了五世以來的安定，所以後來的五世皇帝才沒有機會吃野菜。我覺得還是不打的好。」

漢武帝：「可是他們總是在邊境上搶東西，騷擾我們的邊境，這個如何解決呢？」

大臣乙：「今日的漢朝如此富饒，他們搶就搶一點咯，他們搶的東西不外乎就是絲綢、大白菜、美女麼？絲綢被搶了可以再織；大白菜沒了可以再種；美女被搶走可以再生嘛！而且他們騷擾的也僅僅是邊境附近的哪一部分民眾，整個國家仍然是國泰民安嘛。」

漢武帝：「好，那就派你到邊境上去安家落戶，體驗一下民間生活吧。」

漢武帝支持主戰派的說法，大規模抗戰匈奴的序幕拉開了。

西元前一二七年，騎著馬的匈奴兵，簡稱騎兵，前來進犯上谷、漁陽。漢武帝派大軍沿黃

河西上，突襲了佔領著河套地區的正在吃涼拌番茄的匈奴兵，一直攻打到了龍城，殺了七百多匈奴兵，收復了河南地。爲了鞏固勝利成果，漢武帝在河南地設置了朔方、五原兩個郡，並且修築了固若金湯的朔方城，將內地十多萬的民眾遷移到了朔方城中，邊種田邊防禦匈奴，這些民眾手中所持的鋤頭、鐮刀能農具都是變形金剛，在需要打仗的時候，它們很容易的就可以變化成青龍偃月刀、小李飛刀等武器。匈奴不甘心失去如此重要的戰略要地，幾次三番的前來攻打朔方，均被擊退。

漢武帝決定大規模的反擊，他任命車騎將軍衛青率領三萬騎兵，從高闕出發。當時匈奴右賢王以爲自己離中國邊境非常遙遠，即便接到中國軍隊出發的消息後再穿戰甲再集合軍隊都來得急，於是一點戒備都沒有，整日飲酒作樂。衛青大軍出塞之後，長途奔波，一路急行軍，走了六七百里路之後到達了右賢王的大營，將營地團團圍住。

右賢王當時醉酒昏睡中，口中不斷的念著：「我還能喝，我還要喝！」

衛青率領軍隊殺入大營，一時間殺聲四起。右賢王被吵醒之後，依舊覺得這應該是在夢裡吧，狠狠的掐了自己大腿一把——生疼，之後才覺得事情嚴重了。立刻召集來了平日裡他專門訓練出來的保護自己逃跑的幾百個壯士，騎馬逃遁而去。衛青派人去追，追了幾百里路沒有能追上，畢竟是專業逃跑隊伍。這一仗衛青俘虜了右賢王以下的小王十餘人，男女老幼一萬五千多人，牲畜將近一百萬頭。這是自漢王朝建立以來，跟匈奴作戰中的第一次最大的勝利。

漢武帝得到喜報之後非常開心。派使臣雙手捧著「大將軍」印信到軍營之中任命衛青爲大將軍，所有的將領都歸衛青管轄。幾個月之後，又增加衛青食邑八千七百戶，衛青的三個兒子衛伉、衛不疑、衛登都被封侯爵。

衛青：「不可以啊皇上，我之所以能打勝仗全賴陛下你的英明領導和將士們的拚死奮戰，我的兒子還在他媽懷裡吃奶，勝仗跟他一點關係都沒有。頂多給他送點高檔奶粉就成了，最重要的還是要獎勵將士們才是。」

漢武帝：「我們提倡母乳餵養，奶粉我是不會送的，我派人給你家中送去頂級下奶佳品。將士們的功勞我不會忘記的。」

漢武帝又給參加了這次戰鬥的所有將領們都封了侯。

西元前一二三年，漢武帝又命令衛青率領六路大軍前去攻打匈奴。

右將軍蘇建、前將軍趙信，聯合組成的三千多個騎兵在行軍的途中，遇到了匈奴單于親自率領的匈奴兵團。雙方浴血奮戰了一個晝夜，三千多個騎兵幾近全部滅亡。趙信本來就是匈奴的一個小部落酋長，後來見中原富饒於是投降了中國。這次兵敗，匈奴人召喚他回到母親的懷抱，趙信於是帶領了剩下的八百多個傷殘士兵回歸了匈奴。蘇建則隻身一人逃了回來。

衛青：「別的將士呢？」

蘇建：「可能還在後面吧，我走得比較急沒有顧上往後看。請大將軍處罰我吧！」

禁衛官：「大將軍你自做大將軍以來，還沒有斬首過一個將領，這次蘇建拋棄了他的部隊一個人跑了回來，應該斬首，正好可以展現一下將軍你的威嚴。」

軍法總監：「不應該斬首。你去帶三千個騎兵跟幾萬匈奴打打看會是什麼結果。蘇建能帶領部隊浴血奮戰一個晝夜，最後沒有投降匈奴而是逃了回來，已經很不容易了。如果今天斬首了他，往後將領再遇到這種情況，都會跑去投降匈奴了。」

衛青：「一個和匈奴浴血奮戰過的將領的命，怎麼可以用來展示我的權威呢？禁衛官你讓我太失望了！」

禁衛官：「……其實，我剛剛是跟你開玩笑的。我覺得蘇建忠貞不二，應該被樹爲我軍的楷模，封官晉爵，讓他在全軍範圍內做巡迴報告。」

衛青：「他遺棄了自己的部隊，一個人跑回來，怎麼會沒罪呢？」

禁衛官：「……你到底想怎樣嘛！人家只是想拍你的馬屁一下而已啊！」

衛青命人將禁衛官扔出去之後說：「雖然我身爲大將軍有處決將領的權力，可是這所有的權力都是皇上給我的，我不敢也不應該擅自做主。蘇建就交給天子處置吧！」

所有的人都非常贊同衛青的這個決定。蘇建於是被裝進了囚車，拉去了京城。

匈奴主力知道漢軍大規模部隊來攻打他們了，紛紛開始撤退。衛青派了剩餘的四路人馬出去追趕匈奴部隊，他在總部等候消息。夕陽西下之時，四路人馬全都回來了。

衛青：「怎麼樣，找到匈奴主力軍了吧？看你傷痕累累的樣子，一定是和匈奴激戰一番了吧，結果如何？」

將領：「我們都沒有發現匈奴部隊。我之所以傷痕累累，只是從馬上摔落下來之後，又滾進了一個壕溝而已。」

衛青：「……霍去病呢？怎麼沒有看見他？」

將領：「他沒走多遠就和我們分開走了。」

此時此刻的霍去病正在往回走的路上，他手中提著一個不知道是誰的人頭。霍去病，現年十八歲，這是他第一次出來打仗，而他的身分只是一個小小的校尉。那天早上同大部隊出發之後，他就帶著自己手下的八百名壯士組成了一個小隊，離開了大部隊獨自去尋找匈奴部隊。他們先是向北走了一陣子，連一個匈奴士兵也沒有看到。又往前走了幾百里路，這才遠遠的望見匈奴兵的營帳。他悄悄的包抄過去。

霍去病：「你說這麼多營帳，哪個才是他們主帥的呢？」

參謀：「最大的哪個應該就是他們主帥的吧我想。」

霍去病悄悄的溜進了那個最大的營帳，靠，竟然是倉庫。

參謀：「我想到了，門上掛著『工作中，請勿打擾』牌子的才是主帥房間。」

霍去病覺得有理，跨上馬就衝進一個門上掛著牌子的營帳。有一個匈奴老頭正在欺負我們中原姑娘，霍去病手起刀落，砍了那個老頭。那老頭正好就是匈奴兵的頭，匈奴兵見頭的頭都被砍了，頓時亂作一團，四處逃竄，霍去病帶著八百壯士乘勝追擊，殺了兩千多匈奴兵才提著人頭趕回大營。

衛青：「啊，去病，我還以為你回不來了呢……你手上提著的是什麼？」

霍去病：「一個匈奴老頭的人頭，也不知道他是什麼人。」

正好霍去病手下的壯士還押回來了兩個俘虜，通過審問才知道，原來那個老頭竟然是單于爺爺一輩的王，而那兩個俘虜一個是單于的叔叔，一個是單于的相國。

霍去病第一次參戰就帶回來這麼豐碩的戰果，功勞可謂大焉。後來霍去病又多次帶兵攻打匈奴，都立下了卓著的戰功，漢武帝封他為冠軍侯。還給他造了一幢漂亮的房子，他讓霍去病去參觀房子，霍去病道：「匈奴未滅，何以家為！」

匈奴聽說趙信投降之後，如獲至寶，立刻封他為副單于，詢問他如何才能戰勝漢軍。

趙信：「漢軍他們的人馬最怕的就是沒水喝，最不喜歡走的路就是沙漠。我們應該繼續向北遷徙，一直遷到沙漠的那邊。漢軍如果想要打我們的話，必須要越過沙漠，我們就在沙漠邊上等著他們。待他們疲憊不堪的過來的時候，我們衝上去猛打，定能大獲全勝。」

匈奴單于：「可是如果我們遷過去之後，漢軍又不來打我們呢？我們不但白白橫穿了沙漠，還要從此蹲在沙漠邊上挨渴挨餓。」

趙信：「至少……實現了橫穿沙漠這個壯舉啊，你可以出名啦。」

匈奴單于：「靠，我寧可靠桃色新聞出名，也不要用橫穿沙漠來出名！」

趙信：「你放心吧，他們肯定會追過來的。劉徹已經咬牙切齒的說過了，不消滅匈奴他不會善罷甘休的~~」

西元前一一九年春，漢武帝又召集了眾大臣來開會。

大臣甲：「匈奴既然已經遷徙到了遙遠的沙漠那頭，我們就不要窮追猛打了吧。讓他們在那裡自生自滅去吧！」

霍去病：「我們應該乘勝追擊，乘匈奴部隊士氣低落之際一舉殲滅，免得留下後患。」

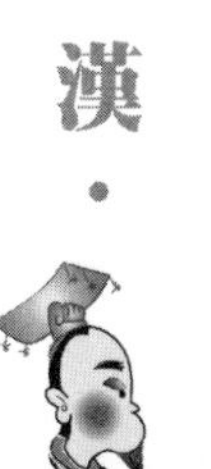

大臣甲：「可是我們漢人沒法跟號稱『沙漠之舟』的匈奴比，他們不怕渴、不怕曬，我們不一樣。別說打仗了，就只是穿一下沙漠就可能掛了一半了。」

大臣乙：「『沙漠之舟』我記得好像是駱駝的稱號來著。我有一個建議，我們可以隨軍多帶幾個求雨大法師，邊走邊求雨，邊下雨，那樣我軍就不用怕啦！」

大臣甲：「你沒看電視麼？雨是龍王吐的口水，他那裡有那麼多口水天天往外吐啊，口水吐多了會口舌生瘡的。」

漢武帝：「扯遠了，扯遠了哈……衛青你有什麼看法？」

衛青：「我們不用帶什麼求雨大法師，也不用帶太陽傘，請皇帝下令讓我和霍去病攻打匈奴吧，如果打不了勝仗的話，就軍法處置我們吧。」

漢武帝向衛青投去了贊許的目光。他集中了精銳騎兵十萬多人，組成了兩個戰略集團，分別由衛青和霍去病率領，另外又組織了十四萬匹軍馬遂行，以備換用或者喝血。軍隊的糧草供應也非常充足，這次漢武帝是準備孤注一擲，消滅匈奴主力部隊了。

衛青和霍去病各自率領五萬部隊分別從定襄和代郡出發，沿東西兩路北上。匈奴得到這個消息之後，欣喜非常。

趙信：「果然不出我們所料，他們竟然敢真的冒這個橫穿沙漠的險。我們現在需要做的就是在這裡邊休息邊等他們的到來，他們一出現我們就迎頭痛擊。衛青和霍去病這次必會被我們俘虜。」

單于仰天大笑：「哈哈哈哈哈……下令將所有的部隊埋伏在沙漠北邊，單等漢軍到來。」

將領：「沒辦法埋伏啊單于，沙漠上面又沒有樹，又沒有建築物什麼的，往什麼地方埋伏呢？」

單于：「……你自己看著辦，如果想不出辦法來的話，就給我鑽到沙子裡面去，還可以順便治療風濕病。」

那個將領於是去尋找埋伏的方法，據說鑒於沙子裡面實在太燙了，最後他決定先種樹，然後埋伏在樹林子裡面。

衛青同上次殲滅匈奴右賢王一樣克服重重困難，急行軍幾百里，橫穿大沙漠，去尋找單于主力軍。同時他命飛將軍李廣率領部隊從東面迂回策應。匈奴正在種樹的時候，衛青的部隊就出現了。他們連忙扔掉樹苗準備迎戰。衛青用裝甲戰車將營部圍了起來，以防匈奴搞突襲，接著率領了五千精銳騎兵向匈奴兵發起攻擊，雙方在大漠之上展開鏖戰。

幾千里外，牛魔王的夫人鐵扇公主正在做實驗——關於芭蕉扇的威力測試的誓言。她向林

立在她面前的一座山峰猛的一搧，那座山就飛了出去。大風也隨著那一搧吹了起來，幾分鐘之後便到達了漢軍和匈奴軍的戰場。頓時飛沙撲面，雙方將士都睜不開眼睛，沒辦法判斷彼此。衛青從腰間拿出一個外國朋友送他的禮物——防風鏡，戴了起來。整個戰場上，只有他能看得清楚形勢。他乘機帶領了兩隊輕騎兵從左右包抄，李廣的部隊也在這個時候到來了。

直到風沙停了，單于才知道被包圍了，他立刻帶領數百名壯士突圍逃跑，衛青派輕騎兵連夜追趕，卻又沒有追上。這一仗殲滅了匈奴軍一萬九千多人。

卻說霍去病那邊，出發之後他率領部隊北上一千多公里渡過大漠，同匈奴的另一支部隊相遇，殲滅了其所有的精銳部分，俘虜了匈奴王以下七萬零四百多人。匈奴王和他的將領遺棄部隊逃走。

至此，漢武帝反擊匈奴之戰取得了決定性的勝利。

韓冬・Say

・我們珍愛和平，我們不想傷害任何人，不過有些事情並不是和和氣氣的就可以解決的，你退一寸對方進一尺。還是打吧，還是分手吧，不要再畏首畏尾了。現狀長久下去，只會讓自己心焦力瘁。漢武帝打匈奴，打得好。

・一個忠告，在閒暇的時候跟最知心的兄弟在一起才可以醉酒。其餘時間儘量不要喝醉，特別是工作情勢嚴峻時刻以及跟頭頭在一起的時刻。醉酒不但讓你失去面子，還可能失去性命。能幹的右賢王如果不喝醉酒的話，也不會那麼容易被人活捉。

・衛青不但驍勇善戰，而且很會處理上下關係。從他將蘇建交給漢武帝處置就可以看得出來。有些事情自己拿不定主意，或者說自己本可以拿定主意的，還是請示一下上頭為好，這樣做不僅僅是保險起見，還可以讓上頭覺得你的眼裡有他。

・如果你沒有屁股就不要騎馬，如果你沒有肚皮就不要跳肚皮舞。避開自己的短處，做自己擅長的事情吧。

・母乳餵養好，提倡母乳餵養。

我的鍋哪裡去了

漢武帝初期，一次和匈奴大戰中，漢軍俘虜了幾十個匈奴士兵。這些俘虜見漢軍士兵的工資不錯，晉升機會也多，更重要的是伙食還很好，於是都非常心甘情願加入漢軍，爲漢軍效力。在他們被編入漢軍之前，要對他們進行徹底的身體檢查和消毒，以免他們是身體裡面藏著人體炸彈或者身體裡藏著大隊人馬的特洛伊木人，更主要的還是要防止他們將愛滋病、禽流感、SARS等病毒帶進軍營。在替一個匈奴士兵檢查身體的時候，工作人員在他胸口發現了一排紋身，淡藍色的紋身，樣子非常精緻。

工作人員：「這是什麼東西？」

匈奴兵：「紋身啊……」

工作人員：「我知道是紋身，我問你紋的內容是什麼？看上去似乎是羊肉串，可是又不太像。」

匈奴兵：「羊肉串？你把我當飯桶啊？」

工作人員：「一沱一沱的連在一起還說不是羊肉串。那你說是什麼東西？」
匈奴兵：「我不說行不行？」
工作人員：「不行！我們怎麼知道這是不是你們的接頭暗號，你要是不說的話，就要把這些紋身連同你胸口的皮一起揭下來做人皮燈籠。」
匈奴兵：「啊，這麼殘忍？那我還是說了吧，其實這些是月亮。」
工作人員：「月亮？你當我們沒見過月亮啊？月亮都是一個個的，哪有這樣一串串的！」
匈奴兵：「從初一到十五，從十五再到三十，不同的月亮形狀連在一起就是一串串的咯。」
匈奴兵伸出右手的食指，邊指邊給工作人員講解道：「我左邊的這個乳頭邊呢，是初一的月亮，細細的一彎兒，愈往右走愈大，到了兩個乳頭的中間點就是十五的月亮，最圓最大了，再往右走就會愈來愈小，直到右邊的乳頭就又成了小小的一彎兒了，那就是三十的月亮了。」
漢武帝：「你爲什麼要把月亮紋在胸口呢？難道你跟嫦娥有一手？」
匈奴兵：「有了她，我才不會看上嫦娥呢……啊，漢武帝？」
工作人員們這才發現上一句對話前面的人名是漢武帝，慌忙倒地跪拜：「皇上萬歲萬歲萬萬歲，什麼時候進來的，也沒有聽到通報的聲音。」

漢武帝：「沒辦法，通報的人喊『皇上駕到』喊得太多了，嗓子啞了。這位匈奴弟弟，你繼續講你的故事。」

匈奴兵擡起頭來望著牆壁，眼中充滿了幸福和溫馨。眾人順著他的目光看去，牆壁上什麼都沒有。

哦，原來他是陷入了美好的回憶。

他給眾人講了一個蕩氣迴腸的愛情故事：「在我剛當兵的時候，我是一個炊事兵，我的職責就是給大家做飯，同時要保護好我們好不容易才從漢軍手中搶去的那口大鍋。」

工作人員：「保護鍋？」

匈奴兵：「我們還沒有學會冶煉技術，所以鐵鍋對我們來說是非常寶貴的東西。無論行軍的時候還是撤退的時候，我都會將那口鐵鍋背在背上，並向單于立下了『人在鍋在，人亡鍋也在』的豪邁誓言。有一次我們和漢軍交戰，吃了敗仗。全軍開始撤退，我們在前面跑，漢軍在後面追。因爲我背上多了口鍋，所以跑得比別人慢。遠遠的落在了隊伍後面，我甚至已經聽到了漢軍的馬蹄聲和呼喊聲。就在我背著鍋拚命的往前跑的時候，忽然聽到由遠及近的『嗖……』的聲音向我衝了過來，作爲一名戰士——雖然只是個炊事員——我深深的明白，那不是給小孩把尿的口哨聲，也不是神仙坐的雲遇到人工降雨神仙無奈墜落的聲音，而是會奪去人的性命的飛行中的箭的聲音，而且這支能奪去人的性命的箭正在向我飛來，無論我走Z型路線還是擺S型的姿勢，那支箭都一直跟著我……」

工作人員：「趕快扔掉鐵鍋跑啊，保命要緊！」

漢武帝：「這一箭一定是李廣射出去的，只有他射出去的箭才會帶有紅外線引導系統。後來呢？」

匈奴兵：「後來我就中箭倒地了……」

工作人員：「啊，你就這樣爲了保護一口鐵鍋給掛了？真是淒涼啊……不對啊，莫非你是……鬼啊……」

漢武帝：「你們能不能鎭定一點聽他講完？有真龍天子在這裡還怕鬼，真是無知！」

匈奴兵繼續講道：「我醒來後喊的第一句話就是『鍋，我的鍋……』，一個溫柔的女人的聲音說『不要緊張，鍋在這裡』，接著她就將那口鍋，遞給了我，鍋上插著一根箭，是那口鍋救了我的命。原來我並沒有中箭，只是被嚇暈過去了而已。移開那口鍋我便看到了一個面容清秀，明眸善睞的女子，是她救了我，最要命的就是她……她竟然只穿著三點式，而且身材非常之曼妙……」

漢武帝：「禽獸啊，人家救了你的命，你竟然還往歪處想……」

匈奴兵：「我只是敍述當時的情況而已，事實上我並沒有對她怎麼樣啊。我又環顧了一下

四周，原來這是一個山洞。我對她講了我的遭遇，並且對她表示了感謝。她也對我講述了她的身世，原來她是一個名叫月氏國的國家的人，她的名字就叫做月氏，她們國家所有的女子名字都叫做月氏。月氏，好美的名字啊，就像她的人一樣美……」

匈奴兵講到這裡卻停了下來，盯著牆壁看的目光變得非常迷離。

工作人員：「快點講啊，不要意淫了！」

匈奴兵：「意淫有理，意淫無罪，耶！原來月氏王國也曾經是個很強大的國家，在比較久以前被我們匈奴給滅了，那個時候的匈奴老大還砍了月氏國王的人頭，用那個人頭當酒碗裝酒喝。整個月氏國的人民帶著無限的對匈奴的恨，被迫緊急往西逃亡而去，而月氏她媽媽簡稱月氏媽，因為外出遊玩而沒有能趕上逃亡隊伍，於是就在那個山洞裡住了下來，那個時候她已經有了身孕，幾個月之後，生下了我遇到的那個月氏，後來她媽媽死了，就她一個人一直生活在那個山洞裡面。我以養傷的名義在那裡住了好一陣子，我們之間慢慢產生了感情。有一天乘我熟睡的時候，她在我身上刺下了這些月亮，她邊刺邊說『在我們月氏，女孩一定要在她心儀的人胸口刺上月亮，這標誌著她將會跟著這個人一輩子。』聽她這麼說，我就忍著痛沒有睜開眼睛，直到她刺完為止。」

工作人員：「還真是能忍啊你……」

匈奴兵：「從那天開始我就成了她的男人，而她理所當然的成了我的女人。」

工作人員甲：「誰來刺我一胸膛的月亮啊，我不怕疼。沒有天理啊，我這麼帥卻沒有人刺月亮，他那麼矬卻被刺了滿身的月亮……」

匈奴兵：「可是美好的日子卻總是那麼的短暫。我想到了我家裡八十歲的老母，她還在家盼著我回去結婚生子呢。可是我如果回去的話，說不上又會被抓去充軍，那樣可能就再也見不到她了。如果我不回去呢？八十歲老母可能會日夜站在村口的大樹下，朝我歸來的方向眺望……你們說我該回去還是不該回去？」

工作人員甲：「當然不回去了，八十歲老母有什麼好的，你怎麼能夠忍心離開這麼大的一個大美女呢？」

漢武帝：「我覺得應該回去，雖然她沒有善睞的明眸，沒有曼妙的身材，可是她畢竟是生你養你的老母啊，應該對她好好過對美女。」

匈奴兵：「果然是皇上，一下就猜中了。我決定回去接我八十歲的老母來和我們一起住。還記得我離開的那天，風非常蕭蕭兮易水非常寒，她一直送我送到了山谷的外面。我答應她我一定會回來的，誰想我還沒到家就被單于的部隊給發現了，就又被抓去當了兵，直到現在……也不知道她現在怎麼樣了……」

講到這裡，那個匈奴兵已經忍不住地抽泣了起來。在場的人無不掉下了感動的淚水——包

括漢武帝在內。

漢武帝：「不要哭了，匈奴兄弟，等將來我平定了匈奴，你們就可以在一起了。」那個匈奴兵聽漢武帝這麼說，頓時趴在漢武帝的肩頭大哭起來，邊哭邊說：「只要你能讓我再見到她，哪怕是繼續替你們保護鐵鍋，我也願意……」

漢武帝此時腦中忽然靈光一閃，這麼說來，那個強大的月氏國是在匈奴的西邊了，而我們在匈奴的東邊，如果能派人去聯絡到他們的話，我們兩家雙劍合璧，前後夾攻，一定打得匈奴措手不及。於是他一回去就找來所有的大臣開會……

漢武帝：「基本的情況就這樣了，你們誰願意去出使月氏國呢？」

大臣們都低著頭假裝沒有聽到，沒有一個願意站出來的。

漢武帝大怒道：「這麼多人，難道就沒有一個願意為朕走一趟的麼？」

一個王爺站出來說：「皇上息怒，其實並非眾大臣不願意替皇上分憂解愁。主要是所有人都從未聽說過月氏國，也不知道它到底存不存在，即便是存在，又在什麼地方，離這裡有多遠。我們只知道我們的西邊是匈奴，匈奴再往西的世界，於我們所有人來說跟盤古開天地前混沌的世界是沒有兩樣的。」

漢武帝：「那你說怎麼辦？」

那個王爺說：「這些大臣都是國家培養多年的，各自都有各自工作的崗位。將他們派去執行這個有些虛無縹緲的任務實在有些划不來。我建議皇上你張貼皇榜，在全國範圍內徵招願意前往月氏國的使節，或許能找到勇於探索的合適人選。」

眾大臣連忙擡起頭來說：「是啊是啊，此法甚妙！」

漢武帝怒吼道：「你們還說?!」旋即歎了一口氣說：「看來，也只能這樣了。」

皇榜張貼出去沒有多久，就有人揭了榜，他便是漢中郡人張騫，當時他只是個低級的禁衛官。漢武帝命張騫全權負責此事，需要隨行的人由他來挑選，需要的物品由他來計劃。張騫挑選了包括西域少數民族嚮導堂邑父在內的人員一百多名，於西元前一三九年自長安出發，一路西行。愈往西行風沙愈大，匈奴、強盜出現的幾率也愈大。他們一路戰風沙，頂烈日，還要時時注意躲開匈奴和強盜，走得辛苦非常。

他們終究還是沒有躲過厄運，剛一出甘肅臨洮，就跟迎面而來的一隊騎著大馬的匈奴兵撞了個正著，打是沒辦法打得過的，跑也是不可能跑得掉的，包括張騫和堂邑父在內的一百多人全都做了俘虜。

單于：「我看你手上總是舉著一束樹葉子，這是你們漢朝新的投降標誌麼?你是不是漢武

帝劉徹派來跟我們講和的？」

張騫：「我手上舉著的這個並不是樹葉子，而是和平和文明的象徵，漢節。我來這裡並不是要跟你們講和，而只是路過……」

單于：「哦，只是路過啊？」

張騫：「我們是皇上派去聯絡月氏國，前後夾擊你們的。」

單于：「靠，你還真敢講啊？當我們匈奴國是什麼，想過一下就過一下。如果我說讓我們路過你們中國，去聯絡南越王國一起對付你們，你們讓不讓過？」

張騫：「不讓！」

單于：「所以啊，你們也別想過去了。」

單于於是扣押了張騫帶領的所有人馬，並將他們分散開來讓他們去放羊牧馬。給他們戴著腳鏈、手銬，還在他們每個人身上做了記號，以免他們逃跑。張騫他們於是經常怠工而致使羊、馬等逃跑去做了野羊、野馬或者狼的食物。問起來的時候，說是爲他們都帶著腳鏈和手銬，根本沒辦法追上羊和馬，更別說抓住他們了。

後來，單于給他們每人找了一個匈奴姑娘當媳婦，一來是用來監視他們，二來讓那些姑娘吸引他們投降，而在匈奴國中安家落戶下來，畢竟他們都是非常有勇氣的英雄人物。幾年過去了，匈奴見他們各自似乎都很安於現在的生活，漸漸地放鬆了對他們的警惕，張騫也時不時的可以跟他一起來的人碰面了。

張騫：「你想要放棄我們的理想，放棄我們身上的責任，在這裡住下來麼？」

堂邑父：「我時時刻刻都想著啓程繼續西行，從沒有想過在這裡住下來。」

張騫：「我也是，如何才能逃離這個地方呢？」

堂邑父：「至少現在還不是時候，他們對我們的警惕性還是很高，除非我們和妻子生了孩子。」

張騫：「生孩子？……男人一有了孩子就會沒有了勇氣的。」

堂邑父：「只要我們心中的夢想不滅，勇氣就會始終存在。我想她們也會理解我們的。」

不久之後張騫和堂邑父都有了孩子，一家人生活得其樂融融。匈奴人已經完全將他們當成了自己人。他們找中了一個機會，悄悄的離開了這個地方，繼續西行——他們在匈奴國整整待了十一年。

荒漠之上。

張騫：「你出來的時候，有沒有帶些肉乾、飲用水之類的？」

堂邑父：「走得太急，忘了……你呢？」

張騫：「我也忘了……」

就在這時，一個黑色的毛茸茸的東西掉進了堂邑父的懷裡，嚇了他一跳：「什麼東東，什麼東東啊這是？」

隨從甲：「堂邑父不用怕，只是烏鴉而已，我剛剛射下來的。」

原來這名隨從甲擅長騎射。接下來的路程中，眾人就靠他射些飛禽走獸維繫生命，餓了吃肉，渴了喝血，走了十多天之後，終於到達了一個國家，這便是富饒的大宛王國。大宛王國乃是中亞的一個富裕之邦，有人口數十萬，城鎮七十餘座，盛產汗血寶馬。大宛王國的國王也早就聽說了漢朝乃是一個盛世大國，他對漢朝仰慕已久，張騫的到來讓他開心到非常，在大宛王國的首都，他以很高的規格接待了張騫一行，並帶他們參觀了飼養汗血寶馬的牧場，只見那裡有很多工人提著油漆桶在馬身上刷著紅色的油漆。

張騫：「刷上紅色油漆就是汗血寶馬了麼？」

大宛王：「這不是普通的油漆，平常看不到它的存在，只有馬出汗的時候它的顏色才會顯現出來。」

堂邑父：「果然高級。」

晚上大宛王為張騫一行人擺設了豐滿的晚宴。晚宴過後，雙方進行了親切友好的會談，大宛王讓張騫帶去他對漢武帝劉徹衷心的祝願，張騫感謝了大宛王的深厚情誼，並代表漢武帝劉徹祝願他身體健康，祝願大宛國泰民安。

後來的日子裡，在大宛王的幫助下，張騫他們先後到達了康居王國、大夏王國等地。最後到達了月氏王國。然而此時的月氏王國已經不同往昔了，他們西遷之後征服了大夏國，改稱小月氏，現在的月氏萬象更新，人民安居樂業，已經不願意同匈奴作戰了。

張騫：「難道你忘記了匈奴人殺了你的爺爺，並用他的頭當酒壺這樣的深仇大恨了麼？」

小月氏國王：「我不能爲了報自己的仇，將全族人民再次陷入水深火熱之中。」

堂邑父：「殺爺之仇，奪妻之恨，不共戴天，沒想到你這麼沒有骨氣，我們來錯了！」

小月氏國王長歎一口氣說：「冤冤相報何時了，此恨綿綿無絕期……你們走吧！」

張騫只得帶著眾人離開，繼續西行。他邊行邊記，詳細記錄了西域各國的風土人情，政權情況，兵力情況等內容之後，帶著未能完成任務的遺憾返回中原。不料路上又被匈奴人給碰上了，張騫他們再次成了匈奴人的階下囚。此時，正好衛青大將軍帶著兵馬和匈奴作戰，混亂之中，張騫和堂邑父他們順利逃脫。回到首都長安的時候已是西元前一二七年了。他對漢武帝講了一路的所見所聞，聽得漢武帝心胸激蕩。

漢武帝：「原來匈奴的西方還有那麼廣闊的疆土，朕要打下一個大大的江山！」

張騫曾在大夏見到過漢朝蜀地生產的絲綢和竹子做的拐杖。他曾經攔住當地人問這些東西是從什麼地方來的。

路人甲說：「你說這些東西啊？是從天上掉下來的呀！」

張騫：「……天上掉下來的？？」

這時過來一個路人乙對張騫說：「別聽他胡說了，這些東西都是從天竺買來的。」

張騫：「那爲什麼剛剛那個人說是從天上掉下來的呢？」

路人乙：「好簡單，因爲那個人是個神經病。」

張騫：「了解！」

既然天竺能有蜀地生產的東西，那麼照理說蜀地一定離天竺不遠了——排除龍捲風捲過去；神仙夾帶過去等荒誕理由的話。張騫決定去尋找天竺，並同天竺建立友好睦鄰關係，這一決定得到了漢武帝的批准。張騫於是又出發了，爲了能儘快找到天竺，這次他將人員分成了四組，分頭尋找。結果走了兩千多里路都還沒有找到天竺，其中一組人馬卻意外的到達了滇越。滇越國王的上代原來是楚國人，同中原隔絕也有好幾代了。他們願意幫助張騫尋找天竺。沒走多遠卻遭到了野人的阻殺，尋找天竺行動只得作罷。張騫回來之後，漢武帝因爲他結交了滇越而非常滿意。

西元一一九年，漢武帝再次派遣張騫出使西域。這次給他的任務是聯絡西域的烏孫國一起攻打匈奴。烏孫國國王將張騫帶來的黃金、絲綢、布帛等禮物照單全收，卻遲遲不肯簽訂一起攻打匈奴的合約。

堂邑父：「收了禮物卻不肯簽合約，你這是什麼意思？」

烏孫國國王：「不是我想空手套白狼，實在是匈奴人太厲害了，而漢朝離我們又遠。如果真的得罪了匈奴人，到時候他們來找我們麻煩，我們根本抵擋不住啊……要不你們各處遊玩幾天先。」

張騫見再待下去也待不出什麼結果來，便派了他的助手們帶著禮物去聯絡大宛、小月氏、于闐等國家，自己準備著回國復命。烏孫國國王雖然到最終也沒有同意和漢朝一起攻打匈奴，不過他派了使者帶了很多禮物，跟著張騫到長安拜見漢武帝。漢武帝對張騫此次出使的結果也頗爲滿意，一年之後，張騫的助手紛紛返回長安，所有人去過的國家加起來共有三十六國。

十五年後，霍去病帶兵消滅了佔據著河西走廊和漠北的匈奴，疏通了前往西域的通道。西元前一〇五年，漢朝派了一個運載著絲綢的商隊到達安息，絲綢之路正式形成。

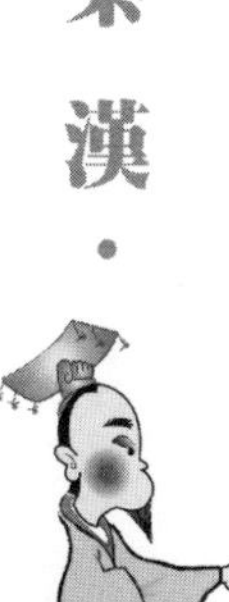

韓冬・Say

・上頭交代下一件事情來，如果以你的能力沒辦法搞定的話，就去請教別人，如果請教別人也搞不定的話，你至少應該告訴上頭，或者給上頭一個可以解決這件事情的建議，然後一同商量。不應該蒙混過關。

・有一種東西讓你身處再大的逆境也信心百倍，有一種東西即使你經歷再多的磨難也可以讓你勇往直前，這種東西就是夢想。給自己一個夢想，不要做鹹魚，不要讓人生昏昏噩噩的度過吧。張騫歷經的磨難可謂多矣，後成功奠定了絲綢之路的開拓基礎，就是因為胸懷夢想。

・對有些人來說，即便留住他的人也留不住他的心，哪怕你給他生了娃。所以，還是放他走吧。

黑暗之中的手，簡稱黑手

西元前一〇一年，匈奴汗國八任單于去逝，他的弟弟繼位，是為匈奴汗國第九任單于。繼位之後，九任單于怕漢朝乘匈奴汗國政局不穩定發起突然攻擊，便給劉徹寫了一封畢躬畢敬的信：「我們匈奴汗國是漢朝的附屬國，我們無時無刻不在感受著漢朝光輝的沐浴。尤其我又是皇上你的兒子輩，從今往後當不敢再冒犯真龍天子，哦，我的家長。」

接著他將囚禁起來的漢朝使節、俘虜等全部釋放，並派了使節帶著禮物到長安看望劉徹。這讓漢武帝非常感動。正所謂「別人給我們桃子，我們就應該給人李子」，漢武帝於是決定將囚禁在中國的匈奴使節也全都釋放。一方面為了表示誠意，另一方面怕那些使節迷路。漢武帝決定讓牧馬場場長蘇武做團長，組成一個遣送團送他們回去。蘇武，字子卿，西漢杜陵人。他父親名叫蘇建，曾經帶兵跟匈奴做過戰，從部隊退下來之後，在代郡做太守。蘇武因為是官宦人家的子弟，於是也當了個小官，憑藉著自己謙虛謹慎的品性和踏實肯幹的工作作風，最後他升遷成了一個牧馬場場長。

那爲什麼漢武帝選擇讓一個牧馬場場長當遣送團團長呢？據記載，他是基於以下考慮：

1、匈奴人號稱馬背上的國家，蘇武作爲一個長期養馬的官員，跟他們會比較有共同語言，會比較能談得來。

2、匈奴人都擅長騎馬，包括這些被釋放的使節在內，可是不管他們怎麼擅長也擅長不過蘇武啊，有蘇武跟著可以避免他們逃跑。

3、匈奴人養的馬都膘肥體壯特別能吃苦，特別能戰鬥，蘇武去了之後，可以抽機會偷看一些養馬秘方之類的東西帶回來，讓漢朝的馬能追上匈奴的馬。

跟蘇武同行的主要人員還有副團長張勝和秘書常惠。西元前一〇〇年的某一天，他們帶著被漢武帝釋放的匈奴使節北上而去。

張勝：「匈奴人現在對我們大漢那麼恭敬，現在我們又是去給他們送回他們的自己人。相信他們一定會好好招待咱們的吧！」

常惠：「我覺得也是，說不上他們的單于會親自到城外來迎接咱們呢。」

蘇武：「不管怎麼樣，去了之後一定要注意自己的言行，不要丟了咱們大漢的臉。」

張勝：「注意言行？團長你是說不能隨地大小便，不能隨地吐痰和亂扔果皮紙屑麼？」

常惠：「還有很多，比如人家宴請我們的時候，即便端上來的東西再好吃，也不能自己先吃，應該等所有的人入座以後再吃，等人入座的時候不能盯著好吃的東西流口水——吞口水也不行，開吃了之後不能狼吞虎咽，這樣會顯得我們大漢很窮酸。再比如請我們吃過大餐之後，他們肯定要安排娛樂節目，不准盯著漂亮的歌姬和舞女發呆，要用欣賞藝術的眼光欣賞她們的歌舞……是不是這麼說啊，團長？」

蘇武：「大致就這些了，一定要記住的就是要保持我們大國的氣節。」

眾人到達匈奴汗國的王庭之後，才發現事實並沒有他們想像的那麼美好。匈奴的單于只是希望漢武帝不會在短時間內發起戰爭才假裝一下恭敬，卻不想漢武帝這麼熱情的竟然將匈奴的使節都送了回來。對於蘇武等人，單于表現得非常傲慢。蘇武他們一直將那些使節送到了匈奴汗國首都所在，移交手續辦完之後才見到了單于，單于坐在高高的大椅子上，他們進來，人也沒有起身。

單于：「你們來了？你們皇帝的這個做法很正確嘛，作為鄰國就是要互相修好才對。」

蘇武：「我們皇上是個仁君明主，見單于你有意與我們修好，又釋放了我們大漢的使節，所以才派我來送回囚禁在我國的匈奴人。」

單于：「我有意與你們修好？今日之匈奴汗國兵多糧廣，士兵驍勇善戰，要是真打起來的話還不定誰勝誰敗呢，哈哈哈……」

眾人回到驛館之後非常氣憤。

張勝：「別說娛樂節目了，連頓飯都沒有請我們吃，太過分啦！」

常惠：「看來匈奴人並不是真的有意與我們修好，他們這是緩兵之計，一定要儘快回去將這個情況稟告皇上。」

蘇武：「不管怎麼說，我們的任務算是完成了。我們儘早回去覆命吧，免得節外生枝。泡麵已經煮好了，快吃吧。」

張勝：「要吃你們吃吧，我吃不下。這是我第一次來匈奴地界，我要出去體會一下這邊的風土人情。」

此時夜幕已經降臨，空氣中飄蕩著的都是篝火和烤羊肉的味道。張勝三步併作兩步的往夜市上走去，沒走多遠就被一隻黑手拉到了一個黑暗之處。

黑衣人：「其實我覺得我的手還是比較白的，韓冬。」

韓冬：「黑暗之中的手，簡稱黑手。」

張勝：「唉喲，你是誰？你要幹嘛？我可是從大漢來的使者。」

黑衣人：「不要叫，我是虞常。」

張勝：「啊，原來是虞常兄弟，你幹嘛搞得這麼神秘啊？還黑衣人呢，哈哈……」

觀眾：「這個虞常是誰？前文都沒有出現過，怎麼忽然就冒出來了。」

張勝：「為了讓觀眾看得明白，我們一起來回憶一下往事吧。」

（回憶開始）

虞常起初是個匈奴將領，是匈奴渾邪王的手下。西元前一二一年，渾邪王前來投降中國，虞常也混在其中。就是那個時候虞常認識了張勝，他們兩個一見如故，經常在一起談友誼、談人生、談理想、談女人……兩人之間建立起了深厚純潔的友誼關係。西元前一〇三年又回歸了匈奴，自此之後杳無音訊。

（回憶結束）

張勝：「你知不知道我有多想你啊？在吃飯的時候想起你，我就吃不下飯；在睡覺的時候想你，我就會被自己思念的淚水澆醒；尿尿的時候想你，我就會忘記脫下褲子……」

虞常：「好了，張兄，你的柔情我永遠都懂。衛律你知道吧？」

張勝：「知道啊，就是那個投降了匈奴的漢朝大將。皇上因為他的投降氣得發瘋呢！」

虞常：「我也非常之痛恨他。都是投降匈奴，憑什麼他當了丁靈王，而我卻只是個小小的

排長。現在有一個絕好的機會，我可以用冷箭射殺他，然後劫持單于的老母，然後我們一起跑回長安，這該是多大的一個戰功啊！你願意參加行動麼？」

張勝：「好啊！」

虞常：「那就給我點錢吧！」

張勝：「不會吧，一見面就提錢，會不會有點庸俗了？」

虞常：「至少我得請那些一起做事的兄弟們吃頓飯吧，再至少我得買一套高檔一點的弓箭吧……」

張勝於是將帶來的財物悄悄地給了虞常一些。虞常回去之後，就開始為這次事件做準備。蘇武數次想回長安覆命，可是張勝不是腿摔斷了就是拉肚子，始終未能啓程。

一個月之後，單于外出去打獵。他母親和一些不會武功的貴族留在都城，虞常率領七十餘人發起了突襲。卻不想尚未起事，他這邊已經有人叛變了，那人騎著快馬去報告了單于，單于連忙趕回，他趕回來的時候，那些不會武功的貴族正用番茄、羊肉乾等物投擲虞常的部隊，單于同那些貴族們前後夾擊，打敗了虞常的部隊，活捉了虞常。單于讓衛律主審此案。

張勝聽說虞常被活捉，驚恐萬分。

常惠：「張勝，只是偶爾吃頓羊肉，你不用激動成這樣吧。看你抖的……」

蘇武：「他的眼神中透露出來的是恐懼而不是激動，張勝，你是不是有什麼事情瞞著我？」

張勝這才向蘇武坦白了整個事情的來龍去脈。蘇武聽後狂暈。

蘇武：「所謂的沒事找事就是你這樣的。匈奴人如果追查起來最後必然會查到我身上來。與其被他們逮捕審問後死，不如現在自我了斷來得乾脆，也好給國家留一個清白之軀。」

說著蘇武就要自殺，常惠大喊道：「張勝，你力氣大一點扣住團長的胳膊，以免他刎頸自殺，我抱住團長的腰同時掰開他的嘴，以免他裝牆或者咬舌自殺。」

張勝：「果然是個文化人，這麼危急的關頭心思都這麼慎密，佩服佩服！」

兩人衝上去牢牢地扣住了蘇武，將他壓在地上勸導他。

張勝：「團長，事情是我惹的，要死也應該我死。你現在這樣搞，讓我情何以堪啊……」

蘇武：「呃……呃……」

常惠：「只要我們一起想辦法，事情還是有可能解決的。團長別這麼衝動好不好？」

蘇武：「呃…呃…呃…」

張勝：「爲什麼團長只是『呃』呀『呃』的而不說話呢？」

蘇武猛地掙脫他們站起來說：「你們掰著我的嘴我怎麼說話，即便我不自殺也會被你們折磨死的。我們一起來想想如何解決吧……」

就在他們三個正在商量的時候，衛律已經帶著人到來了。單于說要殺掉蘇武，有人反對說死太便宜他們了，應該逼他們投降，讓他們失去男人的尊嚴。單于覺得有道理，於是派了衛律前來逼蘇武他們投降。

蘇武：「來得這麼快？不用你們動手，我們會自我了斷的。」

張勝：「其實……自我自我了斷這件事情，我覺得基本上可以不用這麼著急吧！」

衛律：「我不是來殺你們的。單于說了，如果你們願意歸降的話，可以免你們不死。」

蘇武：「投降？妄想！」

蘇武說完就拔出佩刀自殺，這次沒有人攔住他。衛律大吃一驚，撲上前去抱住蘇武，捂住他的傷口。然後派了人騎著最快的掃把前去請醫生。他們在地上挖了一個坑，在坑裡面燃起了沒有污染沒有油煙的木炭，然後將蘇武面朝下放在那個坑上，衛律使勁的用腳踩蘇武的背部。蘇武大吐幾口淤血之後悠然轉醒。

蘇武：「為什麼每次自殺都要承受比死痛苦無數倍的折磨，而且還不能成功呢我……」

單于聽說蘇武這麼有骨氣，心底下暗自佩服他起來。派了最好的醫生替蘇武療傷，每日還會派人去問候他，時不時的帶一些鎖陽、蓯蓉等塞外珍貴藥材給蘇武吃。不久之後，蘇武身體完全康復了。

處決虞常的日子到了。廣場上冷風颼颼，劊子手迎風而立，風追著他們的鬍鬚在空中漂亮的飛舞。威嚴的匈奴單于坐在高臺之上，滿臉怒氣的看著下面的人：虞常、蘇武、張勝、常惠以及蘇武使團的所有人。

單于一個手勢，虞常的人頭即刻落地，整個人連句口號都沒有來得及喊。張勝已是被嚇得瑟瑟發抖了。

衛律又將劍指向了張勝的咽喉：「選擇死還是選擇投降？」

張勝：「選擇死……是非常划不來的事情，我願意投降……」

聽張勝這樣說，蘇武滿眼怒火的盯著張勝，張勝不敢與蘇武對視，低著頭如一沱大便一樣癱在了地上。

衛律對蘇武說：「你的副團長都已經投降了，你還等什麼？即便你能回到長安，你們的皇上也不會放過你的。」

蘇武面不改色的盯著衛律，並不說話。

衛律繼續說：「何必這麼固執呢？當初我也是中原人士，投奔匈奴之後，我被封爲丁靈王，有數萬的人口，漫山遍野的牛馬都是我的。如果今天你點一下頭，明天你就會擁有這一切，作爲一個男人還有什麼好追求的呢。如果你執迷不悟的話，只會白白的暴屍荒野，這又是

為了什麼呢？」

蘇武仍舊不理睬衛律。

衛律又接著說：「因為我本身是漢人，今天的我在匈奴汗國也是有地位的人，如果你也歸順，我可以罩著你，我們可以成為兄弟。如果你錯過了這個機會，往後見我恐怕都難了。」

蘇武這才開口說話：「你以為你很帥麼？我就那麼想見你。你身為人臣，投敵賣國，是為不義；你被判父母，讓他們在中原背著罵名，是為不孝。你這樣的人我見了就想吐，你還以為我很想再見你麼？同時，你深受單于的信任，他讓你手握生殺大權，你不秉公處理，卻要刺激兩國搏鬥，你在一邊袖手觀看，這樣又很對得起你的匈奴單于麼？南越王國殺中國使節，結果被消滅成為中國的幾個郡；大宛國殺中國使節，人頭懸掛在長安北門；朝鮮國殺中國使節，旦夕之間亡國，這些你都是知道的。只有匈奴還苟延殘喘的活到現在，你明知道我不會投降，卻一遍遍的勸我投降，是想讓漢朝和匈奴汗國發生戰爭吧……」

衛律這才發現他和蘇武根本不是同一個水平的人，以他的德行根本沒辦法說服匈奴。稟報單于之後，單于更加敬重蘇武了，也更加堅定了要將蘇武說服的決心。軟的不行，他決定來硬的。他將蘇武扔在他家廢棄多年的地窖之中，斷絕飲食，看蘇武能撐多久。當時正值千里冰封，萬里雪飄，望長城內外唯餘茫茫的時節，蘇武靠吃身上皮衣上的羊毛和冰雪充饑。幾天過去了，他竟然比以前更加紅光滿面了。匈奴人大為驚奇，覺得他有神仙幫助。便改變了方法，將他扔到了荒無人煙的北海邊上，給了他幾頭公羊讓他去放牧。並說如果他能將公羊牧到能生羊羔時候就釋放他。

讓公羊生羊羔，這時多麼荒誕的要求啊，除非這些公羊裡面有女扮男裝的羊隻，然而這又絕對是不可能的，因爲這些羊都是逐個被匈奴專業人士檢查過的。荒無人煙的地方，蘇武沒有食物的來源，只好挖野鼠洞裡面野鼠貯存的冬糧來吃，直到有一天，一頭羊因爲受不了這裡荒涼的環境而自殺，蘇武吃了一頓羊肉之後，他終於明白了，他其實應該吃匈奴人的羊。

正所謂光陰似箭，歲月如梭，眨眼間蘇武已經在這個地方度過了五六個年頭了。這一天從遠處來了一群人，爲首的那個英姿颯爽，不過身上背著的弓箭和獵網就有點破了，這個人便是單于的兄弟于王。蘇武並不知道他的身分。

蘇武走上前去說：「你人看上去倒是挺拉風的，不過背上的破弓箭和破獵網非常影響你的形象。」

于王：「啊，真沒想到這裡還會有人。沒辦法，我是出來打獵的，還沒有怎麼打，弓箭就壞了，獵網也破了，手底下又盡是些飯桶，沒有一個人會修理的。」

蘇武便憑藉自己精湛的手藝替他修好了弓箭和獵網，于王喜歡蘇武到非常，給他吃的穿的和用的。不久之後，于王就病重到不久於人世了，卻還掛念著蘇武，臨死前他送給蘇武了兩樣東西：一匹馬，一個帳篷。于王死後，他的手下離開了這個地方。偌大的荒原又陷入了冷冷清

清之中，唯有蘇武不甚挺拔的身影煢煢孑立其中……

其實在蘇武出使匈奴汗國的第二年，漢朝發生了一件大事：李陵和匈奴作戰，因爲實力懸殊太大而兵敗，後投降匈奴。歷史的巨人司馬遷因爲在漢武帝面前照實說了幾句爲李陵辯護的話，被漢武帝一怒之下割去了生殖器。此後，司馬遷忍辱負重許多年，完成了歷史巨著《史記》。在這裡我要鄭重的向《史記》致敬，還要更加鄭重的向司馬遷致敬。

李陵在漢做官的時候和蘇武關係不錯，投降匈奴之後他聽說了蘇武的事跡，一直想來北海邊探望蘇武，卻又覺得沒臉見蘇武。過了若干年之後，他終於鼓起了勇氣來見蘇武，單于聽後大喜，希望他能夠說服蘇武投降。李陵來北海的時候帶了一個樂隊，一個炊事班。他做了很大一桌酒席，邊聽音樂邊和蘇武喝酒聊天。

李陵：「既然回漢沒有可能，爲什麼不歸順匈奴呢？現在單于那麼重視你，你白白的待在這個荒無人煙的地方實無必要。看看你的家裡人先吧，你哥哥是皇上的侍衛，在他扶皇帝下臺階的時候，因爲一個不小心碰到了柱子，撞斷了一根轅木，皇上就判他欺君犯上，讓他自殺。再看看你的弟弟，他隨皇上到河東，宦官們和駙馬掙船竟然將駙馬推進了河中，可憐的駙馬只會跑馬而不會游泳，結果白白淹死，宦官們四散逃去。皇上讓你弟弟追捕宦官，因爲過了皇上限定的期限，他還沒有抓到兇手，最後服毒自殺。你說這關你弟弟屁事啊，都是那個沒有人性的皇帝害的。再說你的老母親吧，我來這裡的時候你母親已經去世了，我送葬到了陽陵。還記得你的夫人麼？聽說你被匈奴扣押生死未卜之後，她就改嫁了。你家就剩下你的兩個妹妹，兩個女兒，一個兒子了。十多年過去了，也不知道他們都怎麼樣了，是否還活在這世間。人生苦短，何必要跟自己過不去呢？你還是聽了我的勸告吧，不要有別的打算了。」

李陵言辭懇切，說到最後他自己都流下了眼淚。蘇武聽完之後，只是表明了自己要盡忠大漢，盡忠皇上的決心。又待了幾天之後，李陵決定離去，離開前他又一次勸說蘇武：「這幾天我的話已經說盡了，希望你真的好好考慮一下吧！」

蘇武道：「如果你非要讓我投降匈奴的話，今天我就死在你的面前吧。反正我的這條命，早就不該在了……」

李陵聽後知道蘇武的忠誠堅定如鐵，是沒有可能勸降的了。抱著蘇武大哭一場之後離去。

再後來，匈奴和漢朝的關係緩和了很多，漢朝每次問匈奴要蘇武的時候，匈奴人都說蘇武早已不在人世。西元前八一年，蘇武原來的秘書常惠想方設法見到了漢朝的使者，並給使者教了一番說詞。

使者見了單于後說：「我們皇上在打獵的時候不小心射到了一頭大雁，大雁的腿上綁著蘇武寫的書信，信上說他仍舊活著，現在在北海邊放羊呢。」

單于大吃一驚，只好承認了蘇武以及他的沒有投降的隨從都還健在的事實。

蘇武這才得以順利地回到了長安，當初他出行時共有一百多人，回來的時候只有九個人，被匈奴扣押的時間長達十九年。出使時正值壯年的蘇武，回來時已是滿頭蒼蒼白髮……

韓冬·Say

· 一直對你圖謀不軌的人如果忽然對你示好，一定要多留幾個心眼。對方要麼就是為了贏得時間在麻痺你，要麼就是有什麼事情需要假你之手。如果未經考察貿然相信之的話，後果將非常嚴重。英明的漢武帝就犯了這樣的錯誤。

· 做事，萬不可太過聲張，尤其是做秘密的事情，知道的人愈少愈好，不得不被人知道了也要考察知情人的品行，看他是不是二五仔。事情還沒搞定就被對方知曉，必是死路一條。虞常如果事先能注意到這一點的話，刺殺別人老娘的事情可能最後也不會搞得一團糟。

· 如果不是決定吃什麼飯，買什麼衣服這樣的小事的話，一定要從長計議，將各個環節，每種可能性都計劃在內，方可成事，單憑機會和勇猛只會壞事。蘇武被張勝他們給害慘了。

· 如果對方被你捂著嘴或者掐著脖子，不要問他話，這個時候他通常是說不出話來的。

騎著掃把飛來飛去的婦女

西元前九六年，有人聲稱看到將軍公孫敖的老婆在空中騎著掃把飛來飛去，邊飛邊天女散花著什麼東西。並將這一情況彙報給了漢武帝劉徹。

劉徹：「這是典型的巫蠱。騎著掃把飛是女巫，她天女散花的東西那一定是蠱了。」於是他將公孫敖一家子全都抓了起來。儘管公孫敖一再申辯，那天他老婆只是在人工降雨而已，而且作爲一個求雨師，做些人工降雨的工作是再正常不過的了。可是他依舊沒有逃脫全家被殺的厄運。

自從那以後，「巫蠱」之罪橫行，害死了不少的清白人士。而劉徹也愈來愈疑神疑鬼，一會兒說看到有人拿著劍在後宮裡面走來走去；一會兒說看到天上飛著木偶，那木偶不僅用眼睛瞪他，還對著他豎中指；一會兒又說自己被外星人抓去研究了好幾天又被放回來了。

稍微一個不開心他就殺人，包括他的子女。太子劉據就是在西元前九一年被殺的。劉據死後，劉徹的另一個兒子燕王劉旦覺得以長幼順序來論的話，應該他被封爲太子。於是給劉徹寫

了一封信，希望能讓他回到京城來當宮廷侍衛。

劉徹看完信後心道：「這個逆子，這麼快就想來搶我的位子了。」一怒之下將劉旦派來送信的使者在未央宮北門外斬首。

使者被斬首的第二天，「巫蠱事件處理辦公室」的主任前來求見劉徹。

主任：「去年在你巡遊的路上，向你吐口水的那個外星人，你還記得麼，皇上？」

劉徹：「就是那個眼睛又大又圓，但是沒有白眼球，頭上長著兩隻角，手指和腳趾之間長著蹼，一口口水有好幾公升，向我吐了一口口水之後，就蹦蹦跳跳的飛走的那個怪物？」

主任：「沒錯，就是那個罪不可恕的傢伙。」

劉徹：「怎麼後來我又覺得那只是我在馬車裡面做的一場夢呢？是不是真的我的腦子有毛病了，我現在常常分不清現實和夢境了。」

主任：「皇上你英明神武，怎麼可能腦子有病呢？我們真的發現了那個傢伙的行蹤了，經過我們部門人員的調查，那個傢伙現在被人給藏匿起來了。」

劉徹：「誰這麼大膽，竟敢藏匿朝廷通緝犯？」

主任：「就是王子劉旦。他將那個罪犯藏匿在自己家中，晚上的時候讓那個罪犯站在牆上，用他的眼睛當應急燈，白天的時候讓他澆灌花花草草，因為他的口水夠多。」

劉徹大怒，下令削去了燕王劉旦良鄉、安次、文安三個縣的封地。

劉徹更加討厭劉旦了，雖然劉旦和他的哥哥廣陵王劉胥兩人都非常聰明，口才也很好，學識也非常淵博，長得又不錯，可是因爲他們經常做些強搶民女，吃飯不給錢，駕著寶馬在路上橫衝直撞等違法亂紀的事情，所以劉徹一直都不太喜歡他們。他最喜歡的兒子是鈎弋夫人給他生的兒子劉弗陵，因爲劉弗陵是劉徹在歲數很大的時候才被弄出來的。這讓劉徹一看到劉弗陵就有一種很大的成就感。他決定將劉弗陵封爲太子。可是劉弗陵的年齡太小了，必須要有一名靠得住的大臣輔佐他，他皇帝的位子才能坐得穩當。劉徹最後選中了御車總監、高級國務官霍光。

霍光，男，字子孟，乃是著名將領霍去病同父異母的弟弟。有次霍去病攻打匈奴得勝回京的時候將霍光帶在了身邊，當時霍光只有十幾歲。霍去病去世之後，霍光做了漢武帝的貼身護衛，他爲人厚道，做事穩重。深得漢武帝劉徹的喜歡。暗自確定了讓他當輔佐大臣之後，劉徹命令宮中畫家畫了一張周公背負周成王朝見諸侯的圖送到霍光家中。

霍光老婆：「一個老頭背著一個小孩，一大群人圍觀之中。這孩子跟著老頭長得還挺像，肯定是孩子他爸沒錯了，一定是因爲他搞婚外戀，孩子他媽一氣之下離家出走，所以父子兩個

才會這麼慘的……皇上送你這樣的畫做什麼？哦……我想到了，他的意思是讓你珍惜我，免得淪落到畫中人這麼淒涼……」

霍光：「沒文化！靠近站直來聽我給你講這個故事吧，這個老頭就是歷史上有名的厚道人周公，跟夢裡面經常見到的那個周公可能是同一個人，也可能不是，而他背上的這個孩子就是他的侄兒周成王。周成王繼位的時候年齡很小，周公全心全意的輔佐他治理天下。」

霍光老婆：「了解，不過皇上爲何要送你一副這樣的畫呢？」

霍光望著遠方緩緩的說：「是啊，爲什麼呢？」

劉徹決定了讓劉弗陵當太子，並且找到了合適的輔佐大臣之後，決定剷除他最心愛的最漂亮的夫人——鈎弋夫人，以免將來鈎弋夫人像呂后那樣把持朝政。

一個陽光明媚的下午，劉徹跟鈎弋夫人手拉手有說有笑的在花園裡面賞花。劉徹忽然盯著鈎弋夫人頭上的飾品說：「你頭上戴的這是什麼東西啊？」

鈎弋夫人很可愛的說：「這是現在最流行的頭飾了，是不是很漂亮呢？」

劉徹：「漂亮什麼啊？像插了兩根麻花在頭上一樣，原來你這麼沒有品味，枉我這麼多年來那麼喜歡你。」

劉徹開始大發雷霆，鈎弋夫人見劉徹似乎真的生氣了，慌忙取下頭上的頭飾扔在地上踩了幾跺，笑嘻嘻的迎上去說：「這下可以了吧？」

劉徹卻吩咐左右將她拉出去關進了宮廷監獄，不久之後就在監獄裡面將她處死了。鈎弋夫人到死也沒有想通，不就是兩根頭飾麼，怎麼會招來殺身之禍呢？

西元前八七年，劉徹已經病入膏肓了，他臥在病床上一動不動。霍光前去拜見劉徹，看到劉徹病重的淒慘模樣，忍不住淚如雨下。

霍光：「皇上，如果你成仙而去的話，誰應該繼位呢？到現在你也沒有立太子。」

劉徹：「你就沒有從我送給你的那幅畫上看出點什麼麼？」

霍光：「我看出了那是周公背負周成王接受諸侯朝見。」

劉徹：「這個還用看出麼？畫下面明明寫著『姬旦懷抱姬誦接受各封國國君朝見圖』，你玩我啊？」

霍光：「微臣不敢，只是微臣實在愚鈍，看不出畫中的寓意。」

劉徹：「我的意思是讓你擔任姬旦的角色，輔助我最小的兒子弗陵執政。」

霍光：「你這麼說我就明白了。不過我不如金日磾啊……」

金日磾：「我是匈奴人，而且品行不如霍光，如果讓我輔政，匈奴會看不起中國的。」

是年二月十二日，劉徹下詔封劉弗陵當太子，這個時候劉弗陵只有八歲。二月十三日，

劉徹任命霍光爲全國武裝部隊最高指揮官兼全國最高統帥，金日磾爲車騎將軍，交通部長，上官桀爲左將軍，「輔佐三人組」正式形成。同時他還任命了全國糧食總監桑弘羊擔任最高檢察長。

金日磾當劉徹手下小弟達二十多年，最要命的優點就是對皇家非常尊敬。劉徹曾經爲了犒勞他，賞賜給他幾個漂亮的宮女當小妾，可是金日磾因爲對皇家非常尊敬，根本不敢接近那幾個宮女，搞得她們獨守空房，光陰虛擲，極致的暴殄天物也不過如此，在此愛憎分明的韓冬對他的這種行爲表示強烈的憤慨。

金日磾最大的兒子曾是劉徹小時候最喜歡的玩伴。因爲金日磾非常正統，一直都恥於提到與性有關的話題，是以他大兒子的性教育沒能跟上。基於好奇心，長大後特別喜歡觀察異性的生理結構，有一次他跟後宮的宮女胡天胡地的時候，正好被金日磾給碰上了。當天夜裡金日磾就拿了一把圓月彎刀將他兒子給殺了。劉徹聽說後大怒，招來金日磾質問，得知他殺兒子的緣故之後，對他表示了由衷地敬佩。

再說上官桀吧。這個人沒有多少文化，他是因爲力氣大而被劉徹給喜歡上的：年輕的時候他曾是羽林禁衛官，就是專門在皇上身邊舉旗子，倒馬桶的。一次，劉徹前往甘泉宮，忽然之間刮起了大風，在皇上後面舉太陽傘的那個人因爲力氣小，身體瘦弱，伴隨著「啊～～」的慘叫跟傘一起順風飄走了。上官桀拿出備用傘，高高舉著，因爲他力氣夠大，在大風之中始終能夠舉好大傘跟著劉徹替他擋住太陽，這一下劉徹就記住了他。

後來他被任命爲未央宮養馬棚主任，替皇家飼養馬匹。有一次劉徹患病數天，痊癒之後到馬棚視察，發現馬們瘦得跟蘆柴棒似地，而且個個一見到劉徹就流出了委屈的淚水。劉徹大怒。

劉徹：「你是不是以爲我這次搶救不過來了，再也見不到馬了？」

上官桀：「不是。」

劉徹：「那怎麼把我的汗血寶馬養成了汗血毛驢？左右，給我拿下扔進監獄……」

上官桀任憑左右粗暴的在他身上捆繩子，並不爭辯，只是默默流著眼淚。

劉徹：「你幹嘛默默流淚像是受了多大委屈似地？難道我冤枉你了？」

上官桀淚流滿面的說：「我聽說皇上病了之後，沒日沒夜的擔心皇上身體，根本就沒有想到馬。皇上只看到馬瘦了，難道沒有注意到我也是皮包骨頭了麼？」

劉徹被感動得一塌糊塗，從此之後將上官桀當作自己的親信。

任命完畢的第二天，也就是西元前八七年的情人節，漢武帝劉徹去世，享年七十一歲。第二天，八歲的太子劉弗陵即位，是爲昭帝。霍光掌握漢朝政府的最高權力，大政方針，都由他

來制定。

上官桀經過長時間的巴結，得到了昭帝姐姐蓋長公主的寵幸，並同蓋長公主結成了死黨。他的目的是要奪去漢朝的最高權力。他想把自己六歲的孫女嫁給漢昭帝做皇后。霍光非常反對，上官桀同他爭辯。

上官桀：「爲什麼不讓我的孫女嫁給皇上？」

霍光：「這個年齡結婚恐怕有點早婚嫌疑吧，而且當皇后不但要漂亮，還要母儀天下……」

上官桀：「我孫女長得非常可愛，而且能將《詩經》、《論語》倒背如流，這是人所共知的事情。」

霍光：「沒聽過女大十八變麼你？有很多女子就是小的時候非常可愛，長大後變豬頭的。」

上官桀：「……竟然說我孫女是豬頭，我跟你拚了。」

上官桀雖然天生神力，怎奈雙拳難敵十二手，在霍光手下的抵擋之下，他一點便宜也沒有占到。不久時候上官桀和他兒子上官安爲了討好蓋長公主，想將蓋長公主身邊的一個人封爲侯，霍光也不同意。從此之後，上官桀一家以及蓋長公主都將霍光徹底的當作了眼中釘，肉中刺。後來，在蓋長公主的幫助下，上官桀的孫女成功地嫁給了昭帝，當上了皇后。上官桀決計進一步通過公主和孫女來取代霍光和昭帝的地位。

燕王劉旦不但沒能當上皇帝，還因爲窩藏外星人被割去了好幾個縣的封地，一直都心懷不滿，時刻準備起事。

另一個輔政大臣桑弘羊認爲，在漢武帝劉徹時期，他曾制定過鹽鐵的專營政策，正是這個政策讓國家強大起來的。他應該掌握漢朝的最高權力，而不是霍光，於是他跟燕王劉旦勾結了起來，準備推翻昭帝。

這樣一來，圖謀不軌的勢力就有兩股了，一股以蓋長公主爲首，另一股以燕王劉旦爲首。他們知道以現在各自的勢力還沒有辦法推翻漢昭帝，雙方於是暫時的聯合了起來。西元前八〇年，燕王劉旦加緊了政變的準備工作。他前後派了十多人，扛著金銀珠寶聯絡蓋長公主、上官桀、桑弘羊等人，爭取他們支持由他來做皇帝。上官桀等人在京城中密切注意霍光的一切行動，準備尋找機會彈劾他。

漢昭帝十四歲那年的雨季，霍光檢閱羽林軍，將一名軍官調到了他的大將府中任職。不久之後，漢昭帝就收到了一封燕王劉旦發來的書信，信是這麼說的：霍光正在檢閱中央直屬部隊，國都附近的道路都被他戒了嚴。他還把在匈奴那邊當了十九年俘虜的蘇武召回了國都，任

命為大官，很明顯他的目的是想借取匈奴的兵力。他還把羽林軍中的人調到自己府中任職。所有的這一切都是為了推翻昭帝政權，他自己當皇帝。信的最後還說，燕王劉旦願意帶兵進入京城，保護劉家江山。

這封書信是上官桀趁霍光出差的時候，送到昭帝手上的，本以為昭帝會在上朝的時候將這封信拿出來給他念，然後由桑弘羊組織群臣一起脅迫霍光下臺，卻不想昭帝拿到信後只看了一遍，就將之順手扔進了馬桶。第二天早朝的時候，霍光已經知道了上官桀送了這樣一封書信給昭帝，便沒有去上朝。

漢昭帝：「霍光呢？誰見霍光了？」

大臣甲：「會不會是霍光家的雞今天偷懶沒有叫他起床呢？」

漢昭帝：「不可能。霍光一向準時起床，準時上班，他家的雞每天都是被他叫醒鳴叫的。」

上官桀：「一定是他知道燕王告發了他的罪狀，心虛不敢來上朝了。說不定現在已經逃跑了。」

漢昭帝命人去傳霍光晉見，霍光一進門就將帽子脫下來，跪在地上向漢昭帝請罪。

漢昭帝：「你站起來戴好帽子先，我知道那封信上說的都是假的，是有人想搶你的位子而誹謗你的。」

霍光：「咿，陛下怎麼知道的呢？」

漢昭帝：「很簡單，大將軍你檢閱羽林軍是在長安附近，調用校尉也是最近的事情，到現在還不到十天時間。燕王在遙遠的北方，怎麼可能知道這些事情呢？即便有人千里傳音給他知道了，他立刻寫信送來也來不及啊，要知道我們現在最快的交通工具只是馬而已。況且，你如果真的想篡位，隨時都可以，根本用不著搞這麼多的前戲，很顯然是有人想陷害大將軍你，那封所謂的燕王發來的信是假的。」

聽完漢昭帝慎密的分析，在場的大臣都佩服得五體投地。上官桀的這次陰謀非但沒有達成，反而搞得漢昭帝更加信任霍光了。他們決定直接武裝起義，不搞那麼多花樣了。

他們接下來的計謀是讓蓋長公主請霍光前來吃飯，而且事先通知霍光只做了他一個人的飯，因此只能他一個人前來。在霍光前來赴宴的路上，埋伏幾十個高手，見到霍光前來就衝上去亂砍，砍死霍光之後再廢去昭帝。在這危急時刻，蓋長公主手下的一個小官跑到大臣楊敞的府上，將整個陰謀告訴了他。楊敞又將整個陰謀轉告了昭帝身邊的大臣，於是漢昭帝和霍光完全掌握了上官桀等人謀朝篡位的陰謀。他們先發制人，立即逮捕了上官桀、桑弘羊等人，誅滅了他們的家族。蓋長公主和燕王劉旦知道罪不可恕，於是自殺。

漢昭帝二十一歲的時候就得病死了，可憐他還沒來得及生個兒子。擺在霍光等人面前的問題是由誰來即位呢？現在僅剩的漢武帝的兒子只有一個廣陵王劉胥了，不過前面已經說了，這個人行爲非常不檢點，漢武帝非常不喜歡他。於是霍光他們選擇了漢武帝的孫子昌邑王劉賀繼承帝位。卻不料所選非人，劉賀本就是個紈袴子弟，生性荒淫無道。在來京城登基的路上，他派手下一路強取豪奪，無論民女還是大米，一律搶走。做了皇帝之後他更加放肆了，短短二十七天之內，做的錯事不計其數。不按時上班；在後宮開賭場妓院賺錢；打劫王公大臣……這些都算輕的了，最要命的還是他喜歡跟他的親信在夜裡假裝成鬼出來嚇人，好多人活活被他嚇成了神經病。到了第二十七天的時候，霍光終於忍受不了了，召集了所有的大臣在未央宮商議準備廢除劉賀。

大臣甲：「不可，不可，皇上怎麼能夠說廢除就廢除呢？」

大臣乙：「老甲言之有理，即便他做再多的錯事，始終是我們的皇上。我們應該拿出全部的真心來關懷他愛護他，而不應該廢除他。」

很多大臣對他們兩個的話紛紛表示贊同。

就在這時站出一個高大威猛的大臣——杜延年。他訓斥霍光道：「武帝將漢家的天下交給你，是因爲你忠於漢室，行事果斷。現在如果繼續讓劉賀當皇帝，漢家的基業必定毀於一旦，你死後怎麼有臉去見武帝？」

他拔出腰間的劍說：「如果有誰再反對廢除劉賀，就砍了誰。」

大臣甲：「沒錯，我支持你。忍無可忍，無須再忍，應該廢除他。」

大臣乙：「老甲說得十分有理，像這樣荒淫無道的昏君，多當一天皇帝，天下就多遭一天的罪。我恨不得現在就去砍了他！」

群臣：「……」

霍光聯合杜延年、楊敞等朝中正直大臣，寫了一封奏摺給當時主持朝政的十五歲的上官太后，將劉賀叫到了未央宮當面對他宣讀了這封奏摺。宣佈廢除劉賀，他所有的親信全部逮捕，劉賀被送回了他的封地昌邑。而後他們將生活在民間的漢武帝的曾孫，十八歲的劉詢找了出來，接到京城，立爲皇帝，這便是漢宣帝。漢宣帝即位之後霍光繼續輔政，直到病死。

或許是霍光平常工作太忙，疏於對家人的教導。他的老婆、兒子等大都因爲霍光位極人臣而飛揚跋扈，不知奉公守法。漢宣帝在民間生活的時候，曾經娶了同他青梅竹馬的許平君爲妻，他當了皇帝之後，大臣們都建議他立霍光的女兒霍成君爲皇后，宣帝不同意。霍光的老婆爲了讓她女兒當上皇后，竟然買通御醫在宣帝即位三年之後，毒死了懷孕中的許皇后。霍光去世之後，霍家人更是變本加厲，依仗著霍光的勢力把誰都不放在眼裡。後來甚至密謀發動政變，終於在西元前六五年被滅族。

韓冬 Say

・好的品格、秉性跟強的業務素質同樣重要，甚至更加重要。在學好本領，增強解決問題的能力的同時，不妨多多注重自己品格和秉性的養成和改善，不管在什麼樣的社會都一樣。不要被一些頹廢過激的言論影響，還是做一個有良知的好人吧。如果劉旦和劉胥在文武雙全的同時秉性好一點的話，也就做皇帝了。

・既然經過長時間的考察覺得一個人可以託付，就應該相信他。謠言其實很容易就被擊破的，只需要動動腦筋想想，或者動動眼睛看看。如果不是漢武帝、漢昭帝的英明，霍光輔政大事估計早就流產了，而漢朝也不會江山穩固那麼多年。

・娶妻還是要求賢淑。美女裡頭也有豬頭的。

好粗的水桶腰

王昭君，中國古代四大美女之一。出生於湖北秭歸一個普通農家裡面，自小就長得清純可愛爲周圍的男子所仰慕，女子所嫉妒。待到二八芳齡的時候更是光彩照人，美豔不可方物，成爲附近男子的夢中情人。然而她又絕對不是除了漂亮之外什麼都沒有的花瓶，從小母親就教她針線刺繡，父親教她讀書寫字，使得她成爲一個智慧與美貌並重的奇女子。

漢元帝發現後宮佳麗不太夠用了，於是在西元前三八年在全中國範圍內徵召美女充實後宮。昭君很容易的就被選入後宮了。所有美女入宮體檢完之後，漢元帝開始一個一個的檢查。

太監：「一號，何婕晉見……」

漢元帝：「你都有什麼愛好啊？」

何婕：「唱歌跳舞。」

漢元帝：「好，給朕跳個舞看看。」

何婕於是在漢元帝面前跳起了辣舞，眼神、嘴唇極盡挑逗之能事。漢元帝看得眼睛都直了，直到何婕舞都跳完了，漢元帝依舊直勾勾的看著她。

許久之後，漢元帝才緩緩的感歎道：「……好粗的水桶腰哇！劉公公，帶她去呼啦圈廠做品質檢測員吧。」

後宮佳麗太多，不是每個人每天都有事幹，爲了避免她們閒得發瘋，宮裡會給她們每人配備跳繩、呼啦圈、玩具手槍等物品，因爲需求量極大，是以後宮開辦了這些物品的生產廠。

太監：「二號，芙蓉晉見……」

漢元帝：「你覺得你自己有什麼優點啊？」

芙蓉：「我覺得我最大的優點就是自信，還有，我的頭髮很好，你看這麻花辮子，多像麻花啊！」

漢元帝：「盲目的自信是不可取的，另外，我非常討厭吃麻花。劉公公，帶她去建築工程隊吧！」

太監：「建築工程隊？她是個女子，恐怕工地的那些工作她都做不了。」

漢元帝：「我沒有讓她去當女民工啊，讓她去檢測建築物的抗震能力。」

太監：「她也不具備這方面的專業知識啊，皇上。」

漢元帝：「如果她在建築物裡頭跳上三跳，建築物還沒有倒下的話，就說明這個建築物的抗震能力過關了。」

……

太監：「二〇一號，宇純晉見……」

漢元帝：「你覺得你最大的缺點是什麼？」

宇純：「我覺得我最大的缺點是胸部有點小，當然，這也是我唯一的缺點。」

漢元帝：「你說謊，你的胸部哪裡小了？……明明是根本你就沒有胸部嘛！」

宇純：「……」

漢元帝：「劉公公，帶去洗衣房讓她去洗衣服吧，正好連搓衣板都省了。」

一個早晨看這麼多美女，漢元帝實在累得不行了，更要命的還是眼睛已經花了。到最後看所有人都是四隻眼睛兩張嘴了。還有兩千多名佳麗沒有面試，漢元帝命後宮畫師毛延壽給她們每人畫一張肖像交給他看。佳麗們爲了讓毛延壽把她們畫漂亮一點，紛紛送錢送物行賄毛延壽。王昭君因爲家境貧寒，在京城又沒什麼親戚，是以沒有給毛延壽送禮，對此毛延壽非常不滿。給王昭君畫像的時候，他睜一隻眼閉一隻眼。

王昭君：「毛畫師，你爲什麼睜一隻眼閉一隻眼呢？」

毛延壽：「呃……我是爲了瞄準啊……」

王昭君：「我靜靜的坐在這裡，又沒有像星星一樣閃來閃去，怎麼還需要瞄準麼？」

毛延壽：「那麻煩你用一根金條，將我的另一隻眼睛撬開吧。」

王昭君：「……請問，用牙籤代替金條行不行？」

毛延壽：「我的那隻眼睛有個毛病，就是只有用金條撬才能撬得開。」

昭君心下明白了毛延壽是在向她索要財物，便不再言語。心中想，自己這般的美貌不用行賄也一定能夠得到皇上寵幸的。

毛延壽將漂亮的王昭君整個兒畫成了麗春院的老鴇，末了還將毛筆蘸飽了墨水，在王昭君右面臉上大大的點了一個黑痣，並在黑痣上面畫了幾根毛毛逆風飛舞。

晚上，漢元帝點了些眼藥水之後躺在床上，開始一副一副的看佳麗們的肖像。看到王昭君的畫像的時候，大喊一聲：「鬼啊……」，險些從床上跌落下來。

劉公公：「怎麼了皇上，鬼在哪裡……」

劉公公擺出佛山無影腳的姿勢警惕的環顧著漢元帝所在的房間。

漢元帝：「以你老態龍鍾的身體能打得過鬼麼？」

劉公公：「至少，可以嚇唬之一下嘛！皇上剛剛說的鬼在哪裡？」

漢元帝：「在畫上……」

劉公公拿起畫來觀看：「王昭君……果然有夠難看的。」

漢元帝：「將她編入後宮捉鬼小分隊吧，估計鬼見了他都只有嚇得逃跑的份了。」

可憐的王昭君於是有了一份新的工作——捉鬼，漢元帝還給她封了一個「女鍾馗」的稱號。據說因爲這裡是真龍天子所在，宮中出現鬼的情況非常少，所以王昭君的工作非常清閒。她將大把大把的業餘時間用來讀書寫字，唱歌跳舞。然而對於一個如此美麗的花樣少女來說，獨守空房，深鎖宮中實在是一件非常淒涼的事情，王昭君經常皺著眉頭靜坐著卷珠簾玩。

漢宣帝時期，匈奴遭到了臨近國家的多次攻擊，勢力大大削弱，人民死亡十分之三四，畜產被破壞十分之四五。後來他們內部又發生了分裂，五個單于爲了奪位，互相之間掐架不休。其中有一個單于名叫呼韓邪，被他哥哥致支給打敗了，手下的人馬傷亡大半。和大臣們商量之後，呼韓邪決心與漢朝修好，於是給漢宣帝發了一封信，說自己要帶著使團前來漢朝進行國事訪問。對於第一個來中原朝見的匈奴單于，漢宣帝非常重視，他親自到長安城外迎接了呼韓邪使團，爲他舉行了盛大的宴會，還派了小學生給呼韓邪獻花，帶紅領巾。呼韓邪在長安住了一個月之後，漢宣帝派了兩個將軍帶領一萬多騎兵護送他回到了漢南，之後得知匈奴人缺糧，漢朝還送去了幾萬斛的糧食給他們。

漢元帝繼位之後，殺了非常囂張的致支單于，呼韓邪單于的地位穩定了，爲了感謝漢朝的大恩大德，西元前三三年，他又一次造訪長安，這次他是來提親的。

漢元帝：「你看上哪家姑娘了？」

呼韓邪：「我是想做皇上你的女婿，不知道你有幾個閨女……」

漢元帝：「原來是想泡我的女兒，也好，漢朝和匈奴能結爲百年之好，對雙方人民來說都是福氣。不過之前我都沒有準備，具體的我有多少個女兒我也不太清楚，這要等待有關部門的統計資料。」

呼韓邪：「……你們漢朝女子的地位真是低啊?!」

韓冬：「胡說！」

呼韓邪：「誰在說話？」

漢元帝：「好像是作者……」

韓冬：「我們男子明明都是被女子管教著的，嗚……」

漢元帝：「好了單于，我們不要理他，這個人因爲被老婆管得太嚴，患有嚴重的精神分裂症。不如我們邊看宮女的舞蹈表演，邊等待有關部門的統計資料吧！」

宮女們跑出來跳舞，沒見過漢朝美女的呼韓邪，被這些宮女的美貌迷得葷七八素的，尤其其中的王昭君，更是讓呼韓邪意亂情迷。

呼韓邪：「我現在就要挑選一個女子結婚。」

漢元帝：「啊，這麼猴急?這些只是宮女，回頭我們好好挑一個公主吧，單于。」

呼韓邪：「不要，不要嘛!我就要在這些宮女裡面挑。」

漢元帝琢磨著這人看來真的沒見過美女，幾個宮女就把他迷成這樣了。既然如此就讓他在這裡面挑選吧，正好免去了挑選還要說服公主的麻煩。

漢元帝：「好吧，請單于你隨便挑選一個吧！」

呼韓邪舉起手指向王昭君的方向。漢元帝第一眼看到王昭君也被迷住了，她光彩奪目，明豔照人，所有的宮女在她身邊都顯得那麼庸俗不堪。

漢元帝：「也不知道她願不願意，你也知道我們漢朝是非常尊重女子的意見的。你一定不願意去荒涼的西北部吧，你說是不是？」

王昭君早已經受夠了冷清的後宮生活，站出來說：「我願意！」

呼韓邪聽後大喜。漢元帝著實捨不得將這樣一位美人白白送給匈奴人。

漢元帝：「年輕人做決定總是很容易衝動，不如給你多點時間考慮先？」

王昭君：「不用考慮了，我願意嫁到匈奴汗國去。」

漢元帝：「真的不用這麼著急做決定，你坐下來喝杯茶吃個包子好好想想吧，單于也不是特別著急的讓你做決定。」

呼韓邪：「不是啊，我很著急的！」

漢元帝見事情已經無法挽回，只得答應將王昭君嫁于呼韓邪，呼韓邪見漢元帝竟然將最漂亮的女子送給了他，不禁感激涕零無以言表。

漢元帝回宮之後大發雷霆，讓劉公公將王昭君的畫像找出來給他回顧。

劉公公：「不要吧皇上，看了會吐的。」

漢元帝：「吐，我也要看！」

劉公公只得找出王昭君的畫像獻上，漢元帝看後果然吐了。他立刻召來了畫師毛延壽。

漢元帝拿著王昭君的畫像怒道：「你這畫的是誰？」

毛延壽：「王昭君啊皇上。」

漢元帝：「王你老母的昭君。你是不是用你的香港腳畫的？」

劉公公：「皇上，你說髒話了。」

漢元帝：「說髒話？我今天不但要說髒話，還要打人呢！」

漢元帝當即拎起身邊的一個折凳朝毛延壽的頭上拍將下去，左拍拍，右拍拍，前拍拍，後拍拍，直拍到毛延壽奄奄一息，他自己氣喘吁吁。毛延壽終於交代了為什麼把王昭君畫得這麼醜的緣由，漢元帝一怒之下砍了毛延壽的頭。

然而，王昭君是不可能要回來了。

他們終於要出發了，這一日王昭君身著戎裝，更見英姿颯爽之氣，在未央宮前向漢元帝拜別後，抱著琵琶上馬離去。匈奴人和朝廷派出的護衛隊浩浩蕩蕩經過長安大街，街上圍滿了爭睹昭君風采的人民群眾。見如此美貌的一個漢家女子要遠嫁荒涼的大漠戈壁，無不暗藏唏噓。

到了匈奴王庭之後，呼韓邪單于封王昭君為甯胡閼氏，意為安寧胡地的皇后。王昭君積極參與匈奴汗國的政治活動，對於匈奴和漢朝保持睦鄰友好關係產生了巨大的作用。而他的兄弟也因爲他的關係被封官晉爵，數次奉命出使匈奴汗國。

韓冬．Say

．不要太過計較家裡到底誰管誰，只要你老婆不是蛇蠍美人，而你們又是自由戀愛結婚的話，給她管管家管管你又有何不可呢，而且還可以樂得清閒。呼韓邪和韓冬的對話說明了一個道理，在家中給老婆更高的位置，更多的發展空間，可以讓家園建設得更加美好。

．是金子總會發光的，不要因為眼前暫時沒被人重用就自暴自棄，甚至自尋短見。這個時候是學習本領，積澱自己的最佳時機。王昭君如果在冷落後宮的時候投井自殺的話，就不可能帶來匈奴和漢朝很多年的修好，也不可能入選四大美女了。

．生男生女都一樣，培育出一個智慧與美貌並重的女兒是非常光榮的事情。

不是我不想學好，是現實逼良爲娼

自漢元帝之後的西漢皇帝，無一例外的都是荒淫無道的主。他們的人生觀、世界觀極端墮落，每日只知道飲酒泡妞作樂，根本不理朝政和大漢江山。在這種情況之下，朝廷大權很容易的就落到別姓手中了。漢元帝的皇后王政君的兄弟王鳳、王商、王根、王音先後都擔任過執掌漢朝最高軍權的高官，其他一些比較重要的部門也都被王家人把持著。最終王家人出了一個名叫王莽的人，竊取了帝位建立了新朝。

王莽，字巨君，出生於西元前四五年。元帝的皇后王政君是他姑姑。王莽從小就飽讀詩書，勤儉節約，彬彬有禮，人見人誇。無奈他父親死得太早，王莽沒有能夠得到封地。

在他年輕的時候，有一天他坐在窗前讀書，忽然聽到外面一陣敲鑼打鼓，原來是他以前的好友李丁要新官上任了。李丁曾跟他一起念過書，十分厭惡讀書，可是又很想做官。王莽曾對他說：「不好好念書怎麼能當官呢？」

李丁說：「靠念書去當官太辛苦了，我去想別的辦法了。」

李丁跑去做了整容手術，之後開始刻苦鍛煉肌肉，一年之後終於成爲一個美型男。在一個偶然的機會之下他認識了一個大官的女兒，並很容易的被那個女子泡到了手。女子的老爸很有手段，很快就給李丁謀了一個職位，今天他便要去上任了。

王莽揉了揉酸澀的眼睛，自言自語道：「不如我也去給大官的妞泡吧！」

低頭卻看到了桌子上的鏡子裡面的自己，又自言自語道：「我看還是死了這條心吧，繼續念書吧！」

就在他剛剛將心收回到書本上的時候，又是一陣敲鑼打鼓。這次經過的也是他曾經的同窗王二。王二的在學校的時候學習是出了名的差，每當王莽提醒他應該好好學習，那樣才能當官的時候，王二都會說：「不用怕，我有個好乾爹……」

王莽：「看來他真的有個好乾爹，這麼快就要去上任了……我呢？……我不是有幾個好叔叔麼？」

王莽想到這裡，立刻扔了書本前去討好他的叔伯們。

「不是我不想學好，是現實逼良爲娼。」

有一次王莽的伯父王鳳得了大病，王莽主動跑到他伯父家中，在病床前面日夜伺候。每次

給他伯父吃藥，王莽都會親自先嘗一嘗溫度合適不，裡面有沒有毒，味道好不好吃……如果碰到有毒的或者味道不好的，王莽都會替他伯父將藥吃掉。就這樣，他沒日沒夜的守在王鳳的床前，沒時間洗臉沒時間梳頭，也沒時間吃飯，比王鳳的兒子還兒子。因為王莽長得本來就不太好看，這樣折騰了半個月，看上去與野人並無兩樣。

王鳳因為長時間的修養，病情已經好轉，半夜從昏迷之中醒來，看到床前坐著這樣一個人，大喊一聲：「鬼哇！」就又暈了過去。

天一亮，王莽繼續照顧王鳳。半夜王鳳又暈暈糊糊的醒來，又被王莽的樣子嚇暈過去……就這樣反覆的醒來─嚇暈─醒來─再嚇暈，王鳳的病始終沒能好起來。王莽一照顧就是好幾個月。王鳳快要死了，迴光返照的那天他精神特別好，得知這麼多天來都是王莽在他的病床前伺候，大為感動，於是在他臨死前將王莽託付給了太后和皇上。

王莽在西元前十六年終於被封了官，不久之後被提拔成為掌管武士的軍官。他深明處世之道，行事非常小心，甚至將自己的車馬棉襖等都分發下去給自己的家境貧寒的手下，以至於他冬天只能靠抖來取暖。同時他還特別注意結交天下有名人士，將所有的俸祿拿出來請客吃飯，就這樣錢都還不夠用，欠了獅子樓和麗春院很多錢。

正所謂吃人家嘴軟，拿人家手短。那些有名人士們吃飽喝好之後，就開始通過寫文章、遊說、廁所文學等方式誇獎王莽。一時間王莽的美名傳遍神州大地，所有的人都知道了王家出了個有道德、有文化、有禮貌、有內涵的四有新人。

獅子樓和麗春院都已經不給王莽賒帳了，並且遠遠的一看到王莽前來就立刻關門掛出「內部裝修，停止營業」的牌子。王莽只得在家中請客吃飯了。有一次，他請來了很多知名人士到家中來吃飯，正在大家談笑風生的時候，他的家人忽然跑進來對王莽大喊道：「你奶奶感冒了，得要吃藥。」

王莽：「啊……奶奶，我敬愛的奶奶，你爲這個家操心了一輩子，沒想到今天卻被感冒困擾，我這個當孫子的實在是罪該萬死啊……」

在場的人無不被王莽的孝心感動，紛紛前來安慰他。忽然從角落裡面傳出一個聲音：「莽兄，你奶奶不是幾年前就掛了麼？我還來參加了葬禮呢！」

王莽對那家人說：「是啊，我奶奶幾年前就去世了的啊……」

家人：「啊，這樣啊，我忘了是你奶奶還是你媽了，反正有一個感冒了。」

王莽當即離席去後院伺候他母親吃藥，哪個家人也跟了出去。

後院之中。

王莽：「靠，你個豬頭。連奶奶和媽媽都分不清啊你！」

家人：「我是想喊『你媽媽病了』來著，可是進去一看那多人盯著我，禁不住有點緊張。保證下次不會喊錯了。」

王莽：「沒有下次了，快給我走吧！」

家人：「錢呢？你答應我進去喊一聲給我五兩銀子的。」

王莽：「先欠著。」

家人：「……」

整個吃飯時間，王莽前前後後往後院跑了十幾趟，說是去伺候母親吃藥，實際上他都是去掏掏鳥窩啊，在後院欣賞風景啊什麼的。不明真相的賓客們都被王莽的孝順狠狠的感動了。

王莽也是個發育很正常的青壯年男子，也難免會起色心。有一次出去看到街上有人在賣一個漂亮的女兒，於是他將那女子買回家來當奴婢兼二奶。卻不想這件事情被他堂兄弟們知道了，他怕傳出去損害到他的名聲，於是想辦法將這件事情轉嫁到他人身上。

他逢人便說：「我看將軍朱子元沒有兒子續香火，我看這個女子很能生養的樣子，我就給他買來了。」

當天晚上就將這個女子送到了朱子元府上。

朱子元：「莽兄，你身邊的這個大屁股女人是誰？怎麼這麼面生？」

王莽：「你的小妾啊……我今天來就是專門送她來給你的。」

朱子元：「啊……送給我？」

王莽：「我聽說你沒有兒子續香火，又聽說屁股大的女人能生兒子，於是就買來送你了，開不開心啊？」

朱子元：「……好開心耶！」

王莽就此將自己的醜事輕輕地遮掩過去，而且還得到了一個為人著想，為民造子的好名聲。

不久的後來，王莽就出任了大司馬——執掌軍務重權的高官。漢哀帝死後，九歲的漢平帝繼位。只知道玩尿泥的漢平帝什麼都不懂，完全處於王莽的擺佈之下。有人為了討好王莽，對皇太后王政君說王莽是漢朝的大功臣，應該封他為安漢公。王莽竭力假意推脫，皇太后和大臣們一再勸說，最後他才只接受了封號而將封地退了回去。經過一系列的類似表演之後，王莽終於取得了大臣和人民群眾的絕對信任。已經到了該下黑手的時候了。

西元六年農曆十二月八日，是民間節日「臘八」。王莽獻了一杯毒酒給漢平帝，漢平帝絲毫沒有懷疑的將毒酒喝了下去。說起來這是一種很不錯的毒藥，它不會當時就發作，可以根據

客戶的需要配置發作時間，比如這次就是在第二天才毒發的，而且毒發之後不會立刻就七竅流血而死，一般來說服毒者都會呈現出病重的表像，除非華佗在世，否則沒辦法檢查出是他中了毒。實在是殺人行兇之必備良藥。

漢平帝死的時候只有十四歲，尚未發育到能生孩子的境界。王莽從劉家宗室裡面隨便找了一個兩歲的孩子當皇帝，王莽全權管理朝政，成爲名副其實的皇帝。即便如此，他依舊不能滿足，西元八年，他開始策劃搞掉這個傀儡，自己來當皇帝。要讓江山改姓，必須要有玉皇大帝的命令——耶穌說了話都不算。在王莽及其黨羽的策劃之下一系列的奇事發生了：

某地挖井的時候挖出一名女子，那女子臉色慘白，七竅流血，披頭散髮，樣子十分可怖，就在大家嚇得想要扭頭逃跑的時候，那女子忽然開口說話了：「你們不要害怕，我只是來給你們送書的。」

那女子說完話後，將懷中捧著的一本書放在地上，隨即回頭跳進了井中。有膽子比較大的人跑去趴在井口大喊：「請問你叫什麼名字啊？」

井的深處傳來那女子的聲音：「我～叫～貞～子～」

那女子送來的那本書名叫「王莽是真命天子」。

住在漢高祖廟裡看廟的人忽然死去。經有關部門仔細偵察，看廟人是被一個天上掉下來的銅匣子砸死的。眾人打開這個銅匣子一看，裡面寫著一行金光閃閃的字「漢高祖讓位給王莽」。

有一個名叫謝囂的官員，報告王莽說在陝西武功縣修房子挖地基的時候挖出了一塊白色石頭。石頭形狀上圓下方，上面密密麻麻刻著很多文字，文字的大意是應該讓王莽當皇帝。

在王莽及其黨羽的壓力之下，現任皇帝只好將位子讓給了王莽。王莽改國號為新，這年是西元八年。王莽做了皇帝之後開始進行變法。主要內容有：全國的土地收歸國家所有；奴婢成為私屬物品；不管幹什麼事情都要依據周朝的禮法進行；評定物價，改革貨幣……所有的這些變法於貴族、豪強有益的他們就實施，對他們無益的他們堅決不實施王莽也沒辦法。於是這場轟轟烈烈的變法就成了對人民的巧取豪奪，人民無法忍受長時間反覆的蹂躪，終於起來反抗了，於是爆發了以綠林赤眉為主的農民大起義。

韓冬・Say

・不可埋怨你的父母親戚們都沒權沒勢，不能在事業上助你一臂之力。事實上他們養大你，供你上學出來已經很不容易了，接下來的事情就要靠你自己奮鬥了，奮鬥的過程是一個會讓你非常享受的過程。當然了，如果能娶個背景有權有勢的老婆也是不錯的，不過，一定要建立在愛情的基礎之上。

・我們提倡表裡如一，言行一致。可是在危機時刻，比如說你必須要在某個時間之前建立起威信，讓人人都對你有好的印象，卻也不妨做一下戲，突擊一下，一如王莽一樣。不過好的印象還是要靠長久的積累。我這裡說的是特殊情況之下。

・王莽新政的結果說明，改革必須建立在詳細考察仔細論證的基礎之上一步一步的來，因循守舊有時並非是壞事。對國家、對自己來說都是如此。

・小恩小惠請吃請喝背後，必有陰謀或所求。

我想回家

王莽當上皇帝之後進行了大肆的改革，非但沒能國富民強，反而使得民不聊生。人民不願在沈默中滅亡，紛紛起而反抗。在所有的起義隊伍中，又以赤眉軍和綠林軍兩支隊伍勢力最大，而且他們有統一的服裝和口號，於是成了農民起義的代表部隊。當皇帝沒多久的王莽不得不將精力從禍害後宮佳麗轉到剿滅起義軍上來。

西元二三年初，綠林軍趁王莽的主力軍往東去攻打赤眉軍，中原比較虛弱之際，揮師北上，一路打敗了不少王莽軍隊，佔領了很多城鎮，勢力也發展到了十多萬人。有個名分就成了迫在眉睫的事情，在這種情況下，他們從不知道什麼地方找來了漢室的後裔劉玄，並推舉他為皇帝，恢復漢制，年號為更始。

劉玄當了皇帝之後隨即命更始軍（**也就是以前的綠林軍，既然有了政府當然不能繼續稱自己強盜了**）的主力北上圍攻自古以來就是戰略要地的宛城。另派王鳳、王常、劉秀等人率領

一沱軍隊進攻昆陽，順便牽制王莽軍去搭救宛城。而所有這一切都是爲了接下來進攻洛陽做準備的。王莽聽說起義軍竟然建立了政權，隆重推出了劉家的皇帝，更過分的是他們竟然圍攻宛城、進攻昆陽，預備直搗洛陽，頓時亂了手腳。慌忙命令對付赤眉的主力部隊掉轉馬頭來對付更始軍。陽春三月之時，王莽命大將軍王邑和王尋奔赴洛陽，在那裡召集了四十二萬人馬，準備用茫茫的人海淹沒更始軍。在新聞發佈會上，王莽對外號稱去對付更始軍的是百萬兵馬，有記者稱他們得到的內部消息是四十二萬人，王莽不但不承認說了謊話，反而毆打那名記者。隨後王莽隆重推出了一名名叫巨毋霸的巨人。

記者：「請問這名『巨毋霸』和『巨無霸』漢堡是否有親戚關係？」

王莽：「基本上他們沒什麼關係，不過他們有一個共同點，那就是都很大。」

巨毋霸出場了，他身高八尺，腰圍也是八尺。兩隻眼睛瞪得像銅鈴，鼻孔比爾康激動的時候還大，嘴巴是茱莉亞・羅伯茨的兩倍還不止，身上長著厚厚的繭，胸口寫著四個大字「刀槍不入」。一出場他就擺出各種各樣的姿勢來展現自己雄偉的身體，記者們紛紛開始給他畫像。一場記者會下來，巨毋霸被累了個半死，究其原因是那個時候沒有相機，要想形象上報只能一動不動的姿勢等著記者在下面畫畫……這個巨毋霸除了身體巨大之外，還有馴養諸如老虎、獵豹、犀牛等猛獸的本領。王莽將他也編入了「百萬人馬」之中。

王莽的部隊殺氣騰騰的向已經被更始軍佔領的昆陽城漂移過來。昆陽城的更始軍將領們見敵人黑壓壓這麼一大片，中間還有那麼大條的一個人，更有許多猛獸混雜人群之中，頓時有些腿軟。

將領甲：「我想回家……」

將領乙：「韓冬所寫的《爆笑版孫子兵法》裡面曾說過，如果敵人兵力超過我方十倍的話，我方就應該避開和敵人的正面對峙，而應該撤退，這不是逃跑，而是爲了保存實力，是一種高尙的行爲。」

劉秀：「不行，如果現在我們放棄昆陽撤回根據地的話，士氣就會像撒了氣的氣球一樣癟下來。我們應該堅守昆陽，找個機會幹掉敵人。」

將領甲：「我想回家……」

王鳳：「幹？」

劉秀：「不要說髒話嘛，王將軍。」

將領甲：「我想回家……」

王鳳：「我剛剛那個『幹』字後面是問號，並不是感歎號。我是在想你說要幹掉敵人，怎麼才能幹掉呢？以我們目前的兵力根本是沒有可能的。」

劉秀：「我去附近的城市裡面搬搬救兵，你們在這裡撐一陣子先。」

王鳳：「照目前的情況來看，這個應該是最好也是唯一的辦法了。」

王常衝上去滿含著眼淚握著劉秀的手說：「你一定要早去早回啊！」

劉秀見平日裡人品不怎麼樣的王常這麼關心自己，不禁也有些感動，他緊握著王常的手說：「謝謝你，我一定爭取活著回來。」

王常：「我是說早點搬救兵來啊，如果搬不來救兵的話，你就死了算了。」

劉秀：「……」

將領甲：「我要回家……」

眾將領一句話也沒有說，一起衝上去將將領甲狂毆了一頓之後，便分頭去幹活了。

夜幕終於降臨了，劉秀挑選了十二個勇士和十三匹快馬，準備突圍去搬救兵。王莽部隊有巨毋霸值班，大家都很放心，有的在睡覺有的在打牌。

說起來這個巨毋霸的確是個站崗的最佳人選，首先他個子高，這樣就可以看得很遠；其次他的眼睛很大而且內置探照燈，這樣就使得他的視場很大而且晚上也能像白天一樣看得清楚；除此之外他的嗓門也很大，發現敵情之後，他的叫聲足以叫醒所有的人馬。

劉秀十三人一行出城之後悄悄前進，左拐右拐的避開巨毋霸的視線。走到離巨毋霸不遠的地方的時候忽然上馬狂奔。巨毋霸發現他們的時候，他們已經從他身旁疾馳而過了。巨毋霸因為身體過於龐大，轉身特別費勁，等他轉過身來看清楚是敵軍人馬而開始大叫的時候，劉秀他們已經跑遠了。就這樣劉秀他們順利突圍而出。

第二日，王邑和王尋下令部隊圍成一個圓圈，將昆陽城圍的水泄不通。曾經和綠林軍交過手的一個將領嚴尤深知綠林軍的厲害。

嚴尤：「昆陽城圍牆很高，易守難攻。綠林軍又個個都不怕死，恐怕一時難以攻打下來。綠林軍的主力部隊都在宛城那邊，不如我們繞過昆陽直接去攻打宛城的綠林軍吧！」

王邑：「我們這麼多人還怕攻不下小小的一座昆陽？你是不是把我和王尋都當成弱智，把我們的士兵們都當成肉腳？」

嚴尤：「我只是覺得我們不應該在這裡浪費時間。」

王邑：「浪什麼費什麼時間？明天天一亮我們就攻打昆陽城，你搭起火鍋在這裡等我們，可能你火鍋還沒有煮好我們就回來啦！」

嚴尤聽王邑這麼說，便不再言語。第二天王邑帶著人馬氣勢洶洶的去進攻昆陽，城內軍民同仇敵愾打退了王邑一次又一次的進攻。後來王邑又想了很多辦法進攻昆陽城：

一、製造若干輛巨大的樓車，士兵站在樓車之上向城內射箭。昆陽城內的人民想出的辦法是頭頂著鐵鍋出門，敵人射進來的箭就撞的鐵鍋叮叮噹噹亂響，卻不能傷人絲毫——除了一些角度特別刁鑽的箭會插中人的腿肚子之外。王邑軍中的箭都快射光了，昆陽城內依舊是一片祥

和。

二、派人挖地道，挖到城裡面去。昆陽城內的軍民一起出動，沿著城牆在地下埋了一圈的花崗岩。被王邑派去挖地道的人被撞得眼冒金星。

……

就這樣折騰了好久，王邑軍隊被搞得精疲力竭，而昆陽城依舊是固若金湯。就在王邑無計可施的時候，嚴尤又站出來給他提了一個建議。

嚴尤：「我們不應該這樣跟綠林軍耗著，而應該將包圍圈露出一個缺口，讓城裡的人跑出去向正在進攻宛城的部隊通風報信，描述我軍的進攻有多猛烈，戰果有多麼的碩大，這樣敵軍的軍心就會被瓦解了……」

王邑看著堅若磐石的昆陽城說：「你是在笑話我不會打仗是吧?……」

他並沒有聽嚴尤的勸告，反而將嚴尤降職成爲一名普通的士兵。

卻說劉秀那邊，經過一夜的馳騁，終於到了附近更始軍控制的地界。

劉秀：「現在昆陽軍情緊急，希望諸位將軍能帶兵救援。」

將軍甲：「我老婆眼見這兩天就要生了，我請個產假先。」

將軍乙：「以前我是個農民，一家人只有一套衣服穿。拚了命才有了今天的家產，我不能就這樣放棄。」

劉秀心下便已明白了這些將領們不思進取，捨不得現有的財產和剛剛過上的好日子。

劉秀：「如果敵人打過來的話，小甲你的老婆也就不用那麼費勁的生了，他們直接會給她剖腹產的；小乙你也不用再怕回到沒衣服穿的日子了，因爲鬼一般都是裸體的。」

經過劉秀一番苦口婆心的勸說，他們終於答應了帶兵去支援昆陽了。劉秀親自帶著救兵趕到了昆陽。這個時候敵軍已經被折騰得精疲力竭沒有鬥志了。王邑見援兵只有區區一萬人不到，因爲出發的比較匆忙，其中有的只穿了一條褲子沒有穿上衣；有的只拿了盾牌而沒有帶武器；還有的沒有找到自己的馬，騎著毛驢正從遠方奔跑而來……他不禁將觀察援軍的目光變成了蔑視狀態，就隨便派了幾千人出去迎戰，剩下的人觀戰。一旦發現情況不對就一起衝上去砍——不過就目前的狀況看，這種情況不可能發生，王邑做如是想。劉秀在敵人還在衝來的路上就帶著部隊衝殺了上去，因爲敵軍沒有心理準備，陣腳大亂，不到一個時辰就被斬殺了好幾千。騎著毛驢趕來的更始軍主力見初戰凱旋，頓時士氣大振。

此時進攻宛城的更始軍已經佔領宛城三日了，因爲送信的人的馬在半路拋錨了，消息尚未送到昆陽。劉秀明白士氣是戰爭中最爲重要的，經過苦思冥想之後，終於給他想到一個提高士氣的辦法。晚上，副將走進劉秀的營帳，便見他正在裁紙條，還在裁好的紙條上寫著什麼。

副將：「將軍是在做小抄麼？又要考試啦？」

劉秀：「什麼小抄？」

副將：「就是屢試不爽的作弊手法啊，考試前將內容抄在紙條上，放在袖子、上衣口袋、文具盒等隱秘的地方，考試的時候拿出來偷看。」

劉秀：「……我從來不作弊！」

副將：「這世界上沒有一個人從來沒作過弊的。」

劉秀：「你看看紙條上寫的什麼先。」

副將拿起紙條來觀看，上面寫的並非試題答案，而是更始軍已經拿下宛城的好消息。

副將：「我們的部隊已經拿下宛城啦？」

劉秀：「應該已經拿下了吧我估計。」

副將：「應該？那就是你也不知道了？你寫這些東西做什麼，這是假傳軍情啊老大。」

劉秀：「以你的智慧我很難跟你解釋明白。將這些情報一部分綁在箭上射進城裡面，另一部分隨便撒在路上，記得撒得離敵營近一點。」

昆陽城內的守軍看到這些紙條之後倍受鼓舞，士氣飆升。敵軍撿到這些紙條之後，軍心大大的動搖了，很多士兵開始收拾行李準備投靠更始軍或回家種田。而王邑因爲手底下人馬多，更有巨毋霸這樣的猛人，依舊自我感覺良好到無時無刻都不哼著流行歌曲。

劉秀挑選了三千名勇士，悄悄的繞到敵軍的後面，渡過昆水，向敵軍主營發起極其猛烈的攻擊。王邑怕部隊太大指揮不過來，於是下令全體部隊就地待命，沒有他的命令不准擅自行動。他自己和王尋帶著幾萬人上去群毆劉秀的三千勇士。因為士氣的問題，王邑幾萬部隊根本無法抵擋劉秀軍，很快就陷入了被動挨打的局面，陣腳大亂。王邑的大部隊遠遠的看著那邊塵土飛揚，慘叫聲不絕於耳，陷入了兩難境地。

將軍甲：「我們帶些部隊去看看吧，王邑將軍別吃虧了。」

將軍乙：「你剛剛沒聽王邑將軍說麼，任何人不能擅自行動的。」

將軍甲：「不過我剛剛聽到一聲『啊……』的慘叫好像是王尋將軍的聲音。」

將軍乙：「怎麼啊的，我怎麼沒有聽到？」

將軍甲：「就是『啊……』這樣啊的。」

將軍乙：「你當你自己是千里耳，那麼多人『啊』你怎麼知道就是王尋將軍而不是劉秀呢？不要企圖轉移話題，快點出牌。」

幾個將軍於是繼續他們的牌局，事實上剛剛那一聲『啊……』真的就是王尋將軍叫的，此時此刻他已經死於亂軍之中了。

守在城內的王鳳和王常見劉秀部隊占了上風，即刻率領著部隊從城內衝出來，兩面夾擊，

鼓聲震天，喊聲震地。敵軍的大部隊徹底的亂了陣腳，沒等王邑的命令就開始四處逃竄，因爲沒有警察維持秩序，場面及其混亂，被踩死、撞死的人不計其數。

王邑在亂軍之中大喊道：「我還有巨毋霸，我不會敗……」回頭一看，巨毋霸已經邁開大步逃遁而去了，因爲他的身軀過於龐大，沿途撞翻了一路的人和馬。

王邑仰天大叫了一聲「天哪，原來巨人這麼沒義氣！」之後也扭頭狂奔而去。

就在此時，天上也發生了一些事情。風姑娘和雨姑娘這一對情敵今天終於相遇了，爲了她們共同喜歡的男人天蓬元帥，她們在天上鬥起了法。一直喜歡著雨姑娘的雷公前來給雨姑娘助陣——雖然他知道雨姑娘是爲了另一個男人才跟別人鬥法的……

戰場上頓時風雨大作，時不時的還會響起幾聲炸雷。不巧的是，王邑軍隊此時此刻正涉郅水而逃，無數的士兵淹沒在漲潮之中……王邑逃到洛陽清理部隊的時候，發現他帶去的四十二萬人馬只回來了幾千人。

這一戰徹底消滅了王莽賴以維持統治的主力部隊，爲更始軍最終推翻王莽的新朝奠定了基礎。不久之後更始軍攻入長安並做掉了王莽。

韓冬・Say

・如若不是劉秀冒死去搬救兵，昆陽城內的更始軍不是投降便是被餓死了。不管形勢多麼不利，總能想到解決的辦法，無非辦法婉轉一點，曲折一點而已，萬不可亂了陣腳或自暴自棄。

・自信好，但過分自信就不好了。不妨多聽聽別人的意見，根據現實情況決定是否採納，即便採納了別人的意見最終取得勝利，對於你來說也絕不丟人。嚴尤的建議實際上是很可以解決問題的，王邑太過自信了。

・不要用同一句話煩人，會被扁的。

不當官，毋寧死

東漢末年，宦官和外姓的皇親國戚輪番把持朝政，他們任人唯親，貪污腐敗，飛揚跋扈，搞得很多大臣們沒有說話的份，有才華的青年人當不了官。正直的大臣們不忍心眼睜睜的看著

朝綱敗壞，民不聊生，於是紛紛辭了官回家種田去了，家裡沒有田的那部分人則乾脆躲進了深山老林裡面靠打獵為生。他們並不是真的喜歡種田和打獵，而是用這種無聲的行動提醒皇上，希望他能夠睡龍猛醒，可惜皇帝換了一任又一任，這種情況始終沒有改觀，到桓帝的時候；朝中正直的大臣基本上都成了農夫或者獵戶了。

這些大臣們在田野上，在山林間等著有朝一日有人能夠恢復朝綱，然後皇上派人身披金色戰甲，腳踏五彩祥雲來接他們回去繼續當官。

聖旨到的時候，陳大人正在被一隻野豬追著跑。他以前是太子的老師，是全國公認最有文化的人。在跑到森林裡面當獵人之前，他曾多次苦口婆心地勸說桓帝不要沈湎於酒色而將朝政大權交給宦官們。

桓帝卻說：「國家不是被他們治理得很好麼？反正他們對色也沒有興趣，閑著也是閑著。」

陳大人終於一氣之下辭去了官職，想回家去耕田的時候才發現老家的田地都被先他離開朝廷的大臣們耕上了。想起自己年輕的時候箭法不錯，於是決定到森林裡面去靠打獵為生。卻不料因為他讀的書太多，眼睛已經嚴重的近視了；而且他歲數過大，體力也經常不夠用，於是這樣的情況就經常發生……

陳大人：「唔，好累啊，那邊又個石頭，過去坐上去歇一下先吧！」走到石頭跟前才發現，那塊石頭竟然瞪著兩隻眼睛盯著他看。

陳大人：「原來不是石頭，而是一隻老虎……」

陳大人於是邊跑邊回頭射箭，卻沒有一箭能夠射中的。幸虧每次都會有人及時出來相救，陳大人才沒有葬身野獸之腹。

有了這個經歷之後，他只要看到遠處有一團團的東西就用箭射。結果箭不是被他射進草叢裡就是被射到石頭上折斷。獵物賣的錢還不夠他買箭用的。為了不浪費箭，他又想出一個辦法：看到一團團的東西之後先不忙用箭射，先用石頭砸，如果那東西會動的話，就說明是獵物，立馬拿出弓箭來射，如果那東西不動的話就說明是石頭或者草叢。用這個方法，他當真獵到了一些老弱病殘的野獸而沒有浪費箭支。

這一日他又大睜著兩隻朦朧的眼睛在森林裡面尋找獵物。忽然看到不遠處有一團黑乎乎的東西，於是他悄悄的從口袋裡面掏出幾塊石頭向那東西投擲過去，那東西卻是一動也不動。

陳大人：「原來是塊石頭，待我走近去撿幾塊石頭用。」

走到那東西跟前的時候才發現，原來那是一頭皮很厚的正在睡覺的野豬。那野豬正瞪著眼睛看著他，陳大人大叫一聲「野豬啊！」扭頭就跑。被驚醒的野豬在後面追他。正當陳大人跑得精疲力竭的時候，傳聖旨的人來了。

陳大人：「等等，先別追我。看來是接我回去當官的，我回去當官之後會好好報答你的。」

傳聖旨的人：「劉公公就快要過七十大壽了，現在我們接你回去給他寫壽辭，如果寫得好的話不但官復原職，還會有很多獎賞。」

陳大人聽傳聖旨的人說完後，回頭對停在原地的野豬說：「你還是繼續追我吧！」說完之後開始繼續狂奔，他身後的那頭野豬以更加矯健的步伐追隨而去。

除了這些大臣的消極應對之外，有另一部分人在用積極的方法應對著這個局面。他們就是年輕的太學生們。桓帝年間，太學生的數量已經達到了三萬多人，這是一股不可小覷的勢力。他們之所以能夠積極的反對宦官把持朝政，一方面是因爲年輕氣盛，初生牛犢不怕虎；另一方面因爲宦官把持朝政使得他們當官無門。以下發生在太學生黃柏和文冠木之間的對話可以明白無誤地表達他們當時的心情。

黃柏：「你說我們這麼多年的苦讀是爲了什麼？」

文冠木：「當然是爲了當官！不當官難道去寫書啊？」

黃柏：「不當官，毋寧死。反正橫豎都是死，拚一拚或者會有轉機也不一定。」

文冠木：「好，我跟你一起拚了……」

太學生們有的是精力和文筆。他們經常通過演講、遊行、寫大字報、聯名上書等方式反對著宦官們。很多留下來的大臣們爲太學生們的精神所鼓舞，也加入了他們的行列。

有個名叫朱穆的文化人擔任冀州刺史的時候，曾發動過一場轟轟烈烈的懲治貪官污吏的運動。在這一運動的過程中，他抓了宦官趙忠及其家屬，理由是趙忠在給他老爸送葬的時候非常鋪張浪費。趙忠在被朱穆審判之前做了很多工作，其中包括將金子做的他老爸的靈位換成木頭的；給每個前來參加他老爸葬禮的人銀兩若干，讓他們做假供；將客人們吃剩下的好吃好喝的全都挖坑埋了。

朱穆：「你可知道我爲什麼抓你來？」

趙忠：「坦白從寬，牢底坐穿。我不知道。」

朱穆：「你在給你父親送葬的時候極盡奢侈之能事，以你的俸祿根本不可能有那麼多錢給你鋪張浪費，還不快快將你貪污受賄的實情從實招來！」

趙忠：「大人冤枉啊，老父去世的時候，我們只是簡單的宴請了一下親朋好友，所吃的飯菜都是普通的不能再普通了，所喝的酒也是平常的不能再平常的。」

朱穆：「還敢狡辯，傳證人張三。」

一個名叫張三的參加了送葬的中年男子走到大堂之上跪了下來。

朱穆：「張三，你那日在趙忠家吃的什麼喝的什麼，都從實招來。」

張三：「鹹菜加饅頭啊大人，我從來沒有參加過這麼勤儉節約的葬禮。」

朱穆：「來人啊，把這個張三給我扔出去……」

趙忠：「朱大人你聽到了吧，我真的沒有鋪張浪費。」

朱穆：「你以爲我不知道證人都被你買通了麼？你以爲我就只有這麼一點點證據麼，你錯了，哼哼……來人，擡證物上來。」

須臾之後，幾個壯漢擡著一口棺材上來。趙忠認得這就是他父親的棺材。

朱穆：「我們先看棺材，竟然是由昂貴的紅木製成，而且上面的圖案及其考究，顏料也是上等顏料，黃色的部分竟然是真的金粉，而不是用銅代替；再看裡面，屍體穿的是一身的名牌，身邊還放著金銀珠寶若干；再看他的口中（**朱穆說著掰開了屍體的嘴**），口中竟然含著質地這麼好，體積這麼大條的和闐玉……趙忠你還有什麼好說的？」

趙忠大哭著喊了幾聲「爹爹啊……」就昏了過去。醒過來之後，他立刻派人向桓帝告狀，桓帝聽說後大怒，判朱穆去作給皇帝築墓的苦役。年輕的太學生們聽說後，沒日沒夜的在皇宮門口遊行，喊口號，為朱穆喊冤叫屈。桓帝被吵得睡不著覺，無奈之下減輕了對朱穆的處罰。

後來，將軍黃埔規平定了西部叛亂，立了大功，皇上也獎賞了他。宦官們紛紛到黃埔規家裡面去敲詐勒索。因為性格不同，每個人敲詐的方式也不一樣……

黃埔規：「什麼風把甲公公給吹來了？」

宦官甲：「金風、銀風、寶石風啊，黃將軍得了皇上那麼多賞賜，就沒想著給兄弟我也分點？」

黃埔規：「我為什麼要分給你？」

宦官甲：「因為我們很熟，關係很好。」

黃埔規：「那就別談錢了，談錢傷感情。」

宦官甲：「……」

黃埔規：「什麼風把乙公公給吹來了？」

宦官乙：「我是專門來看看皇上賞賜給你的那些金銀珠寶你收好了沒，最近京城裡面出現了一個飛賊，專偷官宦之家。」

黃埔規：「我怎麼聽說人專偷宦官之家呢？」

宦官乙：「……事實上皇上之所以給你賞賜，很大的原因也是我沒日沒夜的在他耳朵邊上說你的好話。你得到這麼多好處，怎麼說也該給我分點吧！」

黃埔規：「好啊，給你！」

宦官乙：「一兩銀子?!這有點說不過去吧黃將軍……」

黃埔規：「你再囉嗦的話，就把這一兩銀子還給我！」

宦官乙將那一兩銀子塞到袖子裡面憤憤離去。

黃埔規：「什麼風把丙公公給吹來了？」

宦官丙目露凶光，從袖子裡面拿出一把水果刀抵在黃埔規的脖子上說：「這是敲詐勒索，快把皇上給你的賞賜給我一半，不然要你的命！」

黃埔規身為大將軍，最受不了的就是有人拿刀抵著他的脖子。他大叫一聲，飛起，一個側踹就將宦官丙送到了五米之外……

宦官們勒索不成，到皇上跟前說黃埔規的不是，他們給黃埔規捏造的罪名是侵吞軍餉。皇上聽後又大怒，也沒有調查事實，立刻判他服刑。年輕的太學生們又行動了起來，沒日沒夜的上書、演講、喊口號，將桓帝吵得幾近精神分裂，最後只得赦免黃埔規。

太學生們爭取到的勝利大大的鼓舞了基層官員，他們開始放開手腳收拾宦官及其子弟。轟轟烈烈的反宦官鬥爭高潮開始了，鬥爭的領袖人物是李膺和陳蕃等人。

李膺當官後，有人向他告發宦官張讓的兄弟，也就是河南沁陽縣縣令張朔貪污勒索非常大肆。李膺當即帶著人馬前去捉拿張朔，張朔自知沒辦法隱瞞罪行，於是從後門跑出去一路狂奔到他大哥張讓家躲了起來。李膺在張朔家搜出了大量的金銀珠寶和古玩字畫，就是沒有找到張朔。

就在眾人滿院子搜索的時候，張朔家的豬說話了：「他剛剛已經從後門跑了。」

李膺：「豬？會說話？」

豬：「因為張朔家吃得好，我才搬過來的。我身為豬八戒，會說話是一件很平常的事情啊！」

李膺於是帶著人馬從後門去追，然而此時的張朔早已跑得不見蹤影了。擺在他們面前是一個三岔口。

李膺：「向左，向右抑或是向中間，這……是一個問題。」

這時，路邊的一頭牛說話了：「張朔向左跑了，我聽他說他要去他哥張讓家躲躲。」

李膺：「牛？又會說話？」

牛：「我正在找豬八戒。其實我身爲牛魔王，會說話也是一件很符合邏輯的事情……爲什麼要說『又』呢？」

李膺帶著人馬硬闖進了守衛非常森嚴的張讓家中。

張讓：「李大人，你這是什麼意思？難道你不知道我的身分？」

李膺：「知道啊……你是個沒有小雞雞的死太監嘛！」

張讓：「啊……你這個死人，幹嘛搞人身攻擊?!」

李膺：「你看你娘娘腔的樣子，我實在沒辦法忍得住不罵你，尤其你現在還站在這裡妨礙公務，我更沒有辦法不罵你了。」

張讓：「如果你今天在我家搜不出你所謂的逃犯的話，就不要怪我在皇上面前說你的不是了。」

張讓說完之後獰笑著站到了一邊，李膺派人去四處搜索。自己站在原地盯著張讓的行動和眼神。手下陸續回來報告，搜索結果一無所獲。

張讓：「李大人，怎麼樣，我說我沒有窩藏嫌犯吧……」

李膺開始在張讓的客廳裡面邊轉悠邊細細觀察，就在這時他發現牆上的一幅畫一動一動的，而此時的房間裡面並沒有風。

李膺盯著畫看了半天，又回頭看張讓的表情，張讓正在大口大口的吹氣。

張讓：「據說這是一個提高肺活量的好方法，李大人不妨也可以試試看。」

李膺：「那張公公你剛剛說話的時候，畫怎麼也還在動呢？」

張讓：「……」

李膺揭開那幅畫一看，牆壁上有一個圓圓的小洞，風就是從那個小洞裡面穿出來的。

張讓：「隔壁是洗澡間，這是我用來偷看下人洗澡的。這個應該不算有罪吧？」

李膺：「不算有罪，不過會傷身體。我替張公公你將它堵起來吧！」

李膺順手從桌子上抓起一把香灰塞在那個洞上。須臾之後隨著一聲「我受不了啦！」的呼喊，一個人從牆壁裡面走了出來，那人正是張朔。李膺將張朔抓了回去，審理清楚案情之後砍了張朔的頭。期間張讓數次前來求情，李膺都沒有理睬。

張讓大哭著向桓帝哭訴，李膺據理力爭。漢桓帝見證據確鑿，張朔的確有罪，於是沒有怎麼樣李膺。太學生們聽說這件事之後，都將李膺當成自己心目中的偶像。前去拜訪李膺的人絡繹不絕。

宦官們也不是吃素的，經過這些事之後，他們知道如果再沈默下去的話就只有死路一條，

他們的反攻，開始了……

有一個名叫張成的江湖術士，平日裡跟宦官們來往密切，他從宦官那裡知道皇上馬上就要大赦天下了，於是找來他兒子說：「明天你去殺個人。」

兒子：「老爸你不想養活我的話就直說好了，何必要使出這樣拙劣的借刀殺人之計呢？難得你覺得我不知道殺人要償命麼？」

張成：「明天你去殺人不用償命，因爲皇上馬上就要大赦天下了。」

兒子：「哇，那太好了……不過我殺誰呢？我沒有仇人啊。」

張成：「平常沒有人欺負你麼？」

兒子：「都是我欺負別人的平常。」

張成：「你好好想想。」

他兒子想了半天之後說：「倒是有一個，前天我想拉一下小倩的手，她不給我拉。」

張成：「就殺她！」

兒子：「可是小倩很漂亮……」

張成：「一樣殺她。」

第二天張成的兒子就去殺了可憐的小倩姑娘，李膺立刻帶人將張成的兒子抓了起來準備過幾天之後砍他的頭。卻不料當天桓帝就下了大赦令。

張成跟人洋洋得意的說：「皇上的大赦令下來了，看李膺還不乖乖的把我兒子給放出來。」

李膺知道張成是知道有大赦才讓他兒子去殺人的，於是沒有管皇上的大赦令，依舊將張成的兒子法辦。

宦官們終於抓到了機會，他們指使張成的弟子上書給皇帝，說李膺和太學生以及若干知識份子結成一黨，違抗聖旨，誹謗皇上。桓帝聽後又大怒，下令將李膺等二百多人抓起來扔進大牢之中。陳蕃是個有名的文化人，也在被抓之列，他還有逃跑的機會，但卻沒有逃跑。陳蕃：「我如果就這樣逃跑了，別人怎麼辦呢？進了監獄還可以給大家壯壯膽，也可以在監獄裡面同大家吟詩作對，何其樂哉。」

說完之後他就去自首了。和李膺等人被關在了一起。在監獄裡面他們受到了宦官們殘忍的折磨，除了脖子、手、腳都被上了刑具之外，每天還要飽受宦官們的毆打。

宦官們果然陰險，連毆打人的方式都不一樣。爲避免被毆打者日後復仇，他們先是將被毆者隔離，然後悄悄進來一個人在被毆者的頭上套一個黑色的塑膠帶，然後一群人才會衝進去打。李膺和陳蕃被打的次數最多。

就這樣他們被關了一年有餘，在獄中李膺依舊保持著旺盛的鬥志。他故意招出很多宦官的

子弟，說他們是他的同黨，宦官們的子弟紛紛被抓進了監獄。宦官們這才著急了，慌忙跑去見漢桓帝。

一個宦官對漢桓帝說：「現在是六月的天空，竟然有雪花在空中飛舞，看來應該大赦天下了。」

另外的宦官就在漢桓帝後面拚命的撒泡沫顆粒，漢桓帝擡頭看著洋洋灑灑的雪花說：「啊，真的下雪了，不過氣溫好像沒有下降。」

宦官：「正因爲如此才會覺得奇怪啊，看來真的需要大赦天下了。」

漢桓帝並沒有立刻應允。

皇后的父親竇武大將軍也對宦官不滿。非常同情知識份子和正直官員們的遭遇。在太學生們的強烈要求之下，竇武勸諫桓帝放了李膺他們。

在這兩方面的共同作用之下，漢桓帝於西元一六七年宣佈大赦天下，將李膺、陳蕃等二百多人全都放了出來。人雖然被放出來了，宦官們卻不允許他們繼續待在京城，而且將他們的姓名、照片和身分證號發到各省，通令這些人一輩子不能做官。

靈帝繼位之後，宦官們的勢力更大了，也更加窮兇極惡了。大將軍竇武覺得如果這種情況持續下去的話，劉家的江山遲早要玩完。於是和正義之士商議誅殺宦官。他們羅列了宦官的若干條罪狀，交給太后，並跟太后商議誅殺宦官之事，豈料太后卻比皇上更加迷信宦官，對他們的建議和計劃根本不理睬。宦官們得知這個消息之後大吃一驚，當即軟禁了太后，用漢靈帝的名義下了聖旨，說竇武他們謀反而殺了他們。宦官們這下徹底掌握了政權，便將與竇武他們有關的人全都殺了。

十四歲的漢靈帝問宦官的頭頭曹節：「爲什麼要殺這些人呢？他們都有什麼罪過？」曹節：「他們圖謀造反，想要推翻朝廷，然後把你賣給青面獠牙的魔鬼，那個魔鬼舌頭有牛舌那麼長，頭有八斤重，抓到小孩之後先挖他的心，然後掏他的肺，最後咬斷他的脖子吸光他的血……」

曹節邊比劃邊胡說八道了一番，嚇得漢靈帝臉色煞白。連忙下令逮捕曹節他們羅列出來的人。因爲竇武曾經上書請求讓李膺回朝當官，李膺這次也在被捕之列。

有好心人得到消息之後，慌忙去告訴李膺，讓他逃跑，李膺說：「我已經六十多歲了，生死就在轉眼之間，還有什麼好跑的。」於是跑去自首，這次他沒能活著出來，被宦官們群毆致死在監獄之中了。

這一次在全國範圍內，像李膺這樣被殺的共有一百多人。另有六七百全國有名望的知識份子，或是跟宦官稍微有點仇的人不是被殺，就是被充軍，再好一點就是被下令終生不能當官。從此之後宦官猖獗，朝廷之中沒有人敢講半句真話，整個國家陷入了黑暗和混亂之中。終於在八年之後爆發了黃巾起義。

韓冬·Say

·一個人勸說可能沒用，一百個人一起說便有用了。這就是所謂的人多勢眾，所謂的輿論的力量。發生需要正面交涉的事情而對方又不在乎你的交涉的時候，聯絡更多的人。

·凡走過，必留下痕跡。對方做事再不露痕跡，裝得再好，總還是有跡可尋的，有理有據的時候，就是勝利指日可待的時候了。

·爲革命保護視力，多做眼保健操。

巨型彈弓

黃巾起義爆發後，各地州郡官吏軍政大權獨攬，乘機發展私人武裝，強佔地盤，各地的有錢人也紛紛加入了這個行列。黎民百姓陷入一場前所未有的浩劫之中，黃巾起義雖然最終被鎮壓了，東漢王朝卻也分崩離析，名存實亡了。大大小小的地方軍閥之間征戰不息，互相吞併，在這個過程中，以袁紹和曹操爲首的兩大軍事集團逐漸發展壯大起來。

袁紹擁有兵馬數十萬，佔據著黃河以北的幽、冀、青、并等州郡，而且地形對他非常有力，進可攻呀退可守。曹操則佔領著黃河以南的袞、豫、徐等州郡，地理位置不是很好，就像兔子頭上的蝨子一樣，很容易被人看到並掐死。而且他的後方還有荊州的劉表、江東的孫策、南陽的張繡跟他爲敵，情況十分不妙。唯一一點值得他得意的就是，他將漢獻帝劫持到了許昌，挾天子以令諸侯，這讓他在政治上有了一定的優勢。

正所謂一山不能容二虎，除非這兩隻老虎是夫妻。可曹操和袁紹顯然不是夫妻，是以他們之間終究是要有一戰的。西元一九九年三月，袁紹消滅了公孫瓚之後，精選了十萬步兵，一萬騎兵，準備進攻曹操的老家許昌。

袁紹的謀士沮授向他建議說：「曹操那邊人少，糧草也少，我們只需要穩紮穩打的跟他們打持久戰，消耗他們的糧草，等他們糧草吃光了，也就只有投降的份了。」

袁紹：「我們這麼多人馬只需要衝上去砍就直接得勝了，還需要這麼小心翼翼的弄麼？你們文人就有這樣的毛病，做什麼事都優柔寡斷，前怕狼後怕虎，全無半點豪爽陽剛之氣。」

得知袁紹帶著那麼多人馬前來攻打許昌，曹操這邊也炸開了鍋。

文官甲：「袁紹帶來這麼多人，我們絕對不能和他們正面交鋒。」

曹操：「那你覺得我們應該從哪一面和他們交鋒呢？」

文官甲：「背面！……也就是說我們應該撤離許昌，讓他們看著我們遠去的背影暗自嗟歎。」

曹操剛想發怒，另一個文官說話了。

文官乙：「許昌是我們的心臟，怎麼可以白白放棄呢，真是沒腦子。」

曹操：「同意！那你覺得我們應該怎麼辦呢？」

文官乙：「我們應該動員全部的人力將許昌所有的東西搬著走，轉移到安全的地方。這樣我們即避免了和袁紹正面交鋒，而且還和許昌不離不棄了。」

曹操：「……我發現了，文人除了袁紹說的那個缺點之外還有一個缺點就是一旦遇到挫折就會陷入悲觀失望而不能自拔。」

韓冬：「同意！」

曹操：「謝謝！其實情況並沒有我們想的那麼糟糕。袁紹這個人我曾經和他一起共過事，雖然他胸懷大志，但是才能卻很淺薄，加上他有剛愎自用、刻薄、沒有人情味、沒有指揮才能、三八、飯量大、喜歡在廁所裡面看書等等這些缺點，我們取勝還是完全有可能的。」

曹操首先進取河內，河內北靠太行山，南臨黃河，佔領了這個地方可以防止袁紹部隊從東邊襲擊許昌；接著他派遣原來的泰山將帥臧霸等人帶領精兵回到青州，利用他們在當地的影響力發動當地武裝勢力和人民群眾牽制袁紹部隊。接著他率兵佔據了冀州黎陽，主力部隊在官渡一帶修築了堅固的防禦設施，組織袁紹的正面進攻。一切佈置停當，專等袁紹前來。

就在這個時候，發生了一件讓曹操非常牙疼的事情，劉備在徐州叛變了。當年劉備投靠曹操之後，曹操給了他一個豫州牧的官銜，人住在許昌。這個時候淮南軍閥袁術因爲吃敗仗吃得撐不下去了，打算途經徐州去投奔袁紹，曹操派劉備帶兵前去堵擊袁術，袁術沒辦法只得回去繼續吃敗仗。劉備卻待在徐州不回來了，而且還霸佔了徐州與曹操爲敵。曹操派了大將前去攻打劉備，被派去的人失敗而歸。曹操留下部分兵力把守官渡，他親自帶兵去攻打劉備。

袁紹的手下得到這個消息之後，立刻去找袁紹，讓他下令乘機進攻官渡，殺入許昌，袁紹卻說他的小兒子感冒了，他要在家照看。

劉備被曹操打得大敗，慌忙北上而逃去投靠袁紹。

劉備老婆：「你不是曾經說過，我們今生今世永不分離的麼？怎麼今日就忍心丟下我一個人逃跑呢？」

劉備騎在馬上往北狂奔，頭也不回的說：「跟上，跟上，快點跟上來啊！」

劉備老婆：「你把唯一的一匹馬都騎跑了，讓我怎麼跟……」

不單是劉備的老婆，他的好兄弟關羽也被曹操活捉了。收拾了劉備之後，曹操又回到了官渡，所用時間前後不到一月。

西元二〇〇年正月，袁紹向天下發佈了征討曹操的戰鬥檄文，檄文裡面說曹操犯上作亂挾天子以令諸侯，還說他飯前便後不洗手。袁紹他要替天下人民消滅這個不講衛生的亂臣賊子。二月，袁紹親自率領大軍由鄴城南下，進駐黎陽，準備和曹操的主力部隊正面交鋒。首先，他派了猛將顏良進攻白馬，這個黃河南岸的要點，如果顏良佔據白馬的話，主力部隊就可以順利渡河了。曹操親自率領大軍前去救援白馬。他並沒有直接帶著兵馬前去白馬和顏良的部隊硬拚，而是首先帶了兵馬跑到延津，讓大家下馬，脫了衣服，會游泳的開始做熱身運動和眼保健操，不會游泳的開始吹救生圈，讓袁紹以爲他們要強渡黃河突襲袁軍後路。袁紹果然帶著兵馬前來河對岸準備迎擊。卻見對岸的曹兵只是在不停的做熱身運動和吹救生圈，卻不見游泳過來，他們只得待在對岸等著。此時的曹操已經暗中帶著騎兵往白馬疾馳而去了。顏良以爲曹軍都去渡河了，根本不可能到白馬來，警惕性非常低，曹操部隊到白馬的時候他才跑去穿盔甲，被關羽一刀砍成了兩段。袁軍大敗。

白馬是一座孤城，擺在這裡終究是會被袁紹攻陷的。曹操決定讓白馬的居民和糧草一起往西撤退。袁紹聽說白馬兵敗，並且損失了顏良猛將後氣得要發瘋。立刻下令全軍強渡黃河，追擊曹軍，派另一個猛將文醜率領五六千騎兵當前鋒。曹操當時帶領的只有區區六百名騎兵。走到一個山谷，曹操下令手下將糧草、金銀珠寶、黃色書籍等物丟在路上，而部隊藏匿在山谷兩側。文醜率領部隊追擊到這裡，看到一地的寶貝，料想曹軍已經跑遠了。於是下馬去搶黃色書籍，手下們見主將都開始撿東西了，也紛紛撲上去搶地上的東西。

曹操見時機已到，一聲令下，六百名騎兵衝出山谷，殺得袁軍措手不及，文醜也在這裡不明不白的被砍了腦袋。他們則順利的退回了官渡。

兩次大捷大大提高了曹軍將士的鬥志。袁紹接連吃了兩場敗仗，損失了兩員猛將，更加堅定了要生吞活剝了曹操的決心。他率領大軍一路向前推進，八月，袁軍主力在官渡附近安營紮寨下來。袁紹見曹軍那邊的防禦工事修築得非常堅固，心下明白硬攻勢必會損兵折將得厲害非常，於是下令手下在離曹營不遠的地方修建起一個一個的土臺子，然後讓弓箭手站上去向曹營之中放箭。曹軍這邊的將士們只得無時無刻不頂著盾牌。曹操召集手下前來開會，商討解決這個問題的辦法。

大家蹲在盾牌後面開始開會，外面射進來的箭撞得盾牌叮叮咚咚的響。

曹操：「現在怎麼辦？」

文官甲：「就這樣舉著盾牌，挺好的。可以鍛煉臂力，還可以防曬。」

文官乙：「我想袁軍那邊的箭也是有限的吧，我們就不要反抗，等著他們射，箭射光了，他們就不射了。」

曹操：「難道你們就沒有覺得不方便麼？比如小解的時候，撓癢的時候，洗頭的時候，你們都是怎麼舉著盾牌的？」

文官乙：「可以像我這樣將盾牌綁在背上，然後無論做什麼都背對著袁軍那邊呀！」

文官乙說完站起來向眾人展現了他的發明。

文官甲：「乙兄，你這樣看上去好像……好像……」

曹操：「像烏龜是吧？我也覺得很像……」

荀攸：「經過我好幾天的思考，我已經想出了對付袁軍的方法了，那就是用……彈弓。」

曹操：「彈弓？」

荀攸：「不是普通的彈弓，而是巨型的彈弓，我已經給它起了一個很震撼的名字，叫做霹靂車。」

霹靂車的原理和彈弓一樣，都是由一個支架，一個有彈性的機關組成。不同的是霹靂車非常大，能夠發射出去的石頭也非常大。十幾斤重的石頭朝袁兵站著的高臺飛過去，砸得袁兵頭破血流，腦漿飛濺。

一計不成，袁紹又生一計。他決定挖地道挖到曹營中去，然後發動突然襲擊。就在他們動手開始挖地道的當天，曹操這邊已經得到了消息。他們在自己營中挖了很深的一道溝，專等著挖地道的人鑽到這條溝中來。挖地道的人在地道裡面不知道外面的情況，只知道一個勁的往前挖。

地道男甲：「哇，爲何眼前會忽然一亮？難道我們提前挖通了地道？」

地道男乙：「爲何我們會在一條溝裡面呢？」

曹軍的若干將士早就站在壕溝旁邊看了他們半天了，一個頭頭一聲令下，無數的石頭土塊就朝那兩個地道男飛了過去。

就這樣一來二去，雙方在官渡相持了一個多月。曹操這邊本來家產底子就薄，雖然兵馬少，吃飯的人也少，可米缸還是快要見底了。袁紹那邊財大氣粗，糧草源源不斷的運到營中。曹軍這邊只能喝稀飯度日了，袁紹那邊卻還吃著香噴噴的蛋炒飯。看著人家的蛋炒飯，曹操漸漸失去了繼續撐下去的信心。就在這個時候，袁紹還派了部隊偷襲了曹操的運糧隊伍。曹操動搖了，打算退回許昌去堅守，在那裡，至少有蛋炒飯。他的謀士荀彧鼓勵他堅持住，堅持就是勝利。曹操堅定了與袁紹耗下去的信心之後，找了個機會也襲擊了袁紹運送糧草的隊伍，燒毀

了袁紹數千輛糧草車，給袁軍造成了不小的打擊。

十月，又有大批糧草運到，袁紹怕曹操又派人來搶糧草，乾脆將糧草囤積在離大營四十裡遠的烏巢，並派大將淳于瓊帶兵看守。袁紹的謀士許攸勸說他乘曹操缺糧之際，派一小隊人馬繞過官渡前去襲擊許昌。袁紹不但不聽，反而用白眼鄙視許攸，說：「我們兵多糧廣，勝劵已經在握了，怎麼你還想著搞這些下流的動作？」

許攸剛要繼續勸說袁紹的時候，從外面衝進來一個人，見許攸在場，他趴在袁紹耳朵上耳語了一番，袁紹用更加白的白眼看著許攸說：「你弟弟在鄴城光天化日之下強搶民男，現在已經被抓起來了。你連個弟弟都教育不好，你還能幹什麼？還不給我滾出去！」

許攸一氣之下跑去投靠了曹操。門衛來報的時候，曹操剛剛脫了那個鞋帶很難解的鞋子準備睡覺，聽說許攸來了，他慌忙穿鞋準備出去迎接，想到到時候解鞋帶又要費很大勁，他乾脆光著腳跑了出去，見到許攸他倒頭就拜。

許攸：「啊，你行這麼大禮，我擔當不起的！」

曹操：「圖釘，我踩到圖釘了……」

許攸：「袁紹財大氣粗，糧草充裕，你打算怎麼對付他呢？」

曹操：「正在想……」
許攸：「你軍中的糧草還夠人馬吃多久？」
曹操：「可以吃一年。」
許攸：「那是除非你的人馬都得了厭食症，看到飯和草就想吐的情況下吧。給我說實話吧老大。」
曹操：「哇，你這麼冰雪聰慧，看來我不給你說實話都不行了，其實只能支持半年。」
許攸：「這是除非你的人馬都做了胃切除手術，切掉半個胃的情況下吧。不要硬撐了，講真話啦！」
曹操：「其實頂多只能維持一個月了，而且還要每頓都喝稀飯的情況之下。」
許攸：「這就對了嘛，你不說出你這邊的真實危急情況，怎麼表現我來到這裡的及時呢？袁紹現在將一萬多車的糧草、軍械全都放在烏巢，由淳于瓊一個人在哪裡看管著。淳于瓊這個人基本上屬於沒腦子的那種。只要你帶一支輕騎兵去燒了他的糧草，袁紹就不戰自敗了。」

曹操聽後大喜，立刻叫來荀攸，命他看管好官渡。曹操自己則點了五千騎兵，親自率領著連夜往烏巢趕去。他們換上了袁軍的衣服，打起袁紹的旗幟，企圖以此蒙混袁軍的崗哨過關，卻不想碰到了一個非常三八的崗哨。

崗哨：「站住！什麼人？」

曹操：「我們是被派去增援烏巢的。」

崗哨：「聽你的口音好像是北方人？」

曹操：「是，我是北方參軍過來的。」

崗哨：「北方什麼地方人？我弟弟的老婆也是北方人，說不上你們還是老鄉呢，北方人是不是都喜歡吃麵條？」

曹操：「……沒錯，我們都喜歡吃麵條。」

崗哨：「我就搞不清楚麵條有什麼好吃的，而且據說麵粉吃多了會發胖，看你的身材……你臉上烏漆麻黑什麼東西啊？鬍子麼？」

曹操：「……沒錯，是鬍子。」

崗哨：「說起來我以前也留著很拉風的鬍子，後來得上了脫鬍鬚毛病，用了很多生髮產品都沒有效果……」

曹操實在受不了了，悄悄命手下的神射手瞄準了那個崗哨。那個崗哨還在說話，神射手弦一鬆那個崗哨應聲而倒，曹操名人將那個崗哨拖過來扔進了路面的陰溝之中，人馬繼續前進。

夜半歌聲的時候他們已經到達烏巢了。淳于瓊還在睡夢中的時候，曹操他們已經站成一圈將糧草圍起來了。就在準備放火的時候才發現沒有帶火，曹操詢問了一圈，最後才從一個抽煙的士兵那裡找到了一個打火機。從此，曹操開始鼓勵官兵抽煙，這是後話暫且不表。卻說糧草都是易燃之物，加上那天晚上又有風，火仗風勢瞬間就狂燒起來，紅透了半邊天。曹操命部下大喊大叫，淳于瓊醒來之後也不知道有多少曹軍殺了過來，不敢輕舉妄動。天亮之時，才發現前來放火的曹軍只有幾千人，於是衝出去迎戰，曹操一馬當前揮刀猛砍，袁軍抵擋不住只得退回營中堅守。袁紹此時已經得到了烏巢被燒的消息，立刻派了一隊人馬前去支援烏巢，另派一隊人馬前去進攻官渡的曹軍大營，企圖乘曹操不在之際占點便宜。

前去支援烏巢的部隊連同淳于瓊率領的烏巢守軍被打得大敗，淳于瓊也被斬殺於亂軍之中。

去攻打官渡曹營的將領聽說淳于瓊被殺了，又聽說袁紹懷疑他們跟曹操有染，於是乾脆投降了曹操。

曹操乘勢率領部隊狂攻袁軍，袁軍潰敗不堪，袁紹和他的兒子連盔甲都沒有來得及穿只帶著八百騎兵倉惶逃往河北。袁紹的馬跑得很快，是以吹在他身上的風也就很大，加上他又沒有穿盔甲，就被凍感冒了。袁軍節節敗退的消息傳來，袁紹急火攻心，大吐幾口鮮血而亡。

袁紹死後，他那幾個不爭氣的兒子只知道爭權奪利，不久之後逐個被曹操殲滅。袁家軍團覆滅。西元二〇七年，曹操又征服了烏桓，到此戰亂已久的北方終於被統一了。

韓冬・Say

．實力強大是你能勝利的有利條件，並不是保證。你應該早作準備，多聽意見，小心行事；實力弱小並不意味著你一定就不能在戰爭中取勝，至少你有對方可能會驕傲這個有利的條件，只要準備工作做得好，態度擺得端正，總還是有取勝的機會的。

．身為家庭女性，千萬不要將所有的希望都寄託在男人身上。劉備能在大難臨頭的時候自己騎馬閃了，你能保證你所寄託的那個男人就不會麼？所以，利用平常的時間，養一匹屬於自己的馬吧。

．來路不明的易得錢財絕對不要去拿。就像你一樣，所有的人都珍視自己的錢財，沒有理由白白送給你的。文醜也屬於戰鬥指數很高的武將，若不是貪財，決計不會死得那麼不明不白。

．人人都可能會有落魄的時候，會有頓頓喝稀飯的時候。不要被周圍的蛋炒飯動搖了你的信心，心無旁騖的抓經濟搞建設，將來會有吃也吃不完的蛋炒飯的。

．用一個小時以上的時間穿衣打扮是女性的專利。男人們平日裡就不要穿那麼複雜的衣服和鞋子了，機會來了，穿鞋都來不及。

酸菜粉條

諸葛亮，字孔明，所以又叫做諸葛孔明，正如韓冬，字蘿蔔，所以又叫韓蘿蔔一樣。他於一八一年出生於一個官宦之家，他父親諸葛圭是泰山郡太守的秘書，會寫文件會駕馬車，這對後來諸葛亮學富五車和擅長發明各類運輸工具有直接的影響。本來諸葛亮一家的生活挺不錯的，可惜諸葛圭因爲積勞成疾而英年早逝。諸葛亮一家沒有了收入來源，同時諸葛亮和他的姊妹們也成了沒有父親的孩子。

諸葛亮的叔叔名叫諸葛玄。諸葛玄是當時有名的文化人，和他來往的都是袁術、劉表這些大人物。袁術將諸葛玄任命爲豫州太守，諸葛玄興沖沖的去豫州上任，而且還帶上了諸葛亮和他弟弟諸葛均，想著去豫州給他們謀一份職業，娶個老婆，居家過日子。走到半路就從豫州傳來了消息，東漢朝廷已經任命朱皓當豫州太守了，而且人已經上班了。好端端的一個太守的位子被人莫名其妙的搶了，諸葛玄氣得流下了從不輕彈的眼淚，之後就病了，沒有多久就去世

了。身上僅有的一點錢也用來安葬叔叔了，諸葛亮和他弟弟的生活陷入了非常窘迫的地步。這年，諸葛亮只有十七歲。

去做什麼好呢？去建築工地當工人？他們兩個都手無縛雞之力。去街上乞討？他們都太年輕而且四肢俱全。去說相聲？人民愛看的是雜技而不是相聲。去山裡頭修煉當神仙？距離最近的傳聞有神仙出沒的山也有幾千里遠，還沒走到就變成鬼了。經過兄弟兩個商議，他們決定到山裡面去種田，不管收入怎麼樣，至少不會餓死。順便還可以隱居一下。他們去的地方名叫隆中。雖然身分已經成了農民，諸葛亮從未放棄對治國安天下之道的追求。解決溫飽問題之後他刻苦鑽研了諸如《孫子兵法》、《老子》、《論語》、《麻衣相術》、《周易》這一類的書，經過幾年的學習，他在用兵之道、治國之道、算命解夢方面都有了很高的造詣。他還十分注重博採眾長，經常換上乾淨衣服從大山裡面走出去，去拜訪當時的有名人士，有名人士都希望自己有很多的粉絲，對有人仰慕他的才學也表現得非常興奮，所以他們都會熱情地接待諸葛亮。如此以來，諸葛亮不但傾聽到了眾人的思想，而且還能免費吃到不錯的晚飯。

有次他到當時的名士徐元直家拜訪，聽完徐元直的講座並吃了晚飯，回到家裡的時候已是傍晚時分。

諸葛均：「大哥，怎麼這麼晚才回來？快來吃飯吧！」

諸葛亮：「又是饅頭稀飯？吃不下。」

諸葛均：「啊，你又在別人家吃過了？父親曾經教導過我們，不能隨便接受別人的禮物，不能隨便吃別人家的飯，你全都忘了？」

諸葛亮：「我都記得。我沒有隨便吃，我也推辭了，人家不行，非要拉著我吃，我也沒辦法。」

諸葛均：「今天都吃了什麼？」

諸葛亮：「今天的菜不是很多，就是些烤鴨、酸菜魚、紅燒肉、酸菜粉條、黃燜羊肉……好像還有個辣子雞……」

諸葛均聽到這裡臉色陡變，跳起來大叫道：「你怎麼可以吃別人家這麼多好東西？父親的教導你全都忘了，全都忘了……」

諸葛亮：「不是……真的……真是盛情……」

諸葛均：「下次也帶上我吧！」

諸葛亮：「……這恐怕比較困難，你文化程度不太高，跟人家聊不到一起，搞不好人家一生氣連我都不請了。」

諸葛均：「那你想想辦法啊……」

秦漢・

諸葛亮看著面黃肌瘦的諸葛均，陷入了沈思。三天之後他去了另一個名士石廣元家。吃完飯後，諸葛亮從口袋裡面拿出一個塑膠袋說：「服務員，打包帶走。」見石廣元吃驚地盯著他看，諸葛亮道：「家中還有一個弟弟沒有吃晚飯，我父親臨終前將他託付給了我，我不能辜負父親的囑託。因此雖然知道我這樣的行爲會被你們大家看不起，也可能你們從此之後再也不會請我吃飯，但我還是將塑膠袋拿了出來，並說出了打包帶走的話。」

石廣元：「孔明先生真是孝順而又重感情啊，讓我們大家一起爲他鼓掌吧！」

這件事之後，諸葛亮在文化人圈子裡的名氣更大了。

後來他去拜了當時荊州最著名的學者龐德公司馬徽爲師。司馬徽發現諸葛亮聰明好學，領悟能力極強，在很多方面都有獨到的見解，是以非常喜歡他，將畢生所學毫無保留的教給了諸葛亮。在這一時期諸葛亮和司馬徽的侄兒——一個出類拔萃的年輕人龐統建立起了深厚的友情。司馬徽覺得以他們兩個的才華，日後必會飛黃騰達，不過包裝也是必不可少的，包裝的第一步便是要有一個響亮的名字，諸葛亮於是有了「臥龍」的名字，龐統則被稱爲「鳳雛」。

劉備當時寄宿在新野，空有一腔平定天下的抱負但卻不知從何處下手。他坐在椅子上因此而唉聲歎氣的時候，關羽正在梳理鬍子，張飛正在舉啞鈴玩。

劉備：「唉，怎麼辦呢？到底從哪裡入手呢？」

關羽問道：「大哥，你在發愁什麼呢？」手底下的活卻沒有停。

張飛：「就是啊大哥，你說要收拾誰？我去幫你收拾。」

劉備：「你很能打麼？」

張飛：「當然啊，大哥你難道沒見過麼？」

關羽：「三弟是非常勇猛，凶起來的時候連我都有點怕怕的呢！」

劉備：「好，那你們拿著傢伙幫我去把曹操、孫策他們連同他們的部隊一起滅了吧！」

關羽：「……」

張飛：「好，我這就去。」

張飛說完就拿了傢伙衝了出去，片刻之後就聽見外面馬叫的聲音。

劉備：「二弟，別梳鬍子了，快去把三弟攔回來。」

關羽將梳子別在腰間，拿了青龍偃月刀追了出去。

劉備長歎一聲：「看來，真的是需要有個文化人了。」

第二天劉備就帶著禮物去拜訪了司馬徽，司馬徽正在彈琴。

劉備：「我想治國安天下，可苦於身邊沒有人才，龐德公你認識的人比較多，能不能介紹一個？」

司馬徽：「關羽和張飛不都是當今天下一等一的猛將麼？」

劉備：「單對單還可以，打群架就不行了，我需要一個文韜武略的文化人。」

司馬徽：「臥龍和鳳雛兩個都是人才，只要你能請到其中一個便能夠得到天下了。」

劉備：「那……去什麼地方可以找到他們呢？」

司馬徽：「臥龍和鳳雛兩個都是人才，只要你能請到其中一個便能夠得到天下了。」

劉備：「請問……去什麼地方可以找到他們。」

司馬徽：「臥龍和鳳雛兩個都是人才，只要你能請到其中一個便能夠得到天下了。」

劉備：「……來人啊，救命吶。」

沒能從司馬徽那裡得到臥龍、鳳雛的所蹤，劉備只得鬱鬱寡歡的回來。洗洗之後就上床睡了。夜半時分，有人進來稟報說有個名叫元直的人拜見他。

劉備心道：「文化人都喜歡熬夜，這麼半夜還沒睡覺的一定是很有文化的文化人了。莫非他就是臥龍……抑或是鳳雛？」

想起身立刻去迎接，又覺得自己這樣衣衫不整的顯得有點不尊重人家。於是他決定先洗個澡，換身乾淨衣服再出去見那個人。當時是冬天，用涼水洗澡會有生命危險，劉備命人趕緊燒水。等水燒好，他洗完澡換完衣服出去的時候，那個名叫元直的人已經離開了。劉備非常痛心，從此之後，他睡覺前都會命人燒好一鍋熱水，準備好一套乾淨衣服，以便再有文化人深夜前來拜見的時候他能夠來得及，可是等了好幾個月也沒再見有人來。

有一天劉備坐在新野城內的一個茶館裡面喝茶，聽到外面有一個人唱歌，歌詞大意是「我是一個很有才華的人，可是沒有人能識英雄，重英雄。當今天下的伯樂到底在哪裡，我這匹千里馬等你來牽呀等你來牽。」

劉備心道：「這人口氣這麼大，莫非他就是臥龍、鳳雛？」

他衝出茶館的時候，那人正因爲歌唱得太難聽而被街上的人毆打。劉備大喊著：「住手，等等……」衝了上去。那人見劉備面貌猙獰的衝了過來，爬起來便跑。劉備緊追不捨。兩人在路上展開了一場生死追擊。直到劉備大喊：「你別跑了，我是劉備。」那人才停下來。兩人已是累得嬌喘連連了。

劉備：「見了我你幹嘛跑啊？」

那人：「看你那麼兇悍的向我衝將過來，我以爲你也是對我歌聲不滿的人。」

劉備：「你是臥龍還是鳳雛？」

那人：「都不是。我叫單福。」

劉備：「啊，你不是啊，那你唱什麼歌，害我白追了一趟。」

說完他便要轉身離開。

單福：「不要這麼勢利嘛，雖然我不是臥龍也不是鳳雛，但是我也是個很有才華的人。」

劉備便邀請了他去縣衙聊天，一聊之下發現這個人果然很有內涵，對於用兵和治國方面也很有自己的見解，劉備大喜過望，拜單福為軍師，讓他幫忙訓練兵馬。

曹操的探子立刻給曹操彙報了這一情況，並送來了他偷畫的一幅單幅的畫像。對於劉備，曹操一直都非常防備，於是連忙召集了謀士前來商議。

曹操：「聽說劉備最近請來了一個名叫單福的人替他訓練軍隊，這是他的畫像。」

曹操將探子送來的畫像掛在了牆上。

荀攸：「這畫上畫的是背影啊，怎麼認？」

曹操：「沒辦法，探子沒可能跑到這人的面前去畫他的畫像。」

程昱舉手道：「我認識他，這個人本名並不叫單福，而叫徐庶。」

曹操：「厲害，你竟然只看背面就能認出人來，看來你跟他很熟。」

程昱：「也不是很熟，只是比較久以前見過他幾面。之所以能認出他來是因為他身上穿的這件衣服一個袖子長一個袖子短，這件衣服是他老母給他做的。」

曹操：「能不能把這個人從劉備那邊挖過來呢？他喜歡錢，喜歡美女，還是喜歡當大官？」

程昱：「都喜歡，可是恐怕依舊沒可能將他招降。」

曹操：「爲什麼？」

程昱：「因爲你啊。他曾經說你是天底下最下流，最無恥，最卑鄙的男人，他這輩子最看不起的人就是你。」

曹操：「……那他有沒有老婆孩子，夢中情人，情同手足的兄弟之類的，抓過來威脅他！」

程昱：「都沒有。不過他有一個年紀很大的老娘，就是給他做衣服的那個。從那件衣服做的那麼噁心，徐庶還穿了這麼久，我們就可以看出來徐庶非常孝順他娘了。只要能將他老娘弄到許昌來，不愁徐庶不來歸降。」

曹操派程昱去將徐庶的老娘騙到了許昌。徐庶的老娘喜歡舞槍弄棒和練習書法，對縫紉刺繡卻全無半點興趣，所以那件衣服才會做成那樣。程昱偷了一幅徐母寫的字，研究了她的字體。然後用徐母的字體和口氣給徐庶寫了一封信，招他來許昌。徐庶接到信後立刻決定前往許昌，雖然劉備心中百萬個不願意，千萬個捨不得，可還是沒辦法留住徐庶。

徐庶走的那天，他在長亭設宴爲徐庶送別。

劉備大哭道：「希望我這晶瑩剔透的淚，能夠融化你堅若鐵石的心腸。」

徐庶：「劉兄你不要這樣，許昌我是必須要去的。不過你放心，我不會給曹操出一個主意，哪怕是他問我一隻青蛙兩條腿，兩隻青蛙幾條腿，我也不會告訴他的。」

劉備聽徐庶這麼說，心下稍安。

徐庶上馬離去，劉備流著眼淚揮手說再見。片刻之後，徐庶又策馬跑了回來。

劉備大喜：「是不是你決定不去了？太好了？」

徐庶：「不是。」

劉備：「難道是前面有老虎？還是馬的油沒有加夠？」

徐庶：「我忘了告訴你一件事情了。你一直日夜思念的臥龍先生他就住在南陽，真名叫諸葛亮。」

劉備：「那麻煩你去把他請來送給我吧。」

徐庶：「這個人只能你親自去請的。」

劉備聽徐庶這麼說，立刻上馬回頭往南陽奔去，張飛和關羽也跨上馬追隨而去。

徐庶呆呆的望著他們遠去的背影道：「這人還真是現實啊……」

劉備在城裡買了送給諸葛亮的禮物後，便同張飛和關羽一起前去山中拜會諸葛亮。他們去的時候，諸葛亮家的大門緊閉，門口站著一個小孩，胸口寫著「門童」二字。

劉備：「請問臥龍先生在麼？」

門童：「臥龍先生外出去講學了，估計要幾天之後才能回來。」

劉備悵然若失，轉身便要走。

門童：「等等……禮物可以留下。」

劉備：「……」

雖然有點不願意，劉備還是無奈地將重金買來的禮物交給了那個小孩。

門童：「這麼沈，裡面是什麼？」

劉備：「書。」

門童又將禮物還給了劉備：「真不會送禮物，買些沒用的書。哪怕是買隻燒雞也比這些強。」

幾天之後諸葛亮回來了。

門童：「你總算回來了，把這幾天的工錢給我付了先吧！」

諸葛亮：「啊，還要錢？難道這幾天你沒有收別人送給我的禮？」

門童：「送的都是些書，我又不識字。快點給錢吧，裝門面當然要有花費了……」

劉備也聽說諸葛亮回來了，便又買了禮物帶著關羽和張飛前去拜訪。這次他們見到了諸葛亮的弟弟諸葛均，諸葛均告訴他們諸葛亮跟朋友出去遊玩了，可能要幾個月才能回來。劉備準備給諸葛亮留封信，證明自己來過。諸葛均卻道：「凡走過，必留下痕跡。不用留了……」

正在這時門童大喊道：「啊，回來啦！」

劉備慌忙出門去行禮拜見。他面前的人卻一臉茫然。諸葛均忙上來說：「這是臥龍先生的岳父，不是臥龍先生。」

劉備又一次失望而歸。

路上。

張飛：「那老頭可長得真醜，不知道他女兒長得像他媽還是像他，要像他就慘咯……」

關羽：「估計是像他媽，堂堂的臥龍先生應該不會娶一個醜女當老婆吧！」

劉備：「你們什麼時候變得這麼八卦了？」

關羽：「你以為我們想啊，都是韓冬給弄的。」

幾個月之後，劉備聽說諸葛亮回來了。便挑了一個風和日麗的日子準備前去拜訪，這次他洗了澡並且換了乾淨衣服，賣了更加貴重的禮物。

關羽：「我看他還不就是住在山上的一個農民，大哥不用這樣一趟一趟的跑了吧！」

張飛：「你如果真想見他，我直接去將他劫持來就成了嘛！」

劉備：「你們以爲我沒想過麼？現在他名聲在外，即便他沒有真才實學，請回來裝點門面，嚇唬曹操應該還是可以的。」

三人一行於是又來到諸葛亮的住所。他們進去的時候諸葛亮正在睡覺。劉備命張飛和關羽在外面等著，自己則在諸葛亮的床前靜靜的守候著。

關羽用一直手拽開自己的鬍子，另一隻手從背後掏出一個小提琴在鬍子上拉了起來。他演奏的樂曲是《十面埋伏》。張飛沒有長鬍子，也不識音律。只得拔下自己的一根鬍子撓自己的鼻子，然後不停的打噴嚏。

他們想吵醒諸葛亮，卻不料諸葛亮完全沒有反應。足足睡到天都快黑了才醒來。睜開眼睛便看到了床前站著的汗流浹背的劉備。

諸葛亮：「啊，你是什麼人？什麼時候來的？」

劉備：「我便是漢室後裔劉備。現在漢室衰落，大權落在奸臣的手上，雖然我能力差，又

不能打，可是我想力挽狂瀾的心卻是真的。我不知道從何入手，所以前來請教先生你。」

諸葛亮見劉備心誠，便給他讓了坐位，開始分析天下局勢：「曹操戰勝了袁紹，現在的他已擁有百萬兵馬了，在軍事上他佔有優勢。同時天子還在他的挾持之下，政治上他的優勢也很明顯。所以征服他幾乎是不可能的任務。孫權佔據江東一代，那裡地勢險要，而且江東的百姓都擁護他愛戴他，同時還有大批的能人在他帳下替他效力。你想跟他拚命也是絕對沒有勝算的。所以你應該聯合他……可是你拿什麼跟人家聯合呢？一個乞丐去找一個公司老總說我們合作吧，公司老總肯定不會搭理這個乞丐……我這個人就是這麼直，請你原諒我的直……所以你首先要有點地盤才行。荊州和益州都是好地方，一個是軍事要地，一個是天府之國。兩塊地又被沒有才能的人佔據著，如果你能佔有這兩個州，然後再跟孫權聯合的話，漢室就有恢復的可能了……」

劉備聽完後讚歎道：「我終於找到了我真正想要的人了。聽完先生的話我的心情竟是久久不能平復，正如老子所云：大音希聲，大象希形。我現在終於明白我缺乏的是什麼了，正是先生那種對真理的執著追求和先生那種對理想的艱苦實踐所產生的厚重感。面對先生，我震驚得幾乎不能動彈了……今後我一定按照先生的意見做事，就請先生和我一起下山，我們一起打出一個大大的天下吧！」

見諸葛亮盯著地板不說話，劉備便又開始大哭。諸葛亮最怕見到男人哭了，當即答應了劉備的請求。自此便開始了他辛苦而又卓有成效的輔佐劉家的生涯。

韓冬・Say

・身體是革命的本錢。有了好的身體才有精力做好事情——至少才有命去享受自己打拚來的美好生活。諸葛圭積勞成疾，諸葛玄又被氣死，高科技人士屢屢暴斃也是經常發生的事情，工作之餘不妨做一些簡單的運動，比如撐杆跳、前後空翻這些。

・在適當的時機請大膽的在老闆面前發表你對工作或者局勢的看法吧。不過看法一定要建立在深度考察和仔細思考之上，要言之有物。即便你身分低微，即便老闆當時沒有提出贊成，好處也還是有的。他在需要人來解決問題的時候，第一個想到的可能會是你。

・如果你是個急需人才的人，看準了一個人才就鍥而不捨的三顧茅廬去挖吧。如果你是一個人才，就矜持一點，等著別人三顧完茅廬再出山吧。明主和人才同樣難求。

・歌喉不美妙的話，就不要在公共場合亂唱。

紅紅的臉蛋

曹操統一北方後，在北方某地挖了一個大池子，裡面灌滿了水，並且採購了救生圈、泳裝、人工呼吸方法掛圖、止吐藥若干，開始在那裡訓練水兵。他的目標並不僅僅限於征服北方，他要帶著他的水兵打到富饒、美麗、水靈的南邊去。

這個時候的南方主要有兩個勢力：一是孫權，他佔據著揚州六郡，這些地方風景優美，糧草充足，美女眾多，所以經濟發展得很好。而孫權本人又沒有荒淫無道，奢華浪費，飛揚跋扈這些毛病，使得住在這裡的人民都安居樂業，都非常愛戴他。孫權手下還有周瑜、黃蓋、魯肅這些名將為他效忠。前面還有長江天險可以據守。可以說孫權是占盡了天時、地利、人和。另一個是荊州的劉表，這個人就不同了，他體弱多病，懦弱無能，更加失敗的是生了兩個不爭氣的兒子，在他將死還沒有死的時候，這兩個兒子就為了爭奪繼承權而天天打架，經常在病床上的劉表面前用「龜兒子」、「兔崽子」等讓劉表吐血的用語互罵。

此時的劉備依舊沒有自己的地盤，所以什麼都不能自己作主。以前他依附於袁紹，官渡一戰，袁紹兵敗之後他投奔了劉表。劉表命他住在新野一帶防止曹軍南下，可是又不給他兵馬，劉備整天戰戰兢兢的望著北方，時刻準備著，一旦曹操帶著兵馬前來，他就立馬閃人。唯一能夠讓他欣慰一下的是，現在他的手下關羽、張飛、趙雲這幾名非常適合墊後的猛將，更有他三顧茅廬請來的聞名天下的臥龍先生諸葛亮，門面也算不小。

曹操見水兵訓練的已經差不多了，便在西元二〇八年七月帶了十萬多兵馬去攻打荊州。對於這個戰略要地，孫權也從未放鬆過對它的監視。

探子：「今日劉表又在床上吐血五百ＣＣ。」

孫權：「那他死了沒有？」

探子：「還沒有，不過離死已經不遠了。」

孫權：「何以見得？」

探子：「以往他兩個兒子在他床前互罵，他被氣得吐完血之後，還能拿起床邊的藥碗向他兒子投擲，至少也積蓄上一大口口水吐向他兒子。今天他卻沒有，只是微微擡起了右手，衝他兩個兒子豎起了中指，胸部微弱的一起一伏……」

孫權：「竟然盯著人家胸部看，真下流。探得好，繼續探！」

探子領命而去。孫權當即帶著兵馬出門，幾天之後便攻克了夏口，再往西一點就是荊州

了。

不巧的是，沒有多久劉表就掛了。他死的時候只有他的一個兒子劉琮在他跟前，因爲另一個兒子劉琦喝的茶裡面被劉琮放了巴豆，那時那刻劉琦正在不停地跑茅廁。劉琮於是就搶到了荊州牧的大印，成了新一任的荊州牧。曹操知道劉琮這個人膽小如鼠，便放慢了前往荊州進發的速度。一路上他讓將士們吃好睡好，讓他們看上去個個紅光滿面，威武挺拔。每到一個地方，他還會讓軍中的能人異士在街上免費表演胸口碎大石，滾釘床，生吞寶劍，隔空取物等雜技和魔術。一時間曹軍威武又有神仙相助的消息傳遍天下。劉琮是在跟手下們開會的時候聽到這個消息的，他立刻扔下手下們，跑到自己房間去換了身衣服。

手下甲：「老大，你幹嘛穿成這樣，把自己搞得跟木乃伊一樣。」

手下乙：「看老大你一身素白，難道是你老爸又死了抑或是你想去泡不食人間煙火的同樣一身素白的仙女姐姐？」

劉琮：「錯，我這是要去投降曹操。只舉個白旗子會顯得咱們心不誠的，所以我乾脆連自己都弄成白色。曹操看到我這個樣子一定會很喜歡很喜歡的。」

手下甲：「怎麼說你也是個荊州牧，怎麼可以親自去投降呢？派個使者去就好了吧！」

劉琮：「那樣曹操會生氣的……」

劉琮去恭迎曹操進駐荊州的時候，魯肅正在趕往荊州的路上。孫權派他來給劉表吊喪，順便刺探一下荊州的情況。走到半路他就看到了一身素白的劉琮在前面領路，曹操部隊威武的跟在後面開往荊州。魯肅連忙裝成路人轉過臉去對著一棵大樹小便，以免曹軍之中有認識他的人將他給認出來。這時一個大娘提著一籃子蘋果，從魯肅面對的那個樹上爬了下來。

蘋果大娘：「下流，沒有公德！」

魯肅被羞紅了臉，紅紅的臉蛋，就像大娘籃子裡面的紅蘋果。

劉表的另一個兒子劉琦，那天從廁所出來後便接到了劉琮已經成爲新一任冀州牧的消息了。他怕劉琮會整他，便跑步去投奔了劉備。劉備看到他氣不打一處來。

劉備：「早不上，遲不上，這麼關鍵的時刻你上廁所，你乾脆待在廁所裡面一輩子別出來了。」

劉琦：「是劉琮那個兔崽子在我的茶裡面做了手腳。」

諸葛亮：「你的茶壺他怎麼會接觸得到呢？」

劉琦：「不是，那天是他給我端來的茶。我當時就在納悶，怎麼這小子忽然變得這麼好，竟然端茶給我喝……」

張飛：「這樣你就上當了？」

劉琦：「是啊！」

張飛：「我比豬笨，你比我還笨！」

諸葛亮：「那你有沒有帶些什麼好東西出來呢？荊州經濟一直都很不錯，寶貝一定不少，你有沒有帶些來？」

劉琦：「我從廁所出來就直接奔這裡來了，要說東西嘛，就帶了一本《Q版史記》來，我上廁所的時候喜歡看書。」

諸葛亮：「……」

劉備：「孔明先生在想什麼？」

諸葛亮：「我在想是把他擡起來扔出去呢？還是一腳揣出去？」

劉備：「外面怎麼那麼吵，三弟你去看看是怎麼回事。」

張飛進來之後稟告，是劉琦帶來的部隊在聚眾賭博。

劉備：「什麼？劉琦你帶軍隊來了？幹嘛不早說，趕快上座。」

劉備將劉琦帶來的部隊編入自己帳下。他積極做著迎擊曹操的準備，卻得到了劉琮已經投降曹操的消息。而且曹軍已經逼近了荊州腹地，快到他們附近了。爲了避開曹軍，他們決定退到另一個戰略要地江陵。十萬多軍民開始了倉促的大轉移。同時劉備命關羽和劉琦帶著水兵經漢水與大部隊在江陵會合。曹操收到密報之後親自率領五千名騎兵，日夜兼程前去追趕劉備，在長阪坡擊敗了劉備，幸虧趙雲生猛，劉備這才帶著數十人突破了重圍。同關羽他們會合之後，劉備退守長江南岸樊口一帶。

魯肅離開那棵蘋果樹後，立刻前去找劉備，希望劉備能和東吳聯盟一起對抗曹操。在去新野的半路上，又聽說劉備正被曹操趕往長阪坡一帶。他便抄近路趕往長阪坡，在哪裡他終於見到了劉備正騎著馬往前跑。策馬追了上去之後，兩人開始了對話。

魯肅：「你不要跑那麼快，我都快追不上你了。」

劉備：「我就是要你追不上啊……駕……」

魯肅：「我不是曹軍，我是孫權手下的魯肅。」

劉備：「哦，你好啊。馬催快點，我們邊跑邊聊。」

魯肅：「你願不願意和東吳聯合對付曹操呢？」

劉備：「願，當然願意了。據說你們東吳有能夠一日千里的寶馬，送我一匹先吧，我現在最需要的就是一匹快馬了。」

魯肅：「好啊，不過我沒帶在身上，下次你去揚州的時候我送給你。不過這次你得派個人跟我一起去揚州商量聯合之事。」

劉備：「好，孔明先生跑得比較慢，就讓他和你一起去吧。」

諸葛亮：「收到！」

魯肅當即和諸葛亮一起轉彎奔向孫權那邊。路上聽說了劉備在長阪坡被曹操大敗，狼狽逃竄往樊口一帶。

到達東吳之後，魯肅立刻帶著諸葛亮去見孫權。

諸葛亮：「曹操已經取得了荊州，接下來要進攻的就是東吳了。將軍你打算怎麼辦？」

孫權：「呃……正在想。你能不能給點提示呢？」

諸葛亮：「如果將軍想抵抗曹操的話，現在就應該立刻斷絕和曹操的一切不正當關係，和我們聯合起來對付他。要不然的話，將軍就趕快脫光上衣，綁兩根荊條在背上，牽上一頭小綿羊向曹操投降吧。正所謂『投降要趁早』，晚了就來不及了！」

孫權：「也好啊，你替我約上劉備將軍，我跟他一起去。」

諸葛亮：「切，劉將軍是漢室的正宗後代，才高八斗，學富五車，人長得又帥，怎麼可能去向曹操投降。」

孫權：「你這分明是在鄙視我，還好我脾氣好，不然早砍了你了。我也決計不會投降曹操，將江東父老和美女白白送給曹操的。你拿出解決問題的態度來，我們好好商量一下先。」

諸葛亮：「解決問題的道路只有一條，那就是我們兩家聯合起來一起扁曹操。」

孫權：「似乎就剩我一家了吧……你們的軍隊不是剛剛被曹操給圍殲了麼？」

諸葛亮：「被曹操圍殲的只是一小部分，真正的大部隊都在江上玩漂流呢。我們還有水兵至少兩萬。其實曹操也沒有你想像的那麼厲害，他帶著人馬從遙遠的北方一路奔波而來，小弟們都已經疲憊不堪了。再說他的小弟都是北方人，乾旱慣了，非常不習慣水多的地方。只要我們同心協力，打敗曹軍是一定的。」

孫權：「臥龍不愧是臥龍，說話讓人聽著就是那麼舒服。」

曹操的戰書已經送到孫權手上了。戰書上說：「大漢天子派我來征服你們。如果你們不介意的話，我想用手下的八十萬軍隊跟你們小打一仗。」

張昭：「哇，八十萬軍隊啊……足足是我們的好幾倍。」

孫權：「張將軍，你是老同志了，怎麼還哇呀哇的。」

張昭：「自我從事軍事工作以來，從來沒有遇到過這麼多軍隊。而且曹操戰艦又多，糧草又足，這仗根本沒法打。投降咯，投降咯……」

眾大臣聽張昭這麼說，也跟著一起喊了起來。「投降，還有個咯字」的叫聲不絕於耳。

孫權：「你們先喊著，我去噓噓一下。」

孫權出來就看到了正在外面偷聽的魯肅。

孫權：「啊，死人，裡面討論的那麼激烈，你卻在這裡偷聽，快幫我出出主意。」

魯肅：「看來將軍你是不願意投降了？」

孫權：「咦，你怎麼知道？」

魯肅：「要是將軍你願意投降的話，就不會假裝要去噓噓而跑出來了。將軍不投降是對的。我投降了可以回老家去種田，還可以跟有名人士交往，最不濟我也可以上街去擺個卦攤算卦賺錢。將軍你呢？如果你投降的話，江東父老會群毆你到躲都沒處躲的。」

孫權：「有道理。不過現在裡面的那群傢伙投降的熱情那麼高漲，不好弄啊恐怕。」

魯肅：「你可以召回羽扇綸巾，明眸皓齒，眾望所歸的周瑜，他可以說服這群人。」

孫權立刻命人前去鄱陽召回正在那裡休假的周瑜。周瑜的意思和魯肅一樣，主張抵抗曹操。孫權將他拉到開會的那間屋子裡面，以張昭為首的大臣們還在不停的喊「投降咯，投降咯……」

周瑜走到張昭面前：「投你的頭的降。」

張昭：「你怎麼能罵人……」

周瑜：「我還要打人呢！」

周瑜還沒說完就將張昭摁倒在了地上，抄起旁邊的一個折凳將張昭一頓好打。眾大臣收了聲，用充滿恐懼的目光看著揮舞著折凳的周瑜和倒在地上不停『啊～』的叫的張昭。打完之後，周瑜整了整衣服轉過臉來對眾人說：「還有沒有想要喊『投降咯』的？」

所有人你看我我看你，沒有一個人說話。

周瑜：「你們這些人怎麼這麼笨？曹操這次明明是來送死的，你們卻還要向他投降。曹操手底下的士兵不是騎兵就是步兵，他們擅長的是陸地作戰，現在卻要和我們在水上打架，這是說他是來自尋短見的理由之一；荊州投降的部隊有七八萬人，他們倒都是水兵，曹操也對他們寄予了很大的期望，可是他們現在鬥志低下，心懷不滿，必定不會好好替曹操打仗，這是理由之二……曹操鼻孔很大，現在天氣又這麼冷，他很容易吸到大量的冷空氣而導致上呼吸道感染，這是理由之一百。」

周瑜一口氣講了一百條曹操必然兵敗的理由，眾將領聽得熱血沸騰，恨不得立刻就去找曹操打仗，連爬在地上的張昭也恢復了幾分帶兵打仗時期的風采。

第二天，孫權便任命周瑜、程普爲左右都督，魯肅爲參謀長。給了他們三萬水兵。命他們帶領著這些水兵前去和劉備會合，一起抗擊曹軍。西元二〇八年十月，周瑜率領的軍隊在樊口與劉備部隊會合，之後繼續沿江而上，路上與曹軍相遇，兩軍展開了一場遭遇戰。正如周瑜所料，因爲水土不服，曹操手下的士兵得了各種各樣奇怪的疾病。

兩軍尚未相會，周瑜就聽到從曹軍的船上傳來了聲勢浩大的「喔……」的聲音。

周瑜：「這是什麼聲音？」

魯肅：「會不會是曹軍新規定的衝殺時候喊的口號？」

兩軍的船靠近，周瑜才看到很多曹軍士兵趴在船舷上吐得翻天覆地，剛剛那些聲音就是他們發出來的。

除了暈船之外，得瘧疾的曹兵也很多，他們一手拿手紙，一手握刀。準備隨時找地方上廁所，然而這是在船上，而不是在陸地上，很多士兵就著急的扔了刀在原地打轉。

更有很多人沒辦法適應南方的濕潤而出了濕疹，於是下面這種情況就出現了：

一個曹兵和一個東吳兵正在互相用刀砍。曹兵忽然舉起手來說：「停！」

東吳兵：「為什麼要停？」

曹兵：「我出了濕疹，現在十分的癢。等我撓一下我們再砍好不好？」

東吳兵：「好啊，你撓吧！」

曹兵將手中的刀當作如意棒，插進衣服裡面去撓脊背的癢，東吳兵忽然手起刀落，那曹兵的頭就被砍掉了，可憐的他臨死前的那個癢還沒有撓到。

在這種情況之下，曹軍很快就被東吳軍擊敗了，他們只有且戰且退，一直退到了長江北岸，將部隊安營紮寨在烏林。周瑜率領的部隊則駐紮在長江南岸，跟曹軍隔江相對。曹操將部隊分成兩部分，一部分住在船上守在船上，另一部分在岸邊駐紮。一天，曹操去船上視察，見上面的士兵趴在船舷上吐得肝腸寸斷，搖搖欲墜。而他自己晃了幾晃之後也不禁有點頭暈，非常想吐。連忙回到陸地的營中之後，他決定將所有的船用鐵鏈栓在一起固定起來，這樣一來，船就不會搖晃得那麼厲害，船上的將士們也就不用那麼辛苦了。曹操的這個決定得到了將士們的一致贊同，他手下的謀士荀攸卻不贊同。

荀攸：「這樣連起來，船是固定了，是不晃了，可是如果東吳軍隊用火攻的話，就全玩完啦。」

曹操：「這一點我早就想到了，現在這個季節，刮的都是西北風，東吳軍要是放火的話，燒到的只能是他們自己，哈哈……」

荀攸：「萬一刮起東南風呢？」

曹操：「不可能有這個萬一。」

荀攸：「我是說萬一……」

曹操：「……沒有這個萬一……即便真的刮起了東南風，他們真的放火了，這裡到處都是水，還怕滅不了火？」

周瑜聽說曹軍將所有的船都鏈了起來，開心到非常。當即他就決定了用火攻，不過還得有

人送火過去才行。他去找了厚道的老將黃蓋，兩人商定用苦肉計。某一天，周瑜和眾將領開會的時候因為跟黃蓋意見不合，將黃蓋用鞭子狠狠的打了一頓。黃蓋寫了一封信給曹操，說他要投降，並向曹操約定了投降的時間，經過周瑜一系列的工作之後曹操對此深信不疑。

對曹操手下在江水裡面吐污穢物這件事情，長江裡面的龍王早就不滿了，他本想派蝦兵蟹將去滅了曹操的部隊，可又怕觸犯天條。這天他聽一條魚彙報說，只要給東吳軍一點東南風，東吳軍就可以滅了曹軍，大喜過望，當即上天去找風婆婆。

龍王：「風婆婆，能不能麻煩你在赤壁吹一場東南風？」

風婆婆：「不能！」

龍王：「啊?!難道你還在恨我？」

風婆婆：「恨，你教我如何不恨呢？我的最好的年華，最好的愛情，都給了你了……」

龍王：「我們兩個的事慢慢再說，能不能給點東南風讓赤壁之戰先給觀眾演完？」

風婆婆答應了。將風口袋對準東南方向，設置好各項參數之後，她和龍王就肩併著肩去月亮背面解決他們的私人恩怨了。

東南風起了。黃蓋帶著裝滿了乾草、油脂、硫磺的混合物的船隊向江對岸進發。風很大，船很快。曹軍看到來船上面掛著黃蓋的帥旗，都以爲這是黃蓋如約前來投降。沒有絲毫戒備的跑到船頭去看熱鬧。

荀攸：「黃蓋的這船裡面裝的是什麼？」

曹操：「全都是東吳軍的糧草，哈哈……」

荀攸：「按照一船糧草的重量來說，船吃水不應該那麼淺的吧。你兒子不是稱過印度象麼？這個你應該很熟吧！」

就在曹操也納悶的時候，黃蓋已經命士兵點起了火。十幾艘火船如離弦之箭一樣向曹軍的戰船衝將過來，曹軍將士嚇得扭頭便跑，而戰船因爲被鎖在一起根本沒有辦法移動。大火燒到了戰船之上，又乘著風勢燒到了岸上曹營之中。曹軍亂成一團，四散逃命，被燒死、淹死、踩死的人不計其數。孫權和劉備的主力軍也乘著快船殺將過來，江面上到處漂浮著被斬殺的曹兵屍體。

鬍子已經被燒掉的曹操，自己率領著一小沱人馬經華容道向江陵方向逃竄，路上又遇大雨，人馬前進非常困難。好不容易逃到了江陵，曹操稍微休息了一下後繼續往北逃去。他命曹仁和徐晃留守江陵，樂進駐守襄陽。赤壁之戰以曹操徹底的失敗告終，三國鼎立的形勢初步形成。

韓冬・Say

・男人，特別是身為領導的男人，一般來說都怕別人強過自己，更怕有人說別人強過他。有些事，正面勸解效果可能不會好，那就激將他，激起他的鬥志。不過事先要對他的性格有一定的了解，以免激將不成反被他扁。

・很多勢力，貌似強大，實則外強中乾。不要被其表面嚇倒，一般來說，針對其「乾」的地方下手，都可取得成功。諸葛亮對勢力強大的曹操的分析就非常到位。

・最怕的「萬一」通常都會發生。「萬一」刮起東南風，曹操就死定了，這一點他也明白，最終這個「萬一」真的讓他大敗而逃。不要留下給對方可乘之機的薄弱環節或者缺口。

・切勿隨地大小便。實在忍不住了也不要對著果樹，果樹上一般都有果農在採果子。

Q版資治通鑑
三國

丞相，這是你生的？

諸葛亮：「你走吧……」

孟獲：「不走了，我投降了。再這樣搞下去，即便你不殺我，我也要被你玩死了。」

諸葛亮一直想去進攻盤踞在北方的曹魏，可是蜀地的後方有個不安分的孟獲。諸葛亮怕他帶兵離開之後，孟獲乘機前來騷擾蜀地，便決定先解決了孟獲，穩定了大後方之後，再圖北伐之事。孟獲是個武夫，諸葛亮用陷阱、放火、埋伏等方式玩得孟獲團團轉，足足活抓了孟獲六次，每次孟獲都會找出他不服的理由。

第一次孟獲說：「這次之所以兵敗，都是因爲我的副將，他把部隊帶到了這個三面環山的逃跑不掉的地方。」

第二次孟獲說：「昨晚做了一夜的惡夢，沒有休息好，今天精神很差。隨便一個人都能將我制服，你抓住我不算能耐。」

第三次孟獲說：「我的手下都喝醉了，這次更不能算了。」

第四次孟獲說：「你竟然用你自己來勾引我，太卑鄙了，放我回去我們繼續打過。」

第五次孟獲說：「我想你曾經也拉過肚子吧，你應該了解那種痛苦吧！」

第六次孟獲只是用幽怨的眼神看著諸葛亮，沒有說理由，諸葛亮還是將他放了。第七次，他終於拜倒在了諸葛亮的石榴裙下。

搞定孟獲之後，諸葛亮開始在漢中集結軍隊，囤積糧草，正式準備北伐。那是西元二二七年的春天。每次諸葛亮行動的時候都會虛虛實實，實實虛虛，道可道，非常道……這次也不例外。他首先派人放出風聲說他要從褒谷進攻眉縣，然後從眉縣進攻長安，他還派了趙雲帶著兵馬去做出進攻的樣子。實際上，他的決定是北出祁山，佔領隴右先，然後以那裡爲根據地一舉奪取長安。他率領著主力部隊悄悄出發了。

劉備在四年多前就已經死了，他臨死前將諸葛亮叫到他身邊拉著諸葛亮的手說：「我死之後，希望先生能夠好好輔佐阿斗，如果真的輔佐不動的話，先生就做掉他自己當老大吧！」

諸葛亮：「你那麼喜歡阿斗，我怎麼忍心做掉他呢？」

劉備：「……我客氣一下而已，你還真想要做掉他啊？阿斗是個聰明的孩子，他一定能繼承好我的遺志的……」

劉備說完之後，便轉過臉去用慈祥的目光看著正在屋子裡面玩的劉阿斗。劉阿斗見他老爸和諸葛亮都在看他，一陣傻笑之後，從口袋裡面掏出從他媽那兒偷來的隱形胸罩罩在眼睛上玩。劉備看完這個場景之後就斷氣了。從此之後諸葛亮又要教育阿斗，又要治理蜀國，累得心焦力瘁。

魏國見好幾年都沒有蜀國的消息，以爲蜀國已經沒有北伐的實力了，便放鬆了對蜀國的戒備。所以當西元二二八年春天，諸葛亮忽然帶著兵馬在祁山出現的時候，駐守在那裡的魏軍被嚇了一跳。經過諸葛亮好幾年的訓練，此時的蜀軍已是一支紀律嚴明，配合默契，作戰能力很強的軍隊了。與蜀軍相遇的魏軍紛紛敗退，見形式不妙，好幾個郡的魏國守將直接投降了諸葛亮。

當時魏國的首都在洛陽，朝中大臣們得知蜀軍大舉進攻，所向披靡之後都非常恐懼。有的說應該派人帶著禮物前去跟諸葛亮講和；有的說應該繼續遷都，往更北的地方遷；最過分的就是一個大臣竟然說讓魏明帝把他的姐姐送去給劉阿斗……倒是魏明帝比較冷靜，即便諸葛亮再猛，也不可能下一分鐘就打到洛陽來吧。他立刻抽調了五萬名精兵，由魏國又猛又大的將領——簡稱猛大將或大猛將——張郃率領趕去駐防隴右。他自己則親自到長安督戰，魏軍士氣有所回升。

諸葛亮決定派一支部隊去佔領非常重要的戰略要地街亭先，可是派誰去呢？老將魏延得了胃炎，猛將趙雲又沒帶來，關羽早在敗走麥城之後就被孫權殺了，司馬懿很厲害吧他又是魏國將領……最後他決定派平日裡跟他很能談得來的馬謖去完成這個任務。馬謖此人非常聰明而且熟讀兵書，他的出現讓諸葛亮有一種「我並不孤獨」的感覺。可是劉備卻不看好馬謖，他覺得馬謖行事輕浮，難以擔當大事。甚至他在臨死前只剩下一兩口氣那麼力氣寶貴的情況下還專門叮嚀了諸葛亮一遍：「千萬不要派馬謖去幹大事。」一個人臨死前的話我們都應該回答「嗯」並點頭，諸葛亮在劉備臨死前就是這樣的。可誰能料到一個人臨死前可以說那麼多的話呢？剛開始諸葛亮還在專心的聽並點頭和「嗯」。劉備說話本來就小聲，更何況是臨死前，諸葛亮聽到後來實在累得不行了，便不再去非要聽明白劉備說什麼，只是不停的「嗯」和點頭。劉備說馬謖這一句話諸葛亮就漏聽了。

他給馬謖派的副手是王平。馬謖帶著兵馬到達街亭的時候，張部部隊還沒有到，不過已經在前來的路上了。

馬謖：「被我們先到了，正所謂『先處戰地而待敵者佚』，這次我們贏定了！」

王平：「部隊駐紮在哪裡守城呢？」

馬謖環顧了一下四周之後，看到不遠處的路口有一座孤零零的大山，笑逐顏開的道：「將部隊駐紮在那個山頂上去，等張郃一來我們就從山上衝下來，勢如破竹的砍了他們。」

王平：「人站在山頂，很容易被雷劈到的。」

馬謖：「這裡是北方，哪裡來的那麼多雷。」

王平：「大軍從山上跑下來的時候，很容易被絆倒變成滾下來的。」

馬謖：「你以為所有的人都像你一樣頭重腳輕麼？好了，你不用說了，我看過的兵書比你走過的路還多，聽我的沒錯。」

王平：「萬一敵人把山圍起來切斷水源怎麼辦？」

穩重的王平還是堅持說出了自己最後的擔心，可是馬謖沒有理他，帶著人馬準備去爬山。

王平：「我要和你分家。給我一千人馬，我自己帶著去駐紮。」

馬謖：「好，到時候打了勝仗不許搶我的功勞哦……」

張郃終於率領著部隊來到了街亭，他以為馬謖會堅守城池，卻不想他竟然將部隊駐紮在大山之上。張郃高興得嘴都笑歪了，馬上下令部隊在山腳下修起防禦工事，將馬謖所在的那座山圍了個水泄不通。馬謖按照自己事先想好的，帶著兵馬從山上往下衝，果然有很多士兵兩腿交換不及，絆倒之後從山上滾下來，直接滾到了敵群之中；更有士兵往下衝的時候剎不住車，「啊」的大叫著撞到敵人修的牆上；兩腿能交換得及腳底下也能剎得住車的士兵中，又有很多

被敵軍的亂箭射死射傷，馬謖只得下令部隊退回山頂。接著魏軍將通往山上的所有水源全都切斷，包括賣礦泉水的都不讓上山。蜀軍沒有水喝，沒有水拿來做飯，士兵們人心惶惶，根本無心打仗。就在這時張郃發起了總攻，蜀兵四散逃竄，馬謖根本招架不住，無奈之下他挺起一杆槍，自己突出了重圍。

王平見馬謖兵敗，下令所有的士兵都去敲鼓，剎那間鼓聲震天。他還帶領著一隊人馬大喊大叫著假裝去進攻張郃。然後又帶著部隊回頭就跑，張郃怕諸葛亮使出慣用的埋伏，沒有敢尾隨而來。王平不慌不忙的撤了回來，路上不但撿了很多蜀兵扔下的東西，還撿了很多人。

街亭失手，蜀軍失去了據點。諸葛亮只得帶著部隊撤回了漢中。在漢中他流著眼淚將馬謖斬首。第一次北伐以失利告終。這年冬天，諸葛亮又一次帶兵衝出散關包圍了陳倉。第二年的春年，他又一次出兵，這次收復了武都、陰平兩郡。

諸葛亮第四次出祁山北伐的時候已是西元二三一年了。那個時候正好魏軍的主帥曹真得了重病，司馬懿和張郃被派去祁山迎戰諸葛亮。諸葛亮遠道而來，糧草有限，自然希望能夠速戰速決，司馬懿也明白這一點，任憑諸葛亮怎麼叫陣，他都只是堅壘固守，不肯出戰。

探子：「稟告將軍，蜀軍他們說『司馬懿是縮頭烏龜，不敢迎戰』。」

司馬懿：「……繼續探。」

探子：「稟告將軍，蜀軍他們不停的向我們伸中指，伸完了中指又伸小拇指，接著又伸中指……」

司馬懿：「接著探吧……」

探子：「稟告將軍，蜀軍他們說『不光是司馬懿，所有的魏將都是縮頭烏龜』……」

張郃：「我受不了了，讓我帶兵去先剁了他們的中指跟小拇指，再割掉他們的舌頭，然後再砍了他們的頭吧將軍。」

所有的魏將紛紛向司馬懿請戰，司馬懿就是不許。

不久之後，蜀軍後方的糧草供應果然斷了，挨了幾天餓之後，諸葛亮不得不撤兵。魏將張郃追趕，在木門附近的山谷裡中了諸葛亮的埋伏，包括他在內全軍覆沒，大部分人就像稻草人靶子一樣，身上插滿了箭。

回到蜀地之後，諸葛亮命人砍了很多木頭扛到他房間去，之後就很少出門，整天躲在房間裡面，叮叮噹噹的敲著木頭。大臣們紛紛前去探望，卻被擋在了門外。

大臣甲：「你們說丞相這麼久不出來，躲在房間裡面做什麼呢？」

大臣乙：「我猜他是在做特洛伊木馬。」

大臣丙：「我想他一定是在做木鳶，魯班曾經做過木鳶，木鳶可以載著人在天上飛，而且從不吃東西。」

大臣甲：「你們說的這些東西都太玄了，我估計他是在給他兒子打造結婚用的家具。估計他已經看透了，北伐是不可能成功了。他想要好好盡一下作父親的責任……真實感人啊！」

半個月之後諸葛亮出來了，他身後跟著一頭牛和一匹馬。

大臣乙：「啊，丞相，這是你生的？」

牛：「你才會生呢！」

馬：「笨蛋，傻瓜！」

大臣乙大叫一聲：「妖怪啊！」就暈了過去。

諸葛亮：「這是我最新研製的木牛、木馬，它們可以不分晝夜的運送貨物而不知道累。吃進去的是草，擠出來的是奶算什麼？什麼都不吃，照樣擠出奶來這才算厲害。」

諸葛亮將曾經做過木匠的士兵全都挑了出來，發給他們木牛和木馬的圖紙，讓他們夜以繼日的趕製。因爲這些木匠的水平參差不齊，做出來的牛和馬難免有這樣那樣的問題，比如有的腿很短，走起路來比烏龜還慢；有的少兩條腿，只能一條一條的走路，看上去非常怪異；還有的將木牛和木馬做成了母的，根本扛不動東西，反而會擾亂軍心，搞得別的木牛和木馬躍躍欲上……諸葛亮只得親自出馬，將所有有問題的木牛木馬進行改裝。弄好之後他就讓這些木牛木馬前去運送糧草，他運送了很多很多的糧草囤積在一個叫斜谷口的地方，爲再出祁山作準備。

西元二三四年，做好了充分準備的諸葛亮發動十萬大軍六出祁山。他還派人去聯絡了孫權，約定和他一起進攻魏國，以便前後夾擊。大軍出了斜谷口，駐紮在五丈原，這次諸葛亮有足夠的糧草，打持久戰也不怕了。坐吃山始終會空的，他還派了一部分士兵在五丈原開荒種地，以解決糧草問題。司馬懿帶兵前去迎敵，在離五丈原不遠的地方修築軍事設施，與蜀軍對峙。

孫權這個時候年齡也不小了，本來不大願意再去惹是生非，可是諸葛亮的言辭那麼懇切，讓他不忍心拒絕。答應諸葛亮一起進攻魏國之後，他派了兩路兵馬前去。魏明帝親自帶著兵馬前去迎戰東吳軍隊，孫權聽說之後立刻撤兵了。戰場上又只剩下諸葛亮一個人了。司馬懿跟上次一樣始終不肯出戰，諸葛亮派嘴皮子利索的，比較會罵人的士兵輪番到魏軍那裡去叫罵，司馬懿始終不爲所動。

某一天，司馬懿收到了一份諸葛亮給他送來的包裝非常精緻的禮物。拆開一看，竟然是一套女性的內衣褲。裡面還寫了張紙條：「這份禮物非常適合現在的你，穿上看看吧，不知道size

合適你不?」

魏軍將領都快被氣瘋了，都願意帶兵去和蜀軍決鬥，司馬懿知道這是諸葛亮的激將法，始終不應允他們的請求。

一天半夜，司馬懿手下的一個將領從外面約會回來，看到司馬懿站在營房外面擡頭呆呆地看著天空，便輕輕的走了上去。

將領：「將軍你在看什麼?」

司馬懿：「星星。」

將領：「星星?」

司馬懿：「代表著諸葛亮的那顆星星一閃一閃的，看來諸葛亮命不久矣。」

將領：「滿天的星星都是一閃一閃的呀。你沒有聽過那首歌麼?『一閃一閃亮晶晶，滿天都是小星星……』」

司馬懿：「他的那顆閃得不一樣。」

將領：「那這麼多星星裡面，哪顆是代表我的呢?」

司馬懿：「那邊那顆，會飄來飄去的那顆!」

將領：「那顆星星叫什麼?」

司馬懿：「哈雷慧星……」

不久之後，諸葛亮又給司馬懿送來了一套女性的首飾，裡面同樣夾著個紙條，上書：「上次的衣服應該合身吧，再配上這套首飾必會光彩照人。」

司馬懿隨口問送來禮物的使者：「你們丞相身體還好吧？吃飯吃得多不多呀？他很忙吧！」

這個使者以爲司馬懿是真的在關心諸葛亮，便老老實實的回答說：「身體還不錯。就是吃得不多，吃了健胃消食片也不管用。」

使者離開後，司馬懿便對將領們說：「這幾天我夜觀星象，發現諸葛亮的星星非常暗。今天又聽他的人說他忙碌而又吃不多，看來他真的活不了多久了。」

說完之後，司馬懿竟然有一種悵然若失的感覺，當今天下，和他司馬懿匹敵的，也就剩諸葛亮一個人了。

諸葛亮真的因爲操勞過度，在這年八月病倒了，不久之後就去世了，享年五十四歲。諸葛亮在臨死前已經做好了安排。按照他的安排，他死後所有的將領都沒有洩漏消息，平常怎麼樣，現在還怎麼樣，照樣的吃肉喝酒划拳。蜀軍開始有秩序的撤退，司馬懿得到消息之後連忙

帶著部隊追了上去，卻見諸葛亮端坐在木車裡面，帶著蜀軍轉身殺將過來。司馬懿以爲又上了諸葛亮的當，扭頭拍馬便走。他走遠之後，蜀軍才不慌不忙的撤出了五丈原。出了陝西之後，才向外公佈了諸葛亮的死訊。

韓冬・Say

・所托非人是非常痛苦的事情，不但讓你失去一次機會，而且有可能從今以後再也沒有機會。有些人幫你抵擋十幾個歹徒可能都沒有問題，如果你讓他去送情書給心儀的人可能就會辦砸了。託付自己的事情給別人的時候，定要細心考量這個人是否能承擔起這個責任。英明的諸葛亮犯的這個錯誤，實在有點讓人想不通。

・隱忍也是一種優良品質。對方叫得愈凶，說明他愈著急，情勢對他愈不利。時機並不總是要去尋找，有時也需要等待。司馬懿所承受的羞辱可謂大矣，但他明白一切的最終目的都是打勝仗，而非逞一時之強。

・承擔過多的責任是一種錯誤。最終只會落得精疲力竭，心焦力瘁的地步。

旋轉木馬

一般的人臨死之前都會說幾句話，交代一下。除非這個人是猝死，或者生前就是個啞巴，只會手語。不一樣的人說的話也會不一樣。

劉備說：「我兒子笨是笨了點，不過還應該輔佐一下。」

周瑜說：「即生瑜，何生亮……氣死我了！」

關羽說：「我的大意害了我，同志們，千萬不可大意啊……」

隔壁家的二狗子說：「我還年輕……」

躺在醫院病床上看著忙著拔管子的護士們的李四說：「我覺得，我還可以搶救一下！」

諸葛亮說：「我死後，國家大事可以託付給蔣琬。」

於是諸葛亮死後，就由蔣琬繼承了他的位子，擔負起建設蜀國，消滅魏國的大任。劉備剛剛佔領四川的時候，曾任命蔣琬當廣都縣縣令，蔣琬覺得這是在侮辱他的智商，是在用原子彈

炸老鼠，便整日喝酒吟詩，不理公事。

秘書：「縣令，狗肉專賣店的張三家的三隻母狗一夜之間全都不見了，他來縣衙告狀。」

蔣琬：「依我看，這件事情很有可能是二郎神的哮天犬幹的。喝完這杯酒我就去看看。」

秘書：「縣令，王麻子說一夜之間他家的牆上被畫滿了黃色圖片，他覺得很有可能是隔壁家的青年畫家幹的。現在他就在外面等著呢。」

蔣琬：「畫滿黃色圖片？好事一件啊，有什麼好告的。」

秘書：「韓有財的兒子的頭被高空落物砸破了，他來縣衙告狀，希望能夠抓住兇手，還他一個公道。」

蔣琬：「這件事情就更沒有辦法了，那高空落物不是外星人從飛船上扔下來的就是玉皇大帝他們投擲下來的。這麼衰的人還敢到處亂跑，讓他趕快回家縫兩針，往後別再出門了。」

秘書：「劉備出巡到廣都境內啦，縣令趕快換身衣服，我們去迎接他。」

蔣琬：「我還能喝，給我喝……」

沒有人去迎接，劉備自己騎著馬跑到了廣都縣衙，見縣衙外面跪滿了等著蔣琬升堂的人。其中一個人頭上還在不停的飆血。

劉備：「你兒子的頭上在流血耶。」

韓有財：「我知道。」

劉備：「還不趕緊拉到醫院去縫幾針？」

韓有財：「在縣老爺查看之前，我不能破壞證物……」

劉備滿胸怒火的衝進縣衙，見蔣琬躺在床上，懷裡還抱著酒壺。當即下令把蔣琬處死。

諸葛亮：「不可以！」

劉備：「哇，丞相你什麼時候出現在我背後的？」

諸葛亮：「剛剛，就在你宣佈要處死蔣琬的時候。」

劉備：「你不是在成都麼？」

諸葛亮：「我聽說你要處死蔣琬，快馬加鞭趕來的。」

劉備：「什麼馬這麼快，我來到這裡前後不到半個時辰啊才。」

諸葛亮：「旋轉木馬。」

劉備：「……咱們先不說馬了，蔣琬身爲廣都縣令，完全不顧廣都人民的死活，縣衙外面跪著這麼多等著他升堂的人，其中還有人頭上在不停的飆血，他卻在飲酒作樂，這樣的人不殺不足以平民憤。」

諸葛亮：「其實蔣琬沒有錯，錯的是你。他是個棟樑之材，本來就不應該讓他只當個小小的縣令。因爲他覺得你看不起他，所以他才會用酒精來麻醉自己。」

劉備：「總不可能一上來就讓他當丞相吧，你不也是由一名農民一步一步上來的麼？」

……

在諸葛亮的勸說之下，劉備總算是沒有處死蔣琬，只將他調離了廣都，調到了另外一個縣，蔣琬幹的工作任就是縣令。他知道諸葛亮很看好他，知道他的價值，於是忘我的工作，受到了全縣人民的愛戴。某一天晚上他做了一個夢，夢到一頭牛站在他家門口，那頭牛身上在不停的流血，用非常哀怨的目光看著他。第二天他便去找了當時最著名的解夢大師趙直替他解這個夢。

蔣琬：「昨天晚上，我夢見一頭身上在不停流血的牛站在我家門口，用非常哀怨的目光看著我。不知道這個夢象徵什麼？」

趙直閉著眼睛屈指掐了半天之後說：「恭喜你，這是一個很吉利的夢。」

蔣琬：「怎麼說？」

趙直：「眾所周知，牛的血是紅色的。那麼這頭全身都流血的牛一定是一頭紅色的牛了，簡稱紅牛。喝了紅牛能跑得快，跳得高，也就象徵著你可以平步青雲啦！」

蔣琬：「……這樣解釋似乎有點牽強吧……」

趙直的解釋雖然有點牽強，不過卻說中了事實。劉備當了漢中王之後，就把蔣琬調到了中央擔任尚書郎。劉禪即位之後，諸葛亮實在忙不過來，任命蔣琬擔任他的副手，先後做過丞相府參軍，長史等。諸葛亮死後，蜀國陷入內憂外患之中：外有魏國虎視眈眈，隨時可能衝過來滅了蜀國；內有劉禪依舊弱智如初，以及大將楊儀和魏延互相看不順眼。在這種複雜的情況下，蔣琬鎮定自如，穩坐釣魚臺，冷靜的處理國家大事，將蜀國諸事處理得井井有條。不久之後被劉禪任命爲大司馬，全權處理國家大事。

幾年之後，蔣琬和諸葛亮一樣被累垮了，他臥病在床之後由費禕擔任大將軍，掌管軍政大權。西元二四〇年，魏明帝病重，而魏太子曹芳只有八歲大。魏明帝便派人請來了大將軍司馬懿和武衛將軍曹爽，準備將太子託付給他們。他們兩人各自希望魏明帝能將大權託付給自己，來到魏明帝床前後，司馬懿拔出自己的寶劍，舞了一路獨孤九劍；曹爽見狀，不甘示弱，直接脫掉上衣躺在地上，命人搬了一塊石頭放在他胸口用大錘砸碎，站起來後向魏明帝展示了他毫髮無傷的胸部。司馬懿又從腰間抽出一根簫來，吹了一曲《笑傲江湖》；曹爽則換上了跳舞鞋，跳了一曲天鵝湖。

魏明帝：「好了，好了，我知道兩位將軍都能文能武，能歌善舞，明眸善睞，也都是國家的棟樑之才，是魏國不可缺少的人。所以我希望我死後，你們兩個能共同輔佐太子。」

司馬懿、曹爽：「……」

魏明帝死後他們都被封爲侍中，一起執掌朝廷大權。他們兩每人帶了三千人馬，輪流在皇宮周圍值班。

曹爽是魏武帝曹操的侄孫，曹芳的父輩。他一直野心勃勃，想要獨攬魏國大權。可司馬懿也不是好對付的，他是三朝元老，爲魏國立下過汗馬功勞，在朝中也很有威信。

曹爽：「怎麼樣才能搞定司馬懿呢？」

軍師：「現在和司馬懿比起來，你只缺少一點威望，缺少朝中大臣對你的好評。」

曹爽：「那怎麼辦？給朝中大臣們一人發一個美女？」

軍師：「那樣年紀大的大臣會說你是在侮辱他們的。」

曹爽：「給他們每人發一箱黃金？」

軍師：「這樣太直接點了吧！」

曹爽：「銀子和女人都不行。那你說怎麼辦？」

軍師：「蜀國一直是魏國的心腹大患。如果你能滅了蜀國的話，你在魏國的聲望一定會直線上升的。而且自從諸葛亮死後，蜀國就一直都很弱，以將軍你的威猛，消滅他們應該沒多大問題。」

曹爽：「有道理！」

軍師：「不過有一個問題，現在的漢中正處於淫雨霏霏的季節，就怕這點對我們不利。」

曹爽：「對我們不利的地方對敵人也會不利啊笨，讓所有將士們一人準備一把雨傘不就成了。」

不久之後，曹爽帶著部隊打到了漢中。這天，碧空如洗，豔陽高照。

軍師：「竟然沒有下雨，太好了！」

軍師剛剛說完，就有幾朵烏雲開車過來到他們頭頂，劈裡啪啦的下起了傾盆大雨。

曹爽：「……烏鴉嘴！」

爲了防止盔甲被雨淋濕而生銹，曹爽下令全部將士打起雨傘來。和費禕帶領的部隊相遇之後，他們發現對方竟然帶著斗笠，披著蓑衣。這樣一來魏軍只能用單拳敵蜀軍的兩手了，結果被打得大敗。

靠消滅蜀國提高聲望的計劃落空，曹爽只能想辦法消弱司馬懿的勢力了。表面上他仍舊非常尊重司馬懿，有什麼事情都會找司馬懿商量，過年過節也會帶著禮物到司馬懿家裡去探望。背地裡卻積極培育和扶持他自己的人，將與他意見不合的或是跟司馬懿有關係的人統統罷免。司馬懿早已看穿了曹爽的陰謀，但表面上依舊裝聾作啞。他聲稱自己年邁多病，沒辦法繼續工作。便請了病假待在家中，不理政事。曹爽怕司馬懿是假裝有病，另有所謀，於是派了他提拔

起來的即將到荊州上任的李勝前去司馬懿家中打探。

李勝來到司馬懿家門口，向守門的自我介紹了一番，然後講明了自己的來意。出來迎接他的是司馬懿的兒子，司馬昭和司馬師。

李勝：「蒙朝廷錯愛，我被任命爲荊州刺史，即將要去赴任了。想到太傅往日對我的恩澤，我今天特意前來看望太傅。」

司馬昭：「本來我父親因爲病重，不能見客的。不過李兄升任荊州刺史這麼大的事情非同一般，我去問問我父親看。」

片刻之後，司馬昭回來了。

司馬昭：「父親病重，只能煩勞李大人到他病榻前一見了。」

李勝：「好的，好的。」

司馬昭：「不過如果等一會兒我父親有什麼特別的舉動的話，希望李大人你不要介意。」

李勝：「特別的舉動？」

司馬師：「等會你就知道了。」

李勝到後院的時候，司馬懿躺在一個躺椅上，面色非常蒼白，宛若死人一般。

李勝：「太傅，李勝來看您來了。」

司馬懿：「他婿來啦，吃個香蕉。」

說著遞了一個胡蘿蔔給李勝。

李勝：「……我不是他婿，我是李勝啊太傅，而且這是個蘿蔔不是香蕉。」

司馬懿：「兔子就應該吃蘿蔔。」

司馬懿拿起一個蘿蔔猛咬一口，大叫一聲後從口中拿出那個蘿蔔，蘿蔔上赫然插著三顆牙齒。

李勝：「啊……牙！」

司馬昭：「唉，最後幾顆牙齒也快掉光了。自從我爸病了之後，他就一直以爲自己是一隻驕傲的兔子。」

李勝：「我說他頭上怎麼戴著兩隻兔耳朵。」

司馬懿：「他婿，你有沒有重新嫁人啊他婿？」

李勝：「太傅，我是您以前的學生李勝，我要去荊州當刺史了，特地來向你辭行。」

司馬懿：「哦，李勝啊你是，都長這麼大了。來，吃塊西瓜。」

說著他又遞給李勝一根蘿蔔。

李勝見司馬懿的確是已經老糊塗了，沒有可能再興風作浪了，便起身告辭。見到曹爽後他將去見司馬懿的經過添油加醋的敍述了一遍。曹爽聽後大喜，從此之後不再防備司馬懿，獨攬了魏國的大權。

西元二四八年春，同往年一樣，曹魏皇帝宗族去祭掃高平陵，曹爽、曹羲等兄弟護著曹芳的駕一起前往高平陵。他們離開洛陽城沒有多久，司馬懿便英姿颯爽的騎著馬帶著士兵佔領了皇宮和洛陽城門。曹爽得到消息後驚慌失措。他的手下桓範給他出的主意是挾持天子曹芳到許昌，然後召集天下人馬討伐司馬懿，曹爽怕自己打不過司馬懿，便回到洛陽投降了司馬懿。他的想法是他投降之後可以安安全全的當個平民，加上還有點存款，過個富足的日子還是可以的。然而司馬懿怎麼可能就這麼輕易的放過他呢。西元二四九年正月，司馬懿找來他的一個親信，教唆他告曹爽謀反。曹爽兄弟及其他們手下的謀士被抓起來砍了頭。

費禕在西元二五三年被魏國派來的刺客刺殺，接替他的是姜維。這個時候的劉禪非常寵信宦官，特別是太監黃皓。黃皓想讓他的親信閻宇做大將軍，便總在劉禪面前說姜維的壞話（姜維這個時候已經是大將軍了）。姜維知道後，不敢回成都，只好帶著兵長年累月的待在外面。他也進行過幾次北伐，都因爲後方糧草和兵馬供應不足而失敗。

西元二六三年，司馬昭鄧艾和諸葛緒兩員大將各帶兵馬三萬，鍾會帶兵馬十多萬，兵分三路進攻蜀國。姜維見對方人馬眾多，來勢又很洶洶，以現在蜀國柔弱的兵力去全線抵抗，顯然是要失敗的。於是他將所有兵力集中到劍閣，死守各大關口要道。鍾會部隊發起猛攻，卻因爲蜀軍防守嚴密，始終未能拿下。

鍾會帶的兵馬多，糧草也就耗費得快。他見糧草補給不及，又一時難以取勝，便準備班師回朝。鄧艾給司馬昭上書說：「現在的蜀國已是窮途末路了，他們拚了命在做最後的抵抗，我們應該乘勢前進，一舉消滅他們。我建議出一支奇兵，從陰平跑小路南下，到達德陽亭後再跋涉過一片平原，可以直達涪縣。德陽亭東距劍閣十里，南距成都三百里，我們的部隊在那裡出現，劍閣的守軍一定會趕來救援。鍾會就可以順利的前進了。如果他們不來救援的話，我們就進攻成都給他們看。」

司馬昭覺得鄧艾此計甚好，同意了他出奇兵。鄧艾和他挑選的精兵在背上插了很多樹枝化妝成灌木叢，乘著夜色悄悄的繞過了劍閣，移動到陰平，向南行進。這一路都是荒山野嶺，沒有人煙，老虎、豹子、白骨精倒是有很多。他們一路獸擋殺獸，鬼擋殺鬼，日夜兼程。走了七百餘里路的時候遇到了一個懸崖。跳是沒有可能跳過去的，即便是撐竿跳也不行。轉頭回去也是不可能的，因爲他們身上帶的乾糧已經吃得差不多了，而且他們殺了白骨精的時候，白骨精的兒子流著眼淚恨恨的說：「我要去找我爸以前的情敵，我媽的前相好牛魔王前來給我媽報仇，你們等著！」估計現在小白骨精已經叫到牛魔王了，折返回去是死路一條。

鄧艾站在山崖邊上，低頭看著一眼望不到底的山谷，焦急非常。

士兵甲：「不如將所有人的褲帶解下來連在一起做成一根繩子，有可能就可以搆到山谷底了。」

士兵乙：「在人身上所有的披掛中，褲帶是最重要的組成部分了，如果失去了它，每個人都會很痛苦，我不贊成這個意見。」

士兵甲：「只是用一小會兒嘛，又不是不還給你。」

鄧艾：「這個山谷這麼深，即便我們所有的人都是水桶腰，褲帶結起來也沒可能搆到山谷，更何況有很多人穿的是低腰褲，根本沒有褲帶。」

鄧艾又思考了一陣子之後說：「把我的被褥床單都給我拿來。」

士兵甲：「莫非將軍是打算在這懸崖邊上睡一覺，養足精神之後飛過去？」

鄧艾：「我自有主張。」

已經有士兵將他所有的鋪蓋包括氈片都搬過來了，鄧艾命兩個士兵給他幫忙，將氈片、被子、褥子都裹在他身上裹緊，然後他站在懸崖邊上一躍而下。

士兵甲見狀大喊道：「將軍跳崖啦……將軍跳崖啦……」

山谷下傳來鄧艾的聲音：「你他媽的才跳崖了呢，你們快學我的樣子跳下來，一點都不疼的。哎喲……」

於是士兵們都學鄧艾，將自己的鋪蓋裹到身上，然後從懸崖上跳下去。有些士兵有恐高症，只能攀援著樹木，順著山坡慢慢爬下去。

山腳下。

士兵甲：「鄧將軍，你不是說不會疼麼？爲何我的大腿上會被插了一根這麼粗的樹枝，而且我現在疼得死去活來。」

鄧艾：「你比較衰嘛……」

士兵甲：「你的頭上還不是一樣被石頭撞了個窟窿。」

鄧艾：「爲了打勝仗，這點傷算得了什麼?!」

雖然所有士兵都有不同程度的負傷，不過他們總算是越過了這個天險，沒有走多遠就到達了江油縣。

鎮守江油的蜀兵們正目不轉睛的盯著西邊，準備隨時衝上去抵抗來犯的魏軍。鄧艾已經率領著他的手下到達蜀兵的背後了。

鄧艾：「喂，你們好嗎？」

蜀軍將領一看鄧艾軍舉的旗子大喊一聲：「鬼啊……」就暈了過去。蜀軍士兵一看老大都

倒下了，沒有進行反抗就投降了忽然出現的鄧艾部隊。

劉禪得到鄧艾兵從天降，佔領江油的消息之後，連忙命令諸葛亮的兒子諸葛瞻帶領大軍去迎戰鄧艾。如果諸葛瞻的大軍迅速前進，佔領各個關口要道，將鄧艾的孤軍困在江油的話，蜀漢也就沒什麼大危險了。可是諸葛瞻沒有，他帶著兵馬跑到涪縣就在那裡駐紮了下來，不再前進了。關於爲什麼諸葛瞻跑到涪縣就沒有再前進，史料上並沒有記載，民間傳說有以下幾個版本：

第一，白骨精的前相好、白骨精的兒子他爸的情敵牛魔王，得到白骨精的兒子的他媽被一隊官兵弄死了的消息之後，立刻從火焰山趕來四川，他在空中騎著避水金睛獸前進的時候，正好看到諸葛瞻帶領著部隊在往前跑。他以爲這就是弄死白骨精的那支部隊，便降落下去準備消滅他們。諸葛瞻慌忙解釋說殺白骨精這件事情不是他們幹的，牛魔王見諸葛瞻這麼膽小，沒可能是殺白骨精的兇手，罵了幾句之後就離去了。諸葛瞻心想，再往前走人煙更加稀少，還不定會遇到什麼怪物呢，於是他就在涪縣停了下來。

第二，諸葛瞻到達涪縣之後接到了探子的回報，說鄧艾的部隊正往這邊趕來，而且他們每個人的身上都不同程度的掛著傷痕。諸葛瞻心想，我走那麼遠的路去找他，倒不如在這裡養精蓄銳，讓他千里奔波的來找我，然後乘他精疲力竭的時候消滅他。

第三，在人生的道路上可以讓一個人停留下來的最可能的理由是什麼？答案是愛情。諸葛瞻在涪縣偶遇一個農家女子，他非常喜歡。他打算將這個女子泡到手之後再出發去迎戰鄧艾。

他這樣做的結果是鄧艾率領大軍長驅直入，進入了平原，充實了糧草之後打敗了諸葛瞻派去的先頭部隊，諸葛瞻無奈之下只得後退，據守綿竹。鄧艾到達綿竹後，派人送信去勸說諸葛瞻投降。

使者：「我們鄧將軍說了，如果你肯投降的話，就推薦你當琅邪王。」

諸葛瞻：「來人，把這個傢伙給我拉出去砍了。」

使者：「慢著，兩國交戰不斬來使，諸葛瞻你聽說過麼？」

諸葛瞻：「很不幸，我沒有聽說過。」

殺了使者之後，諸葛瞻帶著他兒子諸葛尙率領著兵馬展開陣勢，決心和鄧艾拚個你死我活。結果沒能擋得住鄧艾的衝鋒，被打得大敗，他和他兒子都死在了亂軍之中。

攻佔了綿竹之後，鄧艾準備進攻蜀國都城成都。成都蜀軍沒有料到魏軍會來得這麼快，慌得只想著離開成都躲到森林裡面去保命。再說後主劉禪知道這個消息之後，連忙召集了所有的大臣前來商議。

有人：「東吳和咱們的關係一直都不錯，我們可以去投奔東吳。」

劉禪：「好啊。」

還有人：「南中地界易守難攻，我們可以撤到那裡去憑藉天險抗擊魏軍。」

劉禪：「也不錯啊。」

譙周：「這兩個辦法都不是好辦法。東吳將來也免不了被曹魏吞併，現在陛下你向東吳稱臣了，將來還是免不了要再向曹魏稱臣。還不如直接向曹魏稱臣呢，丟臉的次數可以減少一次。再說扯去南中吧，曹魏的兵馬下一分鐘就到成都城下了，現在撤退來得及麼？」

劉禪：「就這樣投降？逃到南中去抵抗一下總是好點吧，哪怕是象徵性的。」

譙周：「南中是蠻夷之地，當初也是在諸葛亮丞相的武力相逼之下他們才勉強投的降，現在你要是撤退到那裡去的話，他們必定反叛。我聽說南中流行吃活人肉。」

劉禪：「什麼吃活人肉？」

譙周：「就是將活人綁在一棵大樹上，四五個人拿著刀子蹲在旁邊割這個人的肉吃。一般都是先從腿部吃起，滴著血的鮮紅鮮紅的肉，他們一口就吃了……」

劉禪被嚇得面如土色，當即決定投降。命張紹等人捧著玉璽前去見鄧艾。

他的兒子劉諶聽說後非常生氣，前去勸說劉禪。

劉諶：「即便獲勝的可能性很小，我們父子也應該跟敵人決一死戰。就這樣投降了，去了陰間怎麼有臉去見先帝？」

劉禪：「魏軍那麼強大，抵抗是無謂的。而且據說這世上根本沒有鬼，也沒有你所說的陰間，不用擔心不好意思見先帝。我們還是一起投降，好好活著吧。」

劉諶聽劉禪這麼說，扭頭跑了出去。一路跑到祖廟裡面，在劉備的靈位前大哭了一場，然後回到家中殺了自己的妻兒，之後自己拔劍自殺。

鄧艾見張紹他們捧著玉璽前來，大喜過望。立刻給劉禪寫信，說願意接受他的投降。鄧艾率軍到達成都的這天，劉禪將雙手反綁在背後，帶著文武百官到城門外迎接，順便他還拉了一口棺材來，表示願意接受誅殺。

鄧艾：「啊，你連棺材都拉來啦？那正好就地處死吧！」

劉禪一聽大吃一驚，拉棺材來是譙周給他出的主意，說是爲了表明誠意。

劉禪：「這棺材是……是……」

鄧艾：「哈哈，我知道，只是象徵性的而已，剛剛我和你開玩笑的。」

鄧艾代表魏帝給劉禪鬆了綁，並且當即焚毀了棺木。在進入成都前鄧艾下令部隊不許喊一二三四，不許唱歌，更不許拿成都群眾一針一線，很快的，成都人民就恢復了正常的生產生活。滅了蜀國之後，鄧艾驕傲了起來。他向司馬昭上書說要乘勢去滅了東吳，司馬昭派人給他

艾非常生氣。

帶話說：「無論做什麼事情都應該先行稟報，等上面批准了再做。」語氣之中有很多不滿，鄧艾非常生氣。

再說在劍閣抵抗鍾會大軍的姜維，得到諸葛瞻兵敗的消息之後，立刻調轉馬頭去搶救成都。大軍走到半路上就得到了劉禪的命令，命他們就近投降魏軍。將士們接到這個消息之後都非常氣憤，有的大哭；有的暴飲暴食；還有的抽出刀來亂砍亂伐……姜維決定暫且投降鍾會先，等往後有機會再想辦法搭救劉禪，對付魏國。鍾會很敬重姜維的才華，姜維投降之後，鍾會把他當自己的兄弟一樣看待。吃飯跟他坐一桌，出門跟他坐一車，甚至睡覺都想跟他睡一床，如果不是姜維嚴詞拒絕的話。

姜維：「鄧艾攻佔了成都立了大功，將來他一定爬到你頭上去。而且將軍你和他本來就有矛盾，如果他爬到你頭上去，你一定沒有好日子過。」

鍾會：「最近我也一直在想這個事情。我也想除去鄧艾，可是這個人武功高，行事又小心，而且還不爲美色所動，這樣一來刺殺、毒殺、美人計就都用不上了。」

姜維：「可以用借刀殺人之計啊。自從他攻佔了成都之後就非常驕傲，以爲在魏國沒有人能管得了他，司馬昭對他已經有所不滿了，現在你上書給司馬昭說鄧艾陰謀造反，司馬昭一定會處理他的。」

鍾會：「好計謀。兄台果然不愧是諸葛亮的關門弟子。」

司馬昭這個人疑心本來就很重，接到鍾會的上書後，當即用皇帝的名義下了詔書，派人去成都將鄧艾抓起來送到成都受審，爲了避免鄧艾起兵造反，他還派鍾會帶兵到成都去執行這件事情。鍾會到成都後將鄧艾抓起來扔進了囚車，往洛陽押送而去。

半路上，他就一刀殺了囚車裡面的鄧艾。

副將：「啊，你殺了鄧艾？」

鍾會：「是啊！」說著他又在這個副將的大腿上捅了一刀。

副將：「哎喲，你幹嘛捅我的大腿？」

鍾會：「這一刀不是我捅的，是鄧艾捅的。他捅了你之後想要逃跑，幸好我眼疾手快，一個箭步衝上去砍了他。了解了沒？」

副將：「……了解！」

鄧艾死後，鍾會獨掌兵權，非常驕傲。他準備造反，找姜維商量這件事情，姜維非常愉快的贊同了他的做法。姜維回到房間之後，立刻給劉禪寫信一封：「皇上你再忍耐幾天，不用多久，我們蜀國就可以復國了。」

姜維的想法是乘此機會殺掉所有魏國的將領，再等鍾會一個不主意的時候做掉鍾會，魏國

所有的武將都死光了的時候，就是蜀國復國的時候。

劉禪給他回信道：「我一直都沒有在忍耐，我生活得非常開心。復不復國的你自己看著辦吧，如果可能的話就復一下吧！」

西元二六三年十二月，魏國的郭太后去世。西元二六四年正月，鍾會將魏國所有的高級將領召集到蜀漢的皇宮裡，說是要給郭太后發喪。將領們到齊之後，鍾會拿著一封在橋頭辦的假遺詔念道：「郭太后遺詔，鍾會起兵廢除司馬昭。」他還將這封遺詔給在場的將領們傳閱。那封遺詔的做工也太差了，隨便一個人都能認出來是假的。在場的人雖然心裡都明白這是鍾會搞的鬼，可現在大家都被關在一個屋子裡面，如果有異議的話，鍾會一定會關門放狗的。於是在舉手表決的時候，所有的人都舉了手，贊成鍾會廢除司馬昭。鍾會任命親信接替了所有這些將領的部隊，然後將他們都軟禁在了蜀宮之中。

姜維：「我看有的將領非常不服你。在你不注意的時候悄悄拿白眼瞪你，爲了免除後患，乾脆將所有這些將領都殺了吧！」

鍾會：「啊……都殺了，有點太殘忍了吧！」

姜維：「當斷不斷，反受其亂啊鍾將軍。」

鍾會：「這可是魏國所有能帶兵打仗的將領們吶，如果殺了的話，魏國恐怕就危險了。」

姜維：「危什麼險什麼啊，蜀國已經滅亡了，東吳也沒什麼力量了，沒有人能跟魏國做對，現在最重要的就是將軍你在魏國的權威一定要樹立起來。要不然我們石頭剪刀布？你贏了就不殺，我贏了就殺？」

鍾會：「石頭剪刀布我從來就沒有贏過你……」

就在他們兩個爲此爭論不休的時候，一個叫胡烈的被軟禁的將領在一個手帕上寫了幾句話，然後將手帕扔出了天窗，被風吹到了軍營之中。手帕上寫的是：「鍾會和姜維密謀要殺光所有的北方將士。」這個謠言傳播速度很快，不到一個時辰，北方的將士都知道鍾會和姜維要密謀殺他們了。他們帶著武器衝進了鍾會的房間，便見鍾會和姜維正在密談，臉上還掛著陰險狠毒的笑。鍾會和姜維控制不了這個局面，被衝進來的亂軍殺了。至此，蜀國復國的最後希望也破滅了。

韓冬·Say

・給人鼓舞和獎勵並不一定非要用錢這麼直接。有時候一句讚揚的話，一個讚歎的目光都會讓之充滿幹勁和對你的感激之情——特別是年輕人。所以說，如果你在公司算個主管的話，多給年輕人點讚揚吧，當他做好一件事情或者沒有做好一件事情的時候，就像諸葛亮對蔣琬那樣。

・對手忽然羸弱，其中必有陰謀。這個時候一定要仔細考察清楚對方羸弱的事實和緣由，不可輕易相信，更不可麻痹大意。歷史上這樣的事情發生過很多起，此文之中司馬懿和曹爽的較量又是一起。

・不要以為在失利的情況下，通過妥協可以給你帶來安穩的日子。以曹爽的情況，如果不是他自投羅網的話，應該還有機會的。在失利的情況下，轉移個陣地，或者還有機會，去向曾經針鋒相對的對手妥協，只有死路一條。

・非常情況，非常方法。九死一生要強過十死無生，鄧艾率眾跳崖被事實證明是一個明智之舉。即便你是個上班族，有時也需要孤注一擲，劍走偏鋒。

・在身上所有的裝束當中，腰帶的作用可謂是最為強大的，切不可輕易將之用作它用。

一條被撞暈了的魚

西元二六三年滅了蜀漢後沒有多久，司馬昭就掛了，他兒子司馬炎乾脆將傀儡魏元帝曹奐攆下皇帝的位子，自己做上了皇帝，建立了晉朝，他便是魏武帝，西元二六五年到西元三一六年，晉的首都在洛陽，後來又搬到了長安，歷史上將這個朝代稱爲西晉。

這個時候三國之中就剩下衰老的東吳了。西元二六四年七月，東吳景帝孫休去世，烏程侯孫皓即位，他便是東吳的最後一任皇帝。孫皓剛剛即位時候的表現，簡直又像聖人，又像僧人了：

他打開倉庫，給沒飯吃的老百姓發糧，解決他們的溫飽問題；老百姓飽暖思淫欲之後，他又將宮裡的宮女們拉出去發給沒有老婆的光棍漢；他還把養在御花園裡面的飛禽走獸全部放生到大自然之中去，而且當他看著鳥兒自由的飛上天空的時候，臉上還露出了欣慰的笑容。老百姓們——特別是光棍們，都交口稱讚，覺得他們終於遇上了一個好皇帝，好老大。

可是不久之後，他就完全變了，他變得慘無人道，荒淫無恥，粗暴驕橫，他的這個改變非常突然而且徹底，有人說他是因爲腦袋被門夾了，還有人說他是不小心被雷劈了，也有人說他是被外星人抓去做了一番研究……各種說法不一而足，總之東吳是毀在他手裡頭了。他的罪行罄竹難書，我們挑幾件比較典型的羅列如下：

王蕃是東吳一位剛正不阿的大臣，看誰不順眼他就會不帶婉轉的直接指出，包括對孫皓也是這樣。孫皓早就看他不順眼了。有一次孫皓在宮中請大臣們吃飯，喝酒喝到中間發現王蕃不見了。經過好一番尋找，才在桌子下面找到了正在呼呼大睡的王蕃。

孫皓：「酒量那麼大的王蕃，今天怎麼會這麼快就醉了？一定是看不起我，裝醉的。」他派人將王蕃放到擔架上擡了回去。沒過多久又召王蕃回來見他。王蕃虎虎生風的走著直線來到大殿，絲毫不像是剛剛喝醉了的樣子。

孫皓：「你剛剛不是喝醉了麼？」

王蕃：「身爲醒酒藥的研發人員，我喝醉酒之後能很快醒轉過來，這是一件很符合邏輯的事情呀！」

孫皓：「分明是看不起我，不想聽我說話而裝醉裝睡著的。」

王蕃：「沒有啊，不過你說的話實在沒什麼可聽的，你講的那些黃色笑話既不黃色又不好笑，我實在沒辦法忍受了。」

孫皓大怒，下令侍衛殺了王蕃，之後砍下了王蕃的頭。讓侍衛們將王蕃的頭扔來扔去，並讓他們假裝成豺狼虎豹，搶著啃咬王蕃的腦袋，不一會兒王蕃的頭就被咬成了骷髏了。

中書令賀邵因爲中風而不能說話，寫了請假條給孫皓，希望能夠批准他在家帶薪休假。孫皓覺得賀邵是騙他的，命人將賀邵押到了大殿上來。可憐的賀邵因爲說不出來話只能用手比劃。

孫皓：「你還敢在我面前比劃你的手。」

賀邵又比劃了一番，其中有一句話的手語需要伸出右手的中指。

孫皓：「哇，更過分了，竟然『靠』我……來人啊，給我拖出去打，看他能忍多久。」

中了風的賀邵被關起來嚴刑拷打，日夜不息。到最後賀邵還是沒有能開口說話，孫皓於是下令將鐵鋸燒紅，將賀邵的頭鋸了下來。

他還派人走遍東吳境內的各地，挑選美女送進宮來供他淫樂。並規定凡是俸祿爲兩千石的大臣，家裡有女兒的每年都要上報年齡，到十五六歲的時候就送進宮去給他挑選一番，挑選上

的就留在宮中，沒有被挑上的才能回家出嫁。一時間全國人民，特別是官吏都想方設法生兒子而不生女兒，已經生了女兒的紛紛帶著女兒去美容院毀容。

有次他的寵妾的下人在集市上搶了別人的波斯貓，司市中郎將陳聲將這些下人繩之以法，這個寵妾聽說之後立刻跑到孫皓跟前哭訴。孫皓記住了陳聲，幾天之後他藉口陳聲在公共場所吸煙，用燒紅了的鐵鋸鋸下了陳聲的人頭，並命人騎著馬拿著陳聲的人頭跑到四望山去，將人頭扔在了那裡。

孫皓還大興土木，修建了很多行宮，在修建昭明宮的時候，他就要求所有俸祿在兩千石以上的官員都要到山裡面去親自督促砍伐木材。之後他又大規模的修建打獵場和樓臺，國庫裡面的銀子被花得清潔溜溜，大臣們紛紛勸說他，他不但不停反而會毆打大臣。

除了上述這些惡行之外，孫皓的嫉妒心還特別重。他見不得別人比自己有才華，見不得別人比自己帥。因此他的大臣和身邊的人都儘量假裝癡呆，長得帥一點的人也儘量弄壞自己的髮型，免得被孫皓嫉妒到。可是中書令張尚卻不這麼做，他依舊保持出口成章，和頭髮上沒有一塊頭皮屑，這讓孫皓非常嫉妒他。

孫皓：「你說我這麼帥，誰能和我相比呢？」

張尙看著面前滿臉疙瘩，疙瘩尖上還有黃色的要流不流的膿的孫皓幾乎忍不住要嘔吐。便閉上眼睛說：「美男子宋玉都沒有你好看。」

孫皓：「宋玉是皇帝麼？你竟然拿我和一個平頭老百姓比。」

張尙：「你要賴，你現在比的是帥，又沒說要比是不是皇帝。」

孫皓：「你拿我和一個平頭老百姓比就是不尊重我，來人啊，給我抓起來砍了。」

孫皓心道，殺了張尙後，東吳就沒有人比他更帥了。不料一百多名大臣一起替張尙求情。孫皓這才勉強免去了張尙的死罪，讓他去造船上造船。孫皓還是覺得東吳有人比他帥是他很難以接受的事情，不久之後還是派人去殺了張尙。

一方面孫皓在使勁的折騰東吳的那點家底，另一方面晉武帝司馬炎也加緊了消滅東吳的準備。西元二六九年二月，司馬炎任命名將羊祜掌管荆州各項軍事，坐鎭襄陽。可當時晉朝朝中對於攻打東吳這件事情意見很不統一，以賈充、荀勖爲首的大臣們覺得現在這樣的日子就挺好的，大家有吃有喝，生活富裕，何必要再去找事呢？另一部分大臣則堅決主張早日攻打東吳，統一全國。

羊祜給晉武帝上書說明了消滅東吳的辦法：「將有限的人馬分成無限的部隊，從四面八方

一起殺向東吳，澆滅他們囂張的氣焰，讓東吳軍因為不知道應該對付哪一路兵馬而神經衰弱，然後派一支勁旅從長江上游順流而下。用不了多長時間就可以直搗建業，消滅東吳了。」

晉武帝看了羊祜的上書之後不停的拍案叫絕。可是因為朝中反對進攻東吳的大臣態度太過堅決，這事兒就被擱置了下來。羊祜知道後非常憤懣，加之他得了老年人會得的所有的病種，不久之後就憂憤而死了。

臨死前他向晉武帝推薦了杜預。他死後，杜預被晉武帝任命為鎮南大將軍，管理荊州軍事。杜預一上任就派了精兵突然襲擊了西陵。鎮守西陵的是東吳名將張政，雖然他治軍有方而又足智多謀，但卻沒有料到晉軍會這麼快就打過來，他還沒有來得及上馬就被晉軍給打敗了，他跟著沒有來得及上去的馬跑出了重圍。因為孫皓的殘暴，張政沒敢上報軍敗的消息。杜預卻派人將東吳的俘虜送去了建業，還給了孫皓。

副將：「為什麼要把我們好不容易才抓到的俘虜送回東吳呢？而且一路上還管他們的吃住，花那麼多銀子。」

杜預：「為了讓孫皓知道他們的部隊吃了敗仗。」

副將：「又為什麼要讓孫皓知道他們的部隊吃了敗仗呢？是不是為了他陷入自卑而不能自

拔？」

杜預：「驕傲的孫皓是永遠不會自卑的。我是爲了讓他懲罰張政。」

果然不出杜預所料，孫皓對張政兵敗而且隱瞞不報非常生氣，本想下令殺了張政，可朝中能打仗的大臣實在不多了，這才決定留下張政的性命，不過將他調離了西陵，調到了神農架去防備野人的侵襲。張政調走，解了杜預的心腹大患。他立刻給晉武帝上書請求進攻東吳。晉武帝回復：「船還沒有修好，待明年大舉進攻東吳。」

東吳是夢裡水鄉，要想進攻東吳必須要涉水而過，沒有船是萬萬不能的，除非所有晉軍都是鐵掌水上漂，不過即便這樣也不行，因爲馬和糧草始終沒辦法修練成鐵掌水上漂。負責修建大船的是荊州刺史王濬，雖然王濬已經七十多歲高齡了，但他依舊生龍活虎，頭腦靈活，掌握了各類造船的技術。晉武帝只是要求他建造運送官兵的運輸船，他卻造出了能夠容納兩千多名官兵的，可以在上面隨意跑馬的航空母艦。艦上不但可以觀察四面八方的情況，可以隨時支起弓來向靠近的敵人射箭，還可以進行舞會、摔跤、燒烤等娛樂活動。第一批這樣的戰船造好之後，王濬便用兇狠的可以殺人的目光盯著遠方的東吳，摩拳擦掌的準備進攻東吳了。

手下：「王將軍，別摩別擦了，沒有皇上的命令是不可能進攻東吳的，趕快寫奏摺才是真的。」

王濬：「了解。不好意思，我剛剛陷入了豪氣沖天的幻想中去了。」

收到王濬的奏摺的同時，晉武帝又接二連三的收到了杜預請求進攻的奏摺，終於他下了進攻東吳的決心了。

西元二七九年十一月，按照羊祜生前的提議「將有限的人馬分成無限的部分，從四面八方進攻」，晉武帝部署了六路人馬，從幾面進攻東吳。一路是鎮東將軍琅邪王司馬伷攻擊塗中；一路是安東將軍王渾攻擊江西；一路是建威將軍王戎進攻武昌；一路是平南將軍胡奮攻擊夏口；一路是鎮南將軍杜預攻擊江陵；一路是龍驤將軍王濬和巴東監軍官唐彬帶領水軍從巴蜀順江而下。在這六路大軍之中，王濬率領的正是那一隊執行突擊任務的勁旅。

東吳也提前進行了準備，他們在長江上游巫峽八十里湍急的水流之中，隨機釘下了很多尖朝上的鐵錐，如果有戰艦開到這裡，不是被戳穿穿底就是被困在水中進退不得，即便鐵達尼號來了，也絕對沒可能開得過去。許多近視眼的和喜歡閉著眼睛游泳的魚就被撞在這些鐵杆子上撞暈了過去。為了保險起見，他們還在江面比較窄的地方橫鎖了很多非常粗的鐵鏈子，讓晉軍的船無法前進。

撿到很多暈倒的魚的晉軍將這些魚拿回來放在盤子裡面研究，爲什麼魚會暈過去，是不是東吳軍隊在江水之中下了蒙汗藥，抑或是東吳軍隊在陰謀傳播什麼諸如魚流感的疾病。

魚悠悠睜開眼睛看到有好多雙眼睛盯著牠看，立刻用胸前的鰭護著胸部說：「你們做什麼這樣盯著人家看？」

王濬：「你是怎麼暈過去的？是不是東吳軍隊在江水裡面下了毒？」

魚：「我爲什麼要告訴你呢？嘻嘻……」

王濬：「難道說所有的雌性動物都是這樣？……我現在就告訴你爲什麼要告訴我，如果你不告訴我的話，我就紅燒了你！」

魚：「哇，紅燒之後好醜的。我還是告訴你吧，東吳軍隊他們在江裡紮了很多鐵柱子，我不小心撞在上面了。」

王濬立刻派了水性好的士兵背著裡面裝滿氧氣的羊皮袋子潛水去沿線查看。得到東吳軍的佈置情況之後，他想出了對付這些設施的辦法。

他先是準備了幾百個木筏和竹排，這些木筏和竹排寬和長都有一百多米。王濬還在木筏上面佈置了很多稻草人，並且給它們穿上盔甲，手中塞上一把刀。接著排水性很好的士兵駕駛著這些木筏順水而下。木筏和竹排前面都有開岔，釘在水中的鐵柱子就被它們的開岔給牢牢夾住，並連根拔起。耗費東吳部隊大量人力物力的設施就這樣毀於旦夕之間了。對付那些橫鎖江面的鐵鏈王濬用的是火，他在那些木筏竹排上面豎起了很多大火炬，火炬裡面裝滿了油，他讓燃著大火的木筏竹排順水而下，遇到鐵鏈火炬就被攔住了，在熊熊大火之下，那些鐵鏈沒有多久就被燒斷沈入江底而去了。排除了東吳的這些防禦設施之後，王濬帶領著大軍一路順流而下，很快就攻打下了東吳的軍事重鎮西陵，不久又拿下了荆門，夷道，一直到達江陵。

而此時從陸上進攻的杜預部隊已經攻下了江陵，兩軍在江陵會合之後。杜預召集了一場軍事會議。就在開會的過程中仍不斷的有各部分的捷報傳來。在這個時候，還有人提出不同意見。

有人：「東吳是創業幾十年的老國家了，怎麼可能輕易地就被消滅呢？而且現在是梅雨季節，糧草都會被泡濕而重量增加以致於馬拉不動的。士兵們的盔甲也會上鏽而弄髒裡面的衣服的，而大家都知道鐵銹是很難洗得掉的。不如我們見好就收吧。」

杜預：「爲什麼在每件好事的進行過程中，總會有人出來說一些不合時宜的話呢？難道真的只是爲了凸現主角的形象？抑或是有人喜歡找罵？」

有人：「我連個正經的名字都沒有，隨便說句臺詞都不行啊？」

杜預：「現在我們的軍威大振，將士們士氣都很高。現在的情況就像是劈竹子一樣，只要劈開上面的幾節，下面的就迎刃而開了。因爲我說的這句算是名言，所以作者特意和原著重覆了一下，大家不要介意。」

杜預分了自己的兵馬一部分給王濬，讓他帶領著這部分兵馬連同他手底下的水兵一起攻向東吳的首都建業。這個時候王渾率領的部隊也靠近了建業。

儘管孫皓站在建業城牆上使勁的喊著：「不要過來，不要過來……」

晉軍也還是都衝過來了。他派了丞相張悌率領三萬兵馬渡江去迎戰，結果還沒怎麼樣就被王渾全部殲滅了。王濬的水兵也到了，他的船又進行了一次改裝，這次他將船頭刻畫了很多青面獠牙的魔鬼，並用不同顏色的火焰照著它們的下巴，遠遠的看上去非常嚇人。王濬帶領的部隊到達建業城下之前，東吳的軍民就被嚇得快成神經病了。孫皓又派了張象帶領兩萬水軍出城去抵抗，張象氣勢洶洶的帶著部隊衝到王濬的面前投了降。接著孫皓又東拼西湊了兩萬水兵，準備給都督陶浚帶著去抵抗一下王濬。結果他轉過頭去跟人說了句話，再扭回頭來一看，士兵們就跑得一個都不剩了。

孫皓：「這些傢伙可真行，閃得比我還快。看來我也不該繼續做無謂的抵抗了。」

西元二八〇年三月十五日，孫皓派遣了使者，分別到王渾、王濬、馬伷軍中請降。他自己則將白色的內褲穿在外面，像劉禪一樣反綁了雙手迎接晉軍進入建業城。至此三國鼎立的局面結束，西晉統一了全國。

韓冬・Say

・每個人都有屬於自己的驕傲，或者是工作做得好，或者是長得帥，或者是文才好。這點驕傲讓你充滿自信和優越感，從這個角度來說是好事。一般，人都只是在喝了酒之後才會說出，表現出心裡的那點驕傲。自我感覺良好是好事，不過不可表現得太過。所謂一山還有一山高，你怎麼知道身邊的都是乏味之人呢？孫皓就像個驕傲的小孔雀，這種人往往是最先死的。

・找到自己的方向，然後專注之，定可有所做為。無論你是寫專欄的、做網站的，還是耕田的、織布的、養蠶的，像老將王濬專注於造船那樣專注於自己的事業吧。不是人人都適合都可以當總裁，當總統，做衝鋒陷陣的將軍的。

・用欣賞藝術的目光看美女，這樣才能有長久的嚮往和神聖感。

Q版爆笑通鑑之秦始皇前後

作 者：韓冬
出版者：風雲時代出版股份有限公司
出版所：風雲時代出版股份有限公司
地址：105台北市民生東路五段178號7樓之3
風雲書網：http://www.eastbooks.com.tw
官方部落格：http://eastbooks.pixnet.net/blog
信箱：h7560949@ms15.hinet.net
郵撥帳號：12043291
服務專線：(02)27560949
傳真專線：(02)27653799
執行主編：劉宇青
美術編輯：芷姍

法律顧問：永然法律事務所 李永然律師
北辰著作權事務所 蕭雄淋律師
版權授權：韓寶峰
二版一刷：2011年7月
ISBN ：978-986-146-776-4

總 經 銷：富育國際股份有限公司
地　　址：台北縣新店市中正路四維巷二弄2號4樓
電　　話：(02)2219-2068

CVS通路：美璟文化有限公司
地　　址：台北市信義區莊敬路289巷29號
電　　話：(02)2723-9968

行政院新聞局局版台業字第3595號 營利事業統一編號22759935

定價：350元　特價：199元

國家圖書館出版品預行編目資料

Q版爆笑通鑑之秦始皇前後 ／ 韓寶峰著；--
臺北市：風雲時代，2011.06 面；公分

ISBN 978-986-146-776-4（平裝）
1. 史記　2. 通俗作品

610.11　　100007776